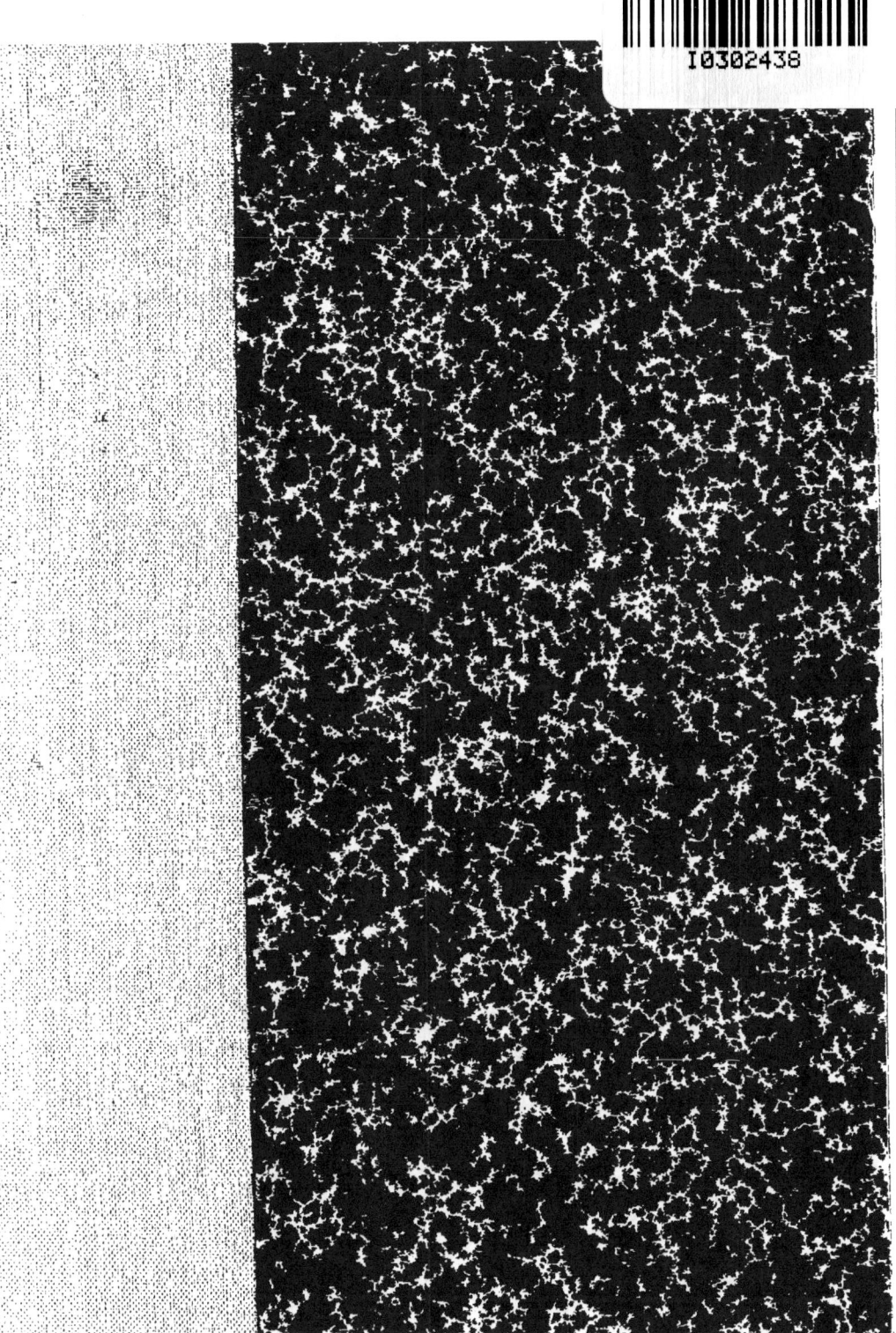

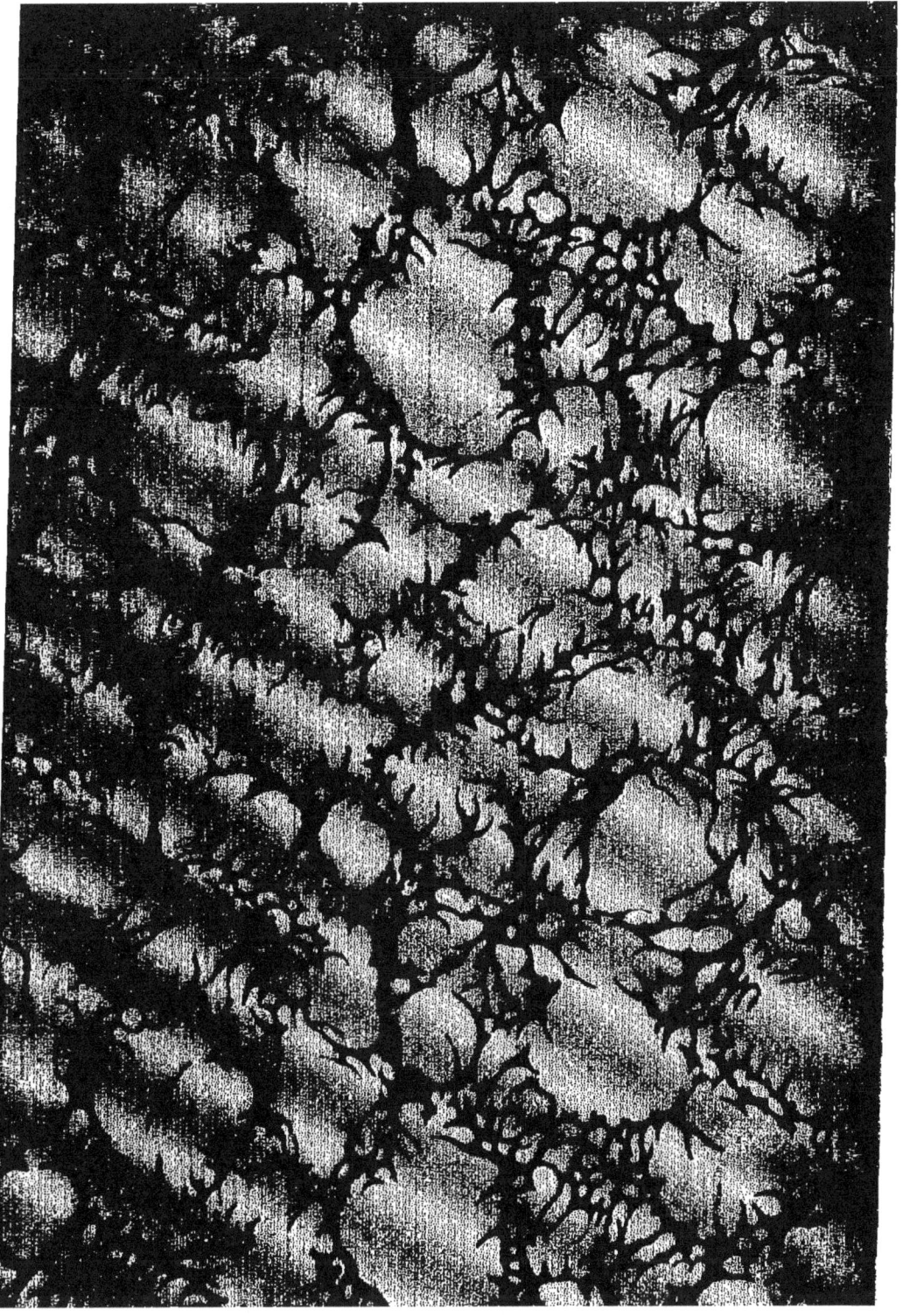

GLOIRES DU CATHOLICISME
AU XIXᵉ SIÈCLE.

M. DE CHATEAUBRIAND

ET

EXTRAITS DE SES ŒUVRES

PAR

M. L'ABBÉ M. POURLENS

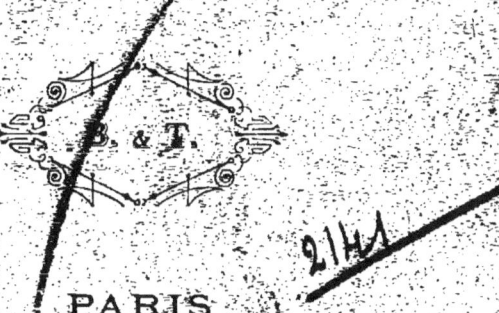

PARIS
BERCHE & TRALIN, LIBRAIRES-ÉDITEURS
82, Rue Bonaparte, 82.

1884

M. DE CHATEAUBRIAND

ET

EXTRAITS DE SES ŒUVRES

GLOIRES DU CATHOLICISME
AU XIXe SIÈCLE.

M. DE CHATEAUBRIAND

ET

EXTRAITS DE SES ŒUVRES

PAR

M. L'ABBÉ M. POURLENS

PARIS

BERCHE & TRALIN, LIBRAIRES-ÉDITEURS

82, Rue Bonaparte, 82.

1884

J'ai entrepris, sous le titre de *Gloires du Catholicisme au XIXe siècle*, une collection d'ouvrages destinés à faire connaître et aimer les écrivains qui ont, de nos jours, consacré leur talent à la défense de l'Église.

La faveur avec laquelle ont été accueillis les premiers volumes, et les encouragements que j'ai reçus, me portent à croire que cette collection peut faire quelque bien.

Je me propose, en conséquence, d'ajouter à la série que j'ai déjà publiée une nouvelle série.

Je la commence par *M. de Chateaubriand*.

De tous les écrivains qui ont paru dans notre siècle, il est, sans contredit, celui qui a, par le nombre, la variété et l'importance de ses ouvrages, le plus occupé la renommée.

Pendant sa vie littéraire, qui a duré près de cinquante ans, si nombreux ont été les écrits tombés de sa plume, que leur catalogue formerait à lui seul une forte brochure.

Et quelle variété n'a-t-il pas déployée ? Tous les genres de notre littérature ont tenté son génie et, grâce à l'immensité de son érudition, à la rectitude de son jugement, à la puissance de son imagination, à la souplesse de son esprit, il les a tous abordés avec une incontestable supériorité.

Toutefois, ce qui lui donne une place à part, c'est l'influence qu'il a exercée sur les écrivains de son temps. Sa mission semble avoir été d'indiquer, après la tourmente révolutionnaire, aux intelligences déroutées, les voies dans lesquelles elles devaient s'engager. Elles s'y précipitèrent à sa suite, et bien des hommes éminents, parmi ses contemporains, se sont honorés d'avoir été ses disciples.

Peu de vies, du reste, ont été aussi tourmentées, et, par suite, aussi intéressantes que la sienne.

M. de Chateaubriand fut tour-à-tour voyageur, soldat, homme de lettres, ambassadeur, ministre.

Il a connu l'extrême misère, et l'opulence la plus somptueuse; vécu sous la tente des déserts et sous celle des camps, dans les réduits de la pauvreté et dans les palais des rois.

Les événements les plus graves se sont accomplis sous ses yeux et des ruines de toute sorte se sont accumulées sur sa route : il a vu passer le royaume de Louis XVI, se dérouler le long drame de la révolution, naître et périr l'empire de Bonaparte ; il a salué le retour des Bourbons et déploré leur disparition ; il a protesté contre l'avénement de la monarchie de Juillet et applaudi à sa chute; enfin, après avoir assisté aux commencements de la république de 1848, il a pu, de son lit de mort, entrevoir sa fin.

Si sa vie, empressons-nous de le dire, fut agitée et changeante, elle fut, sauf quelques écarts, éminemment une par les principes sous l'influence desquels elle s'écoula.

La religion, l'honneur et l'amour de la liberté ont, pour ainsi dire, pris par la main M. de Chateaubriand, dès son entrée dans la vie, et ont été, jusqu'à sa mort, ses principaux guides.

C'est inspiré par eux, qu'il a si énergiquement protesté contre les excès du despotisme, contre les bassesses de la cupidité, contre les turpitudes et les inepties de l'irréligion. C'est à leur action salutaire qu'il doit d'avoir attaché son nom au relèvement des autels en France et à l'établissement du gouvernement constitutionnel parmi nous. C'est grâce à eux qu'il est devenu la personnification même de la fidélité aux nobles causes vaincues.

L'Église et la France n'ont pas été ingrates envers ce grand homme. La chaire a plus d'une fois retenti de ses éloges ; le journal, qui compte plus de bouches que l'antique renommée, a porté son nom aux extrémités du globe ; les académies ont souvent célébré sa gloire ; des écrivains nombreux, plusieurs d'un grand talent, lui ont consacré de remarquables travaux.

Au monument qui s'élève en son honneur, j'apporte ma pierre ; à tant de travaux, dont quelques-uns sont des chefs-d'œuvre, je joins ce travail modeste.

Conçu sur le même plan que mes précédents volumes, il contient les pages les plus solides et les plus brillantes de l'illustre écrivain, enchâssées dans l'analyse critique de ses œuvres, et dans les détails de sa vie.

Je me plais à déclarer que j'ai, pour ce livre, mis à contribution les meilleurs biographes et les plus célèbres appréciateurs des travaux de l'esprit. Volontiers, en ce qui concerne les *Gloires du Catholicisme au XIXe siècle*, je dis avec le poëte :

> Semblable à l'abeille, en nos jardins éclose,
> De différentes fleurs j'amasse et je compose
> Le miel que je produis.

Ce miel est-il de bonne qualité ? C'est au public qu'il appartient d'en juger.

Mon ambition sera satisfaite, si je ramène, par l'admiration et la reconnaissance, à nos grands écrivains catholiques, quelques-uns des trop nombreux lecteurs, qui vont demander à nos adversaires la satisfaction de leur curiosité et la nourriture de leur intelligence.

Rarement la guerre contre notre sainte religion a été plus astucieuse et plus violente ; rarement, par conséquent, nous n'avons eu plus besoin d'être fortifiés et éclairés.

C'est en Dieu, sans doute, que nous devons surtout chercher la force et la lumière, mais n'est-il pas permis d'affirmer que l'étude des œuvres et des exemples de ceux qui ont été ses soldats et ses hérauts sur la terre, peut contribuer puissamment à affermir nos convictions et notre courage ?

M. DE CHATEAUBRIAND

ET

EXTRAITS DE SES ŒUVRES.

CHAPITRE PREMIER

Famille et naissance de M. de Chateaubriand. — Le vœu de sa nourrice. — François-René est abandonné à lui-même. — Son caractère rêveur. — Il va à l'école avec sa sœur Lucile. — *Ses récréations.* — Il entre au collège de Dol. — Son caractère achève de se révéler. — *Première communion.* — François-René quitte le collège de Dol pour celui de Rennes. — A Brest et à Dinan. — Il se fixe à Combourg.

1768-1784.

Au onzième siècle, un seigneur, appelé *Brient*, habitait, en Bretagne, une forteresse considérable qui prit le nom de *Château de Brient*, et, par élision, *Châteaubrient*. Châteaubrient, plus tard *Châteaubriant* par l'invasion de l'orthographe française, fut le berceau de la famille de l'illustre et noble écrivain dont nous entreprenons de raconter la vie.

« Je préfère, a dit ce dernier, mon nom à mon titre.» Il est certainement mieux de valoir par soi que par ses ancêtres, et il est juste de mettre la noblesse de la conduite au dessus de celle de la naissance. Toutefois, un titre qui rappelle des services, rendus à la religion et à la patrie par une longue suite d'aïeux, n'en est pas moins un héritage dont on aurait tort de rougir, se trouvât-on en face d'un siècle démocrate et partisan à outrance de la roture.

M. de Chateaubriand l'a compris. Aussi, malgré la déclaration que l'on vient de lire, est-il entré, sur sa généalogie, dans des détails qui attestent combien il prisait son titre de gentilhomme.

L'un de ses ancêtres suivit saint Louis à la croisade, se distingua en plusieurs rencontres et fut fait prisonnier, à la bataille de la Massoure. A son retour, Louis IX, pour récompenser sa valeur, lui permit de remplacer les armes de sa maison, qui étaient des pommes de pin, par des fleurs de lis d'or sans nombre, avec cette devise : *Notre sang a teint la bannière de France.*

Cette devise et ce croisé résument assez bien l'histoire des Chateaubriand. L'on trouve en effet souvent leur nom associé à de pieuses entreprises, et, souvent aussi, on les rencontre sur les champs de bataille où coula le sang français.

M. de Chateaubriand lui-même, que fut-il, sinon un défenseur de la croix, le plus puissant de tous dans ce siècle, un français affamé jusqu'à son dernier jour de la gloire de son pays.

Il naquit à St-Malo, le 4 septembre 1768, et reçut au baptême les noms de François-René. Il était le dernier de dix enfants, dont quatre étaient morts au berceau.

Quand il vint au monde, il était si faible que l'on désespéra de sa vie.

On le mit en nourrice à Plancoët, où habitait sa grand'mère du côté maternel. Afin de conserver ses jours, la vertueuse femme à qui on l'avait confié le voua à Notre-Dame de Nazareth, patronne du hameau, et promit qu'il porterait en son honneur le blanc et le bleu jusqu'à l'âge de sept ans. La Vierge ne fit point défaut à la foi de la pieuse paysanne ; lorsque son nourrisson eut trois ans, celle-ci le rendit plein de vie et de santé à ses parents.

De retour à la maison paternelle, François-René fut presque abandonné à lui même. Son père avait une intelligence et une énergie peu communes, mais la vie tourmentée qu'il avait menée pour rétablir sa fortune avait aigri son caractère : il était habituellement plongé dans une tristesse profonde et dans un silence dont il ne sortait que par des emportements. « Ce qu'on sentait, en le voyant, c'était la crainte. » Il vivait dans la solitude et s'occupait peu de ses enfants. Madame de Chateaubriand, « pieuse comme un ange, » douée de beaucoup d'esprit et d'une imagination prodigieuse, avait été formée à la lecture de Fénelon, de Racine et de Madame de Sévigné. Malheureusement elle aimait la politique, le bruit et le monde, et consacrait à la société le temps qu'elle aurait dû donner à sa jeune famille.

Lorsqu'il n'était point aux mains de quelque domestique, François-René errait avec quelque compagnon au bord de la mer. « C'est là, dit-il, que j'ai été élevé, compagnon des vents et des flots. Un des premiers plaisirs que j'aie goûtés, fut de lutter contre les orages, de me jouer avec les vagues qui se retiraient devant moi ou couraient après moi sur la rive. » (1)

D'autrefois, assis près de ces flaques d'eau que la mer renouvelle et entretient dans les concavités des rochers, il se laissait aller à sa nature rêveuse : il s'amusait à voir voler les pingoins et les mouettes, à béer aux lointains bleuâtres, à ramasser les coquillages, à écouter le refrain des vagues parmi les écueils. (2)

Plus pour s'en débarrasser que dans un autre but, on l'envoyait à l'école chez deux vieilles demoiselles. Il était accompagné de Lucile, la quatrième de ses sœurs. Lucile que nous retrouverons plus tard, était alors loin d'annoncer les talents et la beauté qui devaient un jour briller en elle. « Qu'on se figure une petite fille maigre, trop grande pour son âge, bras dégingandés, air timide, parlant avec difficulté et ne pouvant rien apprendre ; qu'on lui mette une robe empruntée à une autre taille que la sienne ; enfermez sa poitrine dans un corps piqué dont les pointes lui faisaient des plaies aux côtés ; soutenez son cou par un collier de fer garni de velours brun ; retroussez ses cheveux sur le haut de sa tête, rattachez-les avec une toque d'étoffe noire : telle était alors Lucile. » (3) Elle lisait fort mal ; François-René lisait plus mal encore : on grondait la sœur, le frère griffait les vieilles demoiselles : grandes plaintes portées à Madame de Chateau-

(1-2) *Mémoires d'outre-tombe, par M. de Chateaubriand*, tome I, *passim*.

(3) *Mémoires d'outre-tombe*, tome I, page 29.

briand. « Je commençais, dit le futur auteur du *Génie du Christianisme,* à passer pour un vaurien, un révolté, un paresseux, un âne enfin. Ces idées entraient dans la tête de mes parents : mon père disait que tous les chevaliers de Chateaubriand avaient été des fouetteurs de lièvres, des ivrognes et des querelleurs. Ma mère soupirait en voyant le désordre de ma jaquette. » (1)

Et elle avait, il faut l'avouer, souvent l'occasion de gémir. Les enfants les plus tapageurs de la ville étaient, en effet, bientôt devenus les plus chers amis du jeune chevalier. Il en remplissait la cour et les escaliers de la maison paternelle : « Je leur ressemblais en tout, raconte-t-il ; je parlais leur langage ; j'avais leur façon et leur allure ; j'étais vêtu comme eux, débraillé comme eux ; mes chemises tombaient en loques ; je n'avais jamais une paire de bas qui ne fût largement trouée ; je traînais de méchants souliers éculés ; ils sortaient à chaque pas de mes pieds ; je perdais mon chapeau, et quelquefois mon habit ; j'avais le visage barbouillé, égratigné, meurtri, les mains noires, et ma figure était si étrange que ma mère, au milieu de sa colère, ne se pouvait empêcher de rire et de s'écrier : « Qu'il est laid ! » (2)

François-René avait toutefois d'autres plaisirs moins bruyants. Durant les jours de fêtes, on le conduisait en station avec ses sœurs aux divers sanctuaires de la ville, à la chapelle de Saint Aaron, au couvent de la Victoire. « Mon oreille, dit-il, était frappée de la douce

(1) *Mémoires d'outre-tombe,* tome I, page 29.
(2) *Mémoires d'outre-tombe,* tome I, page 42.

voix de quelques femmes invisibles : l'harmonie de leurs cantiques se mêlait aux mugissements des flots. Lorsque, dans l'hiver, à l'heure du salut, la cathédrale se remplissait de la foule ; que de vieux matelots à genoux, de jeunes femmes et des enfants lisaient, avec de petites bougies, dans leurs Heures ; que la multitude, au moment de la bénédiction, répétaient en chœur le *Tantum ergo*, que dans l'intervalle de ces chants, les rafales de Noël frôlaient les vitraux de la basilique, ébranlaient les voûtes de cette nef qui fit résonner la mâle poitrine de Jacques Cartier et de Dugay-Trouin, j'éprouvais un sentiment extraordinaire de religion. Je n'avais pas besoin que *la Villeneuve* (1) me dît de joindre les mains pour invoquer Dieu par tous les noms que ma mère m'avait appris ; je voyais les cieux ouverts, les anges offrant notre encens et nos vœux ; je courbais mon front ; il n'était point encore chargé de ces ennuis qui pèsent si horriblement sur nous, qu'on est tenté de ne plus relever la tête lorsqu'on l'a inclinée au pied des autels. » (2)

Afin de l'arracher à la vie inoccupée qu'il menait, on résolut de le mettre au collège.

Dès son arrivée, il se fit en lui une grande transformation. Il conserva sans doute son humeur batailleuse et sa mélancolie quelque peu sauvage ; mais les facultés que sa première éducation avait laissées dormir, si l'on peut s'exprimer ainsi, s'éveillèrent tout-à-coup et se révélèrent avec une extraordinaire énergie. Suivant la méthode de ce temps, il commença ses

---

(1) Sa bonne.
(2) *Mémoires d'outre-tombe*, tome I, page 45.

mathématiques ; il y apporta une clarté de conception qui étonna profondément son professeur. Il montra en même temps un goût décidé pour les langues. Sa mémoire était prodigieuse.

Le rudiment, supplice des écoliers, ne lui coûta rien à apprendre. Il attendait l'heure des leçons avec impatience, comme un délassement de ses chiffres et de ses figures de géométrie. En moins d'un an, il devint fort cinquième.

Par une singularité remarquable sa phrase latine se transformait si naturellement en pentamètre qu'on l'appelait *l'Elégiaque*.

Les vers harmonieux et pleins de Virgile ; ceux si doux et si mélancoliques de Tibulle le ravissaient. Massillon était, parmi les auteurs français, celui qu'il préférait, tant à cause du charme enchanteur de son style que des peintures si vraies qu'il trace du cœur humain. Les sermons de la *Pécheresse* et de *l'Enfant prodigue* ne le quittaient plus. Il volait de petits bouts de cierges dans la chapelle, afin de prolonger ses lectures, et il s'endormait en balbutiant des phrases incohérentes, où il tâchait de mettre la douceur, le nombre et la grâce de l'écrivain qui a le mieux transporté, dans la prose, l'euphonie racinienne.

Avec l'esprit se développait aussi dans François-René le caractère qu'il devait montrer plus tard. A la fougue, à la mélancolie vint alors se joindre le noble amour de l'honneur. La résistance contre le châtiment du fouet, alors fort en usage et dont on l'avait menacé pour le délit d'avoir grimpé au haut d'un arbre et déniché périlleusement un nid, fut le premier combat qu'il livra pour la défense de cet honneur, auquel il devait, par la suite, tant de fois sacrifier repos, plaisir et fortune.

Le jeune chevalier touchait à sa treizième année, lorsqu'on le prépara à sa première communion. Lui-même a raconté les sentiments qui précédèrent et accompagnèrent ce grand acte. Ecoutons-le. Jamais peut-être page plus touchante ne sortit de sa plume :

« Ma piété paraissait sincère. J'édifiais tout le collège ; mes regards étaient ardents ; mes abstinences répétées allaient jusqu'à donner de l'inquiétude à mes maîtres. On craignait l'excès de ma dévotion ; une religion éclairée cherchait à tempérer ma ferveur. J'avais pour confesseur le supérieur du séminaire des Eudistes, homme de cinquante ans, d'un aspect rigide. Toutes les fois que je me présentais au tribunal de la pénitence, il m'interrogeait avec anxiété. Surpris de la légèreté de mes fautes, il ne savait comment accorder mon trouble avec le peu d'importance des secrets que je déposais dans son sein. Plus le jour de Pâques s'avoisinait, plus les questions du religieux étaient pressantes.

« Ne me cachez-vous rien ? » me disait-il. Je répondais : « Non, mon père. » — N'avez-vous pas fait telle faute ? — « Non, mon père. » Et toujours, « non, mon père. » Il me renvoyait en doutant, en soupirant, en me regardant jusqu'au fond de l'âme, et moi, je sortais de sa présence, pâle et défiguré comme un criminel. Je devais recevoir l'absolution le mercredi saint. Je passai la nuit du mardi au mercredi en prières et à lire avec terreur le livre *des Confessions mal faites*. Le mercredi, à trois heures de l'après midi, nous partîmes pour le séminaire; nos parents nous accompagnaient. Tout le vain bruit qui s'est depuis attaché à mon nom n'aurait pas donné à madame de Chateaubriand un seul instant de l'orgueil qu'elle éprouvait comme chrétienne et comme mère, en voyant son fils prêt à participer au grand mystère de la religion.

« En arrivant à l'église, je me prosternai devant le sanctuaire et j'y restai comme anéanti.

« Lorsque je me levai pour me rendre à la sacristie, où m'attendait le supérieur, mes genoux tremblaient sous moi, je me jetais aux pieds du prêtre ; ce ne fut que de la voix la plus altérée que je parvins à prononcer mon *Confiteor*. « Eh bien ? n'avez-vous rien oublié ? » me dit l'homme de Jésus-Christ. Je demeurai muet. Ses questions recommencèrent, et le fatal *non, mon père* sortit de ma bouche. Il se recueillit, il demanda des conseils à celui qui conféra aux Apôtres le pouvoir de lier et de délier les âmes. Alors faisant un effort, il se prépare à me donner l'absolution. La foudre que le ciel eût lancé sur moi m'aurait causé moins d'épouvante. Je m'écriai : « Je n'ai pas tout dit ! » Ce redoutable juge, ce délégué du souverain Arbitre, dont le visage m'inspirait tant de crainte, devient le pasteur le plus tendre ; il m'embrasse et fond en larmes. « Allons, me dit-il, mon cher fils, du courage ! »

« Je n'aurai jamais un tel moment dans ma vie. Si l'on m'avait débarrassé du poids d'une montagne, on ne m'eût point plus soulagé : je sanglotai de bonheur. J'ose dire que c'est de ce jour que j'ai été créé honnête homme ; je sentis que je ne survivrais jamais à un remords.

« Le premier aveu fait, rien ne me coûta plus : mes puérilités cachées et qui auraient fait rire le monde, furent pesées au poids de la religion. Le supérieur se trouva tout embarrassé ; il aurait voulu retarder ma communion ; mais j'allais quitter le collège de Dol.

« Enfin ajouta-t-il, le temps manque à votre pénitence, mais vous êtes lavé de vos péchés par un aveu courageux, quoique tardif. » Il prononça, en levant la main, la formule de l'absolution. Cette seconde fois, ce bras foudroyant ne fit descendre sur ma tête que la rosée céleste ; j'inclinai mon front pour la recevoir ; ce que je sentais participait de la félicité des anges. Je m'allai précipiter dans le sein de ma mère qui m'attendait au pied de l'autel. Je ne parus plus le même à mes maîtres et à mes camarades. Je marchais d'un pas léger, la tête haute, l'air radieux, dans tout le triomphe du repentir. » (1)

Le lendemain, le jeune pénitent, participait à la cérémonie la plus touchante et la plus sublime à laquelle il puisse être permis de prendre part ici-bas. Ce jour là, tout fut à Dieu et pour Dieu.

« Je sais parfaitement, dit M. de Chateaubriand, ce que c'est que la foi. La présence réelle de la victime dans le Saint-Sacrifice de l'autel m'était aussi sensible que la présence de ma mère à mes côtés. Quand l'hostie fut déposée sur mes lèvres, je me sentis comme tout éclairé au dedans. Je tremblais de respect ; et la seule chose matérielle qui m'occupait était la crainte de profaner le pain sacré. Je conçus encore le courage des martyrs ; j'aurais pu dans ce moment confesser le Christ sur le chevalet, ou au milieu des lions. » (2)

(1) *Mémoires d'outre-tombe*, tome I, pages 99, 100 et 101.
(2) *Mémoires d'outre-tombe*, tome I, page 102.

François-René quitta le collège de Dol. « Notre enfance, laisse quelque chose d'elle-même aux lieux embellis par elle, comme une fleur communique un parfum aux objets qu'elle a touchés. » Il lui resta de cette maison un agréable souvenir.

Après les vacances, pendant lesquelles il' reçut, à Combourg où s'était fixée sa famille, la confirmation des mains de l'Evêque de Saint-Malo, il reprit ses études.

Il y avait alors à Rennes un collège de renom, comptant des professeurs éminents et fréquenté de nombreux écoliers. C'est dans ce Juilly de la Bretagne qu'il fut envoyé. Il y passa deux ans et s'y adonna aux sciences et aux lettres avec un redoublement d'ardeur que le succès couronna.

Mais ce qu'il gagna du côté de la science, il le perdit du côté de la piété. Il ne trouva, du reste, à Rennes ni parmi ses maîtres ni parmi ses condisciples personne qui sût captiver son affection et sa confiance. Aussi quitta-t-il sans regret ce collège pour aller à Brest chercher son brevet d'aspirant à la marine royale.

Son séjour à Brest, très court d'ailleurs, fut consacré à quelques leçons de mathématiques et de dessin graphique et surtout à la rêverie. Son brevet d'aspirant se faisant attendre, le jeune candidat, sans prévenir qui que ce soit, sans autre raison que son caprice, revint un beau matin au château de Combourg. Pour justifier son retour, il annonça qu'il se sentait appelé à l'état ecclésiastique. Sa pieuse mère accueillit cette ouverture avec empressement, et il fut sur l'heure décidé que le jeune chevalier irait, à Dinan, achever ses humanités.

Il partit bientôt pour ce petit collège, où il étudia avec Broussais et où il apprit l'Hébreu.

Dinan était à une égale distance de Combourg et de Plancoët où François-René avait passé son enfance et où résidait M. de Bedée, frère de madame de Chateaubriand.

Profitant de ces deux voisinages, François-René faisait de fréquentes absences. « J'allais, dit-il, tour-à-tour voir mon oncle de Bedée au château de Monchoix et ma famille, à Combourg. M. de Chateaubriand qui trouvait économie à me garder ; ma mère qui désirait ma persistance dans la vocation religieuse, mais qui se serait fait scrupule de me presser, n'insistèrent plus sur ma résidence au collège, et je me trouvai insensiblement fixé au foyer paternel. » (1) Une phase nouvelle de sa vie va commencer.

(1) *Mémoires d'outre-tombe,* tome I, page 183.

CHAPITRE II.

Combourg. – Solitude qui régnait en ce château. — *Une journée à Combourg.* — Désœuvrement et ses suites. — Lucile. — Révélations de la Muse. — *Premières poésies.* — Travaux de Lucile. — *L'Innocence.* — Ouvrages en commun. — La folle du logis, — Tergiversations. — François-René à Saint-Malo. — Son rappel à Combourg. — Dernières paroles que lui adresse son père.

1784-1786.

Rien de plus sombre que le château de Combourg. Sa triste et sévère façade présentait une courtine portant une galerie à mâchicoulis denticulée et couverte. Cette courtine liait ensemble deux tours inégales en âge, en matériaux, en hauteur et en grosseur. Ces tours se terminaient par des créneaux surmontés d'un toit pointu, comme un bonnet posé sur une couronne gothique.

Quelques fenêtres grillées apparaissaient çà et là sur la nudité des murs. Un large perron, raide et droit, de vingt-deux marches, sans rampes, sans garde-fou, remplaçait, sur les fossés comblés, l'ancien pont-levis ; il atteignait la porte du château percée au milieu de la courtine.

Au-dessus de cette porte on voyait les armes des seigneurs de Combourg et les taillades à travers lesquelles sortaient jadis les bras et les chaînes du pont-levis. En résumé, passages et escaliers secrets, cachots et donjons, labyrinthe de galeries couvertes et découvertes, souterrains murés, dont les ramifications étaient inconnues ; partout silence, obscurité et visage de pierre, voilà la rude demeure des anciens seigneurs de Combourg.

Quatre maîtres, M. et Mme de Chateaubriand, Lucile et François-René, habitaient alors le château. Une cuisinière, une femme de chambre, deux laquais et un cocher, composaient tout le domestique ; un chien de chasse et deux vieilles juments étaient retranchés dans un coin de l'écurie. Ces douze êtres vivants disparaissaient dans un manoir où l'on aurait à peine aperçu cent chevaliers, leurs dames, leurs écuyers, leurs varlets, les destriers et la meute du roi Dagobert. (1)

La plus grande solitude régnait à Combourg.

« Dans tout le cours de l'année, aucun étranger ne se présentait au château, hormis quelques gentilshommes, le marquis de Monlouët, le comte de Goyon-Beaufort, qui demandaient l'hospitalité en allant plaider au parlement.

« Ils arrivaient l'hiver à cheval, pistolets aux arçons, couteau de chasse au côté, et suivis d'un valet également à cheval, ayant en croupe un gros porte-manteau de livrée. Mon père, toujours très cérémonieux, dit M. de Chateaubriand, les recevait tête nue sur le perron, au milieu de la pluie et du vent.

« Les campagnards introduits racontaient leurs guerres de Hanovre, les affaires de leur famille et l'histoire

(1) *Mémoires d'outre-tombe, passim.*

de leur procès. Le soir on les conduisait dans la tour du nord à l'appartement de la reine Christine, chambre d'honneur occupée par un lit de sept pieds en tous sens, à double rideau de gaze verte et de soie cramoisie et soutenus par quatre amours dorés.

« Le lendemain matin, lorsque je descendais dans la grande salle, et qu'à travers les fenêtres, je regardais dans la campagne inondée ou couverte de frimas, je n'apercevais que deux ou trois voyageurs sur la chaussée solitaire de l'étang : c'était nos hôtes cheminant vers Rennes. » (1)

Aussitôt que les étrangers étaient partis, les habitants du château étaient réduits, le dimanche à la société des bourgeois du village et des gentilshommes voisins, les jours ouvrables au tête-à-tête de famille. Et ce tête-à-tête, quel était-il ? M. de Chateaubriand va nous en donner une idée : « Mon père, continue-t-il, se levait à quatre heures du matin, hiver comme été ; il venait dans la cour intérieure appeler et éveiller son valet de chambre, à l'entrée de l'escalier de la tourelle. On lui apportait un peu de café à cinq heures, il travaillait ensuite dans son cabinet jusqu'à midi. Ma mère et ma sœur déjeunaient chacune dans leur chambre, à huit heures du matin. Je n'avais aucune heure fixe, ni pour me lever, ni pour déjeûner ; j'étais censé étudier jusqu'à midi.

« A onze heures et demie, on sonnait le dîner que l'on ne servait qu'à midi. La grand'salle était à la fois salle à manger et salon : on dînait et l'on soupait à l'une de ses extrémités du côté de l'est ; après le re-

---

(1) *Mémoires d'outre-tombe*, tome I, pages 125 et 126.

pas, on se venait placer à l'autre extrémité du côté de l'ouest, devant une énorme cheminée...

« Le dîner fait, on restait ensemble jusqu'à deux heures ; si l'été, mon père prenait le divertissement de la pêche, visitait ses potagers, se promenait dans l'étendue du vol du chapon ; si l'automne et l'hiver, il partait pour la chasse, ma mère se retirait dans la chapelle, où elle passait quelques heures en prières...

« Mon père parti et ma mère en prières, Lucile s'enfermait dans sa chambre ; je regagnais ma cellule, ou j'allais courir les champs.

« A huit heures la cloche annonçait le souper. Après le souper, dans les beaux jours, on s'asseyait sur le perron. Mon père, armé de son fusil, tirait les chouettes qui sortaient des créneaux à l'entrée de la nuit. Ma mère, Lucile et moi, nous regardions le ciel, les bois, les derniers rayons du soleil, les premières étoiles. A dix heures, on rentrait et l'on se couchait.

« Les soirées d'automne et d'hiver étaient d'une autre nature. Le souper fini et les quatre convives revenus de la table à la cheminée, ma mère se jetait en soupirant, sur un vieux lit de jour de siamoise flambée. On mettait devant elle un guéridon avec une bougie. Je m'asseyais auprès du feu avec Lucile ; les domestiques enlevaient le couvert et se retiraient. Mon père commençait alors une promenade qui ne cessait qu'à l'heure de son coucher. Il était vêtu d'une robe de satine blanche ou plutôt d'une espèce de manteau que je n'ai vu qu'à lui. Sa tête demi-chauve était couverte d'un grand bonnet blanc qui se tenait tout droit. Lorsqu'en se promenant il s'éloignait du foyer, la vaste salle était si peu éclairée par une seule bougie qu'on ne le voyait plus ; on l'entendait encore marcher dans les ténèbres ; puis il revenait lentement vers la lumière et émergeait peu à peu de l'obscurité comme un spectre avec sa robe blanche, son bonnet blanc, sa figure longue et pâle. Lucile et moi, nous échangions quelques mots à voix basse quand il était à l'autre bout de la salle ; nous nous taisions quand il se rapprochait de nous. Il nous disait en passant : « De quoi parlez-vous ? » Saisis de terreur, nous ne répondions rien ; il continuait sa marche. Le reste de la soirée, l'oreille n'était plus frappée que du bruit mesuré de ses pas, des soupirs de ma mère et du murmure du vent.

« Dix heures sonnaient à l'horloge du château : mon père s'arrêtait ; le même ressort qui avait soulevé le marteau de l'horloge semblait avoir suspendu ses pas. Il tirait sa montre, la montait, prenait un grand flambeau d'argent surmonté d'une grande bougie, entrait un moment dans la petite tour de l'ouest, puis revenait, son flambeau à la main, et s'avançait vers sa chambre à coucher, dépendante de la petite tour de l'est. Lucile et moi, nous nous tenions sur son passage ; nous l'embrassions en lui souhaitant une bonne nuit. Il penchait vers nous sa joue sèche et creuse sans nous répondre, continuait sa route et se retirait au fond de la tour dont nous entendions les portes se refermer sur lui. » (1)

Pendant ces journées si longues et si monotones, le jeune chevalier entièrement abandonné à lui-même, demeurait dans une oisiveté presque complète. Jamais cependant le travail et la direction ne lui avaient

(1) *Mémoires d'outre-tombe*, tome I, *passim*.

été plus nécessaires. Arrivé à cet âge si difficile où l'enfant fait place à l'homme, il était tourmenté d'un désir de bonheur qu'il ne pouvait ni régler ni comprendre. Son esprit et son cœur achevaient de se former comme deux temples vides, sans sacrifices : on ne savait encore quel Dieu y serait adoré. « Je croissais, dit-il, auprès de Lucile, notre amitié était toute notre vie. »

Lucile n'était plus ce que nous l'avons connue. Un souffle de grâce et de génie avait passé sur cette frêle créature. A l'époque où nous en sommes, « elle était grande et d'une beauté remarquable, mais sérieuse ; son visage pâle était accompagné de longs cheveux noirs ; elle attachait souvent au ciel ou promenait autour d'elle des regards pleins de tristesse ou de feu. Sa démarche, sa voix, son sourire, sa physionomie avaient quelque chose de rêveur et de souffrant ».

« Lucile et moi, remarque l'auteur des *Mémoires*, nous nous étions inutiles. Quand nous parlions du monde, c'était de celui que nous portions au dedans de nous et qui ressemblait bien peu au monde véritable. Elle voyait en moi son protecteur, je voyais en elle mon amie. Il lui prenait des accès de pensées noires que j'avais peine à dissiper. A dix-sept ans, elle déplorait la perte de ses jeunes années ; elle se voulait ensevelir dans le cloître. Tout lui était souci, chagrin, blessure : une expression qu'elle cherchait, une chimère qu'elle s'était faite, la tourmentaient des mois entiers. J'essayais alors de la consoler et, l'instant d'après, je m'obstinais dans des désespoirs inexplicables. » La vie que menaient les jeunes solitaires de Combourg augmentait l'exaltation de leur âge et de leur caractère. « Notre principal désennui, ajoute M. de Chateaubriand, consistait à nous promener côte à côte dans le grand mail, au printemps sur un tapis de primevères, en automne sur un lit de feuilles séchées, en hiver sur une nappe de neige que brodait la trace des oiseaux, des écureuils et des hermines. Jeunes comme les primevères, tristes comme la feuille séchée, purs comme la neige nouvelle, il y avait harmonie entre nos récréations et nous. » (1)

Un jour dans l'une de ces promenades, Lucile, qui avait l'instinct de la poésie, entendant son jeune frère parler avec ravissement de la solitude, lui dit : « Tu devrais peindre cela. » Ce mot devint pour le jeune chevalier la révélation de la muse. Un souffle divin passa sur lui et, dès lors, il se mit à bégayer des vers comme si c'eût été sa langue maternelle et il le fit avec une telle fécondité, qu'il avouait plus tard en avoir brûlé de quoi tenir trois volumes.

Plusieurs de ces poésies, précieuses reliques de l'adolescence, nous été conservées ; elles ont toutes été inspirées par l'amour de la campagne. Composées à une époque où Dorat avait gâté le goût, elles n'ont rien de maniéré ; l'on y trouve de la grâce, du nombre et déjà de la hardiesse. Lucile était ravie quand son jeune frère, après l'avoir saluée, lui montrant les près de Combourg, récitait quelques vers semblables à ceux-ci :

---

(1) *Mémoires d'outre-tombe*, tome I, page 143.

« Ces près riants entourés d'aulnes verts,
Où l'onde molle énerve la pensée,
Où sur les fleurs l'âme rêve, bercée
Aux doux accords du feuillage et des airs ;
Ces près riants que l'aquilon moissonne
Plaisent au cœurs. Vers la terre courbés,
Nous imitons ou flétris ou tombés,
L'herbe en hiver et la feuille en automne. » (1)

A son tour elle prenait la parole ; « ses pensées n'étaient que des sentiments ; elle sortaient avec difficulté de son âme, mais quand elle parvenait à les exprimer, il n'y avait rien au-dessus. L'élégance, la suavité, la rêverie, la sensibilité de ce qu'elle nous a laissé offrent un mélange du génie grec et du génie germanique. » Écoutez plutôt :

« L'INNOCENCE.

« Fille du ciel, aimable innocence, si j'osais de quel-
« ques uns de tes traits essayer une faible peinture,
« je dirais que tu tiens lieu de vertu à l'enfance, de
« sagesse au printemps de la vie, de beauté à la vieil-
« lesse et de bonheur à l'infortune, qu'étrangère à nos
« erreurs, tu ne verses que des larmes pures, et que
« ton sourire n'a rien que de céleste. Belle innocence !
« mais quoi les dangers t'environnent, l'envie t'adresse
« tous ses traits ; trembleras-tu modeste innocence,
« chercheras-tu à te dérober aux périls qui te mena-

(1) Œuvres de M. de Chateaubriand, tome XVI, page 290.

« cent ; non, je te vois debout endormie, la tête ap-
« puyée sur un autel. »

Quoi qu'en dise un illustre critique, ce ne sont pas là seulement des phrases, et l'on est tenté de croire, devant une telle perfection de fond et de forme, que M. de Chateaubriand a, dans son âge mûr, retouché les exquisses de Lucile.

Bientôt le frère et la sœur entreprirent des ouvrages en commun. Guidés par leur instinct, ils traduisirent les plus beaux, les plus tristes passages de Job et de Lucrèce sur la vie : Le *Tœdet animam vitæ meæ*, *l'Homo natus de muliere*, le *Tum porrò puer, ut sœvis projectus ab undis navita*, etc.

Cette ardeur pour la poésie s'éteignit peu à peu dans le jeune chevalier. Après avoir eu des velléités de renommée, il tomba dans le découragement et se mit à pleurer sa gloire à venir comme on pleurerait sa gloire passée. Il retomba dans l'oisiveté et dans les rêves malsains qu'elle amène avec elle. Les passions, semblables au sirènes de la fable, accoururent de toutes parts et firent entendre leurs voix enchanteresses. Elles le trouvèrent sans défense, mais, comme tout en lui prenait un caractère extraordinaire, au lieu de se jeter au dehors, il se replia sur lui-même en s'abandonnant à son imagination, dont la fougue ne connaissait aucun frein. Pendant deux années entières, sa vie fut une sorte de délire. Ses facultés arrivèrent enfin au plus haut degré d'exaltation. Les passions concentrées dont il était la proie se trahirent dans son extérieur. Il parlait peu, il ne parla plus ; ses yeux se creusèrent, son corps maigrit, il était distrait, triste, ardent, farouche.

Ses jours se passaient d'une manière sauvage, bizarre, insensée. Son exaltation devint telle qu'elle lui fit perdre la dernière lueur de la raison, et, dans sa folie, il essaya d'attenter à ses jours. Une maladie, fruit de ce délire, mit non moins sérieusement sa vie en danger. Sa poitrine se gonfla, la fièvre le saisit. On envoya chercher un excellent médecin. Celui-ci, devinant que le mal était plutôt moral que physique, déclara, après avoir prescrit des remèdes, qu'il était surtout nécessaire d'arracher ce jeune homme à son genre de vie. (1)

Le jeune chevalier cependant était censé continuer ses études pour entrer au grand séminaire. Lorsqu'après six semaines, il fut hors de péril, sa pieuse mère vint un matin s'asseoir au bord de son lit et lui dit : « Il est temps de vous décider. Votre frère est à même de vous obtenir un bénéfice, mais avant d'entrer au séminaire, il faut vous bien consulter ; car, si je désire que vous embrassiez l'état ecclésiastique, j'aime encore mieux vous voir homme du monde que prêtre scandaleux. » Langage inspiré par la plus profonde sagesse et la foi la plus pure.

Assurément, la vie que menait François-René n'accusait guère de marques de vocation. Il dit donc à sa mère qu'il n'était pas assez fortement appelé à l'état ecclésiastique, et, dans son embarras, il s'avisa d'une chose saugrenue ; il déclara qu'il irait au Canada défricher des forêts ou aux Indes chercher du service dans les armées des princes de ce pays.

Par un de ces contrastes qu'on remarque chez tous les hommes, le comte de Chateaubriand, si raisonna-

(1) *Mémoires d'outre-tombe, passim.*

ble d'ailleurs, n'était jamais trop choqué d'un projet aventureux. Il gronda la comtesse des tergiversations de son fils, mais il se décida à faire passer ce dernier aux Indes. On l'envoya à St-Malo, où l'on préparait un armement pour Pondichéry. Deux mois s'écoulèrent pendant lesquels le jeune solitaire put à loisir, dans l'île maternelle, nourrir son ennui et ses funestes rêves. Tout à coup, une lettre le rappelle à Combourg. « J'arrive, écrit-il dans ses *Mémoires* ; je soupe avec ma famille. Monsieur mon père ne me dit pas un mot, ma mère soupire, Lucile paraît consternée ; à dix heures, on se retire. J'interroge ma sœur; elle ne savait rien.

« Le lendemain à huit heures du matin on m'envoie chercher, je descends; mon père m'attendait dans son cabinet.

« Monsieur le chevalier, me dit-il, il faut renoncer à vos folies. Votre frère a obtenu pour vous un brevet de sous-lieutenant au régiment de Navarre. Vous allez partir pour Rennes et de là pour Cambrai ; voilà cent louis, ménagez-les, je suis vieux et malade ; je n'ai pas longtemps à vivre. Conduisez-vous en homme de bien et ne déshonorez jamais votre nom. » Il m'embrassa. Je sentis ce visage ridé et sévère se presser avec émomotion contre le mien ; c'était pour moi le dernier embrassement paternel.

« Le comte de Chateaubriand, homme redoutable à mes yeux, ne me parut dans ce moment que le père le plus digne de ma tendresse. Je me jetai sur sa main décharnée et pleurai. Il commençait d'être attaqué d'une paralysie ; elle le conduisit au tombeau ; son bras gauche avait un mouvement convulsif qu'il était obligé de contenir avec sa main droite. Ce fut en retenant ainsi son bras et après m'avoir remis sa vieille épée que, sans me donner le temps de me reconnaître, il me conduisit au cabriolet qui m'attendait dans la cour verte. Il m'y fit monter devant lui. Le postillon partit, tandis que je saluais des yeux ma mère et ma sœur qui fondaient en larmes sur le perron.

« Je remontais la chaussée de l'étang ; je vis les roseaux de mes hirondelles, le ruisseau du moulin et la prairie, je jetai un regard sur le château. Alors, comme Adam après son péché, je m'avançai sur la terre inconnue : le monde était tout devant moi : *and the world was all before him.* » (1)

---

(1) *Mémoires d'outre-tombe*, tome I, pages 177 et 178.

CHAPITRE III.

A Cambrai. — Mort de M. le comte de Chateaubriand. — Sa famille se réunit à Combourg. — Le jeune chevalier est appelé à Versailles. — Sa présentation à la cour. — *Journée des carrosses.* — Voyage en Bretagne. — M. de Chateaubriand se fixe à Paris. — Il fréquente les gens de lettres. — Ce qu'il pense de la littérature du XVIIIme Siècle. — Commencements de la révolution. — *La Constituante.* — *Mirabeau.* — M. de Chateaubriand forme le projet de passer en Amérique.

1786-1791.

Quelques semaines plus tard, le chevalier de Chateaubriand, alors âgé de dix-huit ans, était à Cambrai en tenue ; petit chapeau, petites boucles serrées à la tête, queue attachée raide, et habits strictement agrafés. Cela lui déplaisait fort, mais à part cet inconvénient qu'il évitait, du reste, assez souvent, malgré la consigne, il se mit fort bien au métier, et il franchit les grades de caporal et de sergent aux applaudissements de ses instructeurs. Il sut se faire aimer de ses camarades et sa chambre devint bientôt le rendez-vous des vieux capitaines comme des jeunes sous-lieutenants, à qui sa plume rendait service. Le goût de l'étude lui était revenu et, près du tombeau de Fénelon, il relisait *Télémaque* quand une lettre de Lucile le rappela en Bretagne. Monsieur le comte de Chateaubriand venait de mourir d'une attaque d'apoplexie.

Le jeune officier pleura sincèrement ce père si redouté et cependant si aimé. Il reprit le chemin de Combourg, où se rassembla sa famille. On régla les partages, et, cela fait, on se dispersa « comme des oiseaux s'envolent du nid paternel. » Madame de Chateaubriand se fixa à St-Malo ; Lucile suivit sa sœur Julie ; le jeune soldat passa une partie de son temps chez Mesdames de Marigny, de Chateaubourg et de Farcy ses sœurs, et M. de Chateaubriand, l'ainé, retourna à Paris.

Celui-ci avait d'abord acheté une charge de maître de requêtes. Il venait de la revendre, afin d'entrer dans la carrière militaire, mais au moment où nous en sommes, il n'avait pas encore quitté la robe ; par cette raison il ne pouvait monter dans les carrosses. Son ambition pressée lui suggéra l'idée de faire jouir son frère des honneurs de la cour, pour mieux préparer les voies à sa propre élévation. Il lui obtint le rang de capitaine de cavalerie, rang honorifique et de courtoisie, et lui écrivit de venir aussitôt, afin d'être présenté au roi et à la reine.

Le chevalier avait revu ses bois ; il se trouvait bien dans la solitude et peu lui importait la cour ; il hésita et ce ne fut que sur les instances de ses sœurs qu'il partit.

La vie qu'il mena dans la capitale, en attendant sa présentation, fut solitaire. La plupart du temps, il restait confiné dans sa chambre où son grand divertissement était de traduire *l'Odyssée* et la *Cyropédie*. Chaque jour, il se rendait chez son frère; il s'enfonçait dans quelque fauteuil, y rêvait une heure ou deux et, vers quatre heures, il rentrait chez lui. A la tombée de la nuit, il allait à quelque spectacle. Ce désert de la foule lui plaisait. Quand il ne s'emprisonnait pas dans la salle de l'Opéra ou des Français, il se promenait seul de rue en rue ou le long des quais, jusqu'à dix et onze heures du soir.

De retour au logis, il demeurait une partie de la nuit, la tête penchée sur son feu, écoutant les voitures allant, venant, se croisant et dont le roulement lointain lui rappelait le murmure de la mer sur les grèves de sa Bretagne ou du vent dans les bois de Combourg. (1)

Enfin le jour fatal arriva; il fallut se rendre à Versailles. On eût dit qu'on le conduisait aux galères.

« On n'a rien vu quand on n'a pas vu la pompe de Versailles; même après le licenciement de l'ancienne maison du roi, Louis XIV était toujours là. On me regardait, dit M. de Chateaubriand; j'entendais demander qui j'étais.

« Il faut se souvenir de l'ancien prestige de la royauté pour se rendre compte de ce qu'était alors une présentation. Une destinée mystérieuse s'attachait au *débutant*. On lui épargnait l'air protecteur méprisant qui composait, avec l'extrême politesse, les manières inimitables du grand seigneur. Qui sait si ce débutant ne deviendra pas le favori du maître...

(1) *Mémoires d'outre-tombe*, tome I, *passim*.

« Lorsqu'on annonça le lever du roi, les personnes non présentées se retirèrent; je sentis un mouvement de vanité, je n'étais pas fier de rester, j'aurais été humilié de sortir.

« La chambre à coucher du roi s'ouvrit : je vis le roi, selon l'usage achever sa toilette, c'est-à-dire prendre son chapeau de la main du premier gentilhomme. Le roi s'avança allant à la messe ; je m'inclinai, le maréchal de Duras me nomma. « Sire, le chevalier de Chateaubriand. » Le roi me regarda, me rendit mon salut, hésita, eut l'air de vouloir s'arrêter pour m'adresser la parole. J'aurais répondu d'une contenance assurée ; ma timidité s'était évanouie.

« Parler au général de l'armée, au chef de l'Etat, me paraissait tout simple, sans que je me rendisse compte de ce que j'éprouvais. Le roi, plus embarrassé que moi ne trouvant rien à dire, passa outre... Nous courûmes à la galerie pour nous trouver sur le passage de la reine lorsqu'elle reviendrait de la chapelle. Elle se montra bientôt entourée d'un radieux et nombreux cortège. Elle nous fit une noble révérence ; elle semblait enchantée de la vie... » (1)

Rien jusqu'ici n'était, ce semble, de nature à fatiguer le jeune officier ; sa complaisance cependant était à bout. Vainement son frère le supplia de rester à Versailles, afin d'assister le soir au jeu de la reine. « Tu seras lui dit-il, nommé à la reine, et le roi te parlera. » Il ne me pouvait donner de meilleures raisons pour m'enfuir, dit l'auteur des *Mémoires*. Je me hâtai de venir cacher ma gloire dans mon hôtel garni,

---

(1) *Mémoires d outre-tombe*, tome I, pages 221 et 222.

heureux d'être échappé à la cour, mais voyant encore devant moi la journée des carrosses. »

. Le 19 février 1787, il se trouvait de nouveau au lieu de son supplice en uniforme de débutant, habit gris, veste et culotte rouges, manchettes, bottes à l'écuyère, couteau de chasse au côté, petit chapeau français à galons d'or.

Le duc de Coigny avisa les débutants de ne pas couper la chasse, le roi s'emportant lorsqu'on passait entre lui et la bête. Le rendez-vous était au val, dans la forêt de St-Germain, domaine engagé par la couronne au maréchal de Beauveau.

On bat aux champs ; mouvement d'armes, voix de commandement. On crie : *Le roi !* Le roi sort, monte dans son carrosse, tous roulent dans les carrosses à sa suite. On arrive au point de ralliement, où de nombreux chevaux de selle tenus en main sous les arbres témoignent leur impatience.

L'usage voulait que les chevaux de la première chasse à laquelle assistaient les hommes présentés fussent fournis des écuries du roi.

On avait destiné au jeune chevalier une jument appelée l'*Heureuse*, bête légère mais sans bouche, ombrageuse et pleine de caprices... Le roi mis en selle partit, la chasse le suivit, prenant diverses routes.

Peu d'instants après, le débutant chevauchait dans une longue percée, à travers des parties de bois désertes : un pavillon s'élevait au bout. Oubliant la chasse, voilà qu'il se met à songer aux rois chevelus, à ces palais répandus dans les forêts de la couronne, en souvenir de leur origine et de leurs rudes passe-temps, à mille autres choses encore..... un coup de fusil part, l'*Heureuse* tourne court, brosse tête baissée dans le fourré et le porte à l'endroit où le chevreuil venait d'être abattu : le roi passait : le chevalier se souvient alors, mais trop tard, des injonctions du duc de Coigny: la maudite l'*Heureuse* avait tout fait. Le jeune de Chateaubriand saute à terre, d'une main poussant en arrière sa cavale, de l'autre tenant son chapeau bas ; le roi regarde et ne voit qu'un débutant arrivé avant lui aux fins de la bête ; il avait besoin de parler: au lieu de s'emporter, il dit avec un ton de bonhomie et un gros rire : « Il n'a pas tenu longtemps : » « C'est le seul mot, a écrit M. de Chateaubriand, que j'aie obtenu de Louis XVI. » On vint de toutes parts, on fut étonné de le trouver *causant* avec le roi. Le débutant fit du bruit par cette aventure, mais ne sut pas en tirer profit.

Au lieu d'aller s'habiller pour se trouver au débotté, moment de triomphe et de faveur, il se jeta au fond de sa voiture et rentra à Paris, plein de joie d'être délivré de ses honneurs et de ses maux. (1) Quelques jours après, il était en Bretagne.

Il n'y resta que peu de temps. Ses sœurs Lucile et Julie venaient à Paris : il les accompagna et un heureux enchaînement de semestres et de congés le fixa lui-même dans la capitale.

La poésie lui souriait de nouveau ; tourmenté d'un vague désir de renommée, il lui sembla qu'il arriverait à la conquérir sur le Parnasse. Aussi, négligeant les relations que la position de son frère lui avait faites, il s'efforça de se rapprocher du groupe littéraire qui

---

(1) *Mémoires d'outre-tombe*, tome I, *passim*.

recueillait alors les tristes débris de la littérature du XVIIIᵉ siècle.

Sa première connaissance, dans ce monde un peu inférieur, fut Delisle de Sales, auteur d'innombrables ouvrages, peu lus de son temps et complètement oubliés aujourd'hui. On l'appelait le *singe de Diderot* ; ce qui ne l'empêchait pas, se mettant au-dessus des philosophes passés et futurs, de tracer de sa main, sur le piédestal de son buste en marbre : *Dieu l'homme, la nature, il a tout expliqué !*

M. de Chateaubriand rencontra chez lui Flins des Oliviers.

Fils d'un maître des eaux et forêts de Reims, ce poëte avait reçu une éducation négligée. C'était au demeurant un homme d'esprit et parfois de talent. « On ne pouvait voir quelque chose de plus laid. Court et bouffi, il avait de gros yeux saillants, des cheveux hérissés, des dents sales et malgré cela l'air pas trop ignoble. » Son genre de vie, qui était celui de presque tous les gens de lettres de Paris à cette époque mérite d'être raconté.

« Flins occupait un appartement, rue Mazarin. Deux savoyards travestis en laquais par la vertu d'une casaque de livrée le servaient : le soir ils le suivaient, et introduisaient les visites chez lui le matin...

« Flins qui n'avait qu'une petite pension de sa famille vivait de crédit. Vers les vacances du Parlement, il mettait en gage les livrées de ses savoyards, ses deux montres, ses bagues et son linge, payait avec le prêt ce qu'il devait, partait pour Reims, y passait trois mois, revenait à Paris, retirait, au moyen de l'argent que lui donnait son père, ce qu'il avait déposé au mont de piété et recommençait le cercle de cette vie, toujours gai et bien reçu. » (1)

Par ce poëte, M. de Chateaubriand fut introduit chez le plus brillant des disciples de Voltaire, le célèbre critique La Harpe, qui attirait alors à ses cours l'élite de la société. Ce fut aussi Flins qui le conduisit chez M. de Fontanes déjà connu par sa traduction en vers de l'*Essai de Pope* et deux poëmes charmants : *La Chartreuse* et le *Jour des morts*.

Ginguené vérificateur correct et bon musicien, lui arriva par le cousinage que tous les Bretons ont entre eux.

Ginguené avait un ami qu'il présenta au jeune chevalier : c'était Lebrun, le *Lyrique*. « Ginguené, dit M. de Chateaubriand, protégeait Lebrun comme un homme de talent qui connaît le monde, protège la simplicité d'un homme de génie ; Lebrun à son tour répandait ses rayons sur les hauteurs de Ginguené. Rien n'était plus comique que le rôle de ces deux compères se rendant par un doux commerce tous les services que se peuvent rendre deux hommes supérieurs dans des genres divers. » (2)

Le jeune Breton connut encore, à cette époque, le poëte Parny qui, volage et corrompu, plaisait à son siècle et faisait la cour à son siècle plus corrompu et plus volage que lui. Il entrevit plusieurs fois Chamfort « le plus bilieux des gens de lettres » de ce temps, dont la conversation toujours piquante parfois cynique, pleine de saillies et entremêlée de curieuses anecdotes, était un régal pour ceux qui en jouis-

(1) *Mémoires d'outre-tombe*, tome I, pages 234 et 235.
(2) *Mémoires d'outre-tombe*, tome I, page 240.

saient. Pommereuil et plusieurs autres d'un rang subalterne furent également, vers cette époque, aperçus par lui.

Ce ne fut qu'à Londres que le jeune officier de Navarre vit l'abbé de Delille.

Il ne vit ni Rulhière, ni Palissot, ni Beaumarchais, ni Marmontel, ni Chénier ; s'il ne les vit pas, il lut du moins leurs ouvrages et entra ainsi en communication avec eux.

Tout en fréquentant les vivants, il ne négligeait pas les morts : presque tous les auteurs du XVIIIe siècle, grands et petits, y passèrent, depuis Voltaire jusqu'à M. de Nivernais.

Ils excitèrent d'abord son admiration, mais, empressons-nous de le dire, cette admiration alla en décroissant à mesure que vinrent, avec les années, la sagesse et le bon goût, et il en arriva à ce jugement définitif et juste. « Lorsque je relis la plupart des écrivains du XVIIIe siècle, je suis confondu et du bruit qu'ils ont fait, et de mes anciennes admirations. Soit que la langue ait avancé, soit qu'elle ait rétrogradé, soit que nous ayons marché vers la civilisation ou battu en retraite vers la barbarie, il est certain que je trouve quelque chose d'usé, de passé, de grisaillé, d'inanimé, de froid dans les auteurs qui firent les délices de ma jeunesse. Je trouve même dans les plus grands écrivains de l'âge voltairien des choses pauvres de sentiment, de pensée et de style. » (1)

Quoiqu'il en soit, ces hommes d'esprit, qui chaque jour battaient en brèche les principes religieux et so-

---

(1) *Mémoires d'outre-tombe*, tome I, pages 241 et 242.

ciaux, lui devaient être funestes. Il perdit, en leur société, les saintes croyances qu'il avait reçues au foyer paternel.

Les idées cependant que ces écrivains avaient semées dans les masses fructifiaient. Matérialisme abject, incrédulité, haine du passé et désir du nivellement, tels sont les principes qu'a développés la littérature du XVIII⁰ siècle et qui allaient amener la décomposition sociale qui en signala la fin.

Le désordre et l'insubordination étaient déjà partout; la révolution s'annonçait sur tous les points du royaume. Dès 1787 et 1788, M. de Chateaubriand en vit les prémices aux états de Bretagne auxquels il prenait part sans voix délibérative. Lorsqu'en 1789 les étudiants de Rennes et de Nantes, ayant Moreau à leur tête et appuyés par la populace ameutée, cernèrent la noblesse dans la salle de ses délibérations, il sortit l'épée à la main, comme ses pairs, et vit tomber plusieurs gentilshommes à ses côtés.

Cette année 1789, si fameuse dans notre histoire et dans l'histoire de l'humanité, le trouva donc dans ses landes. Il n'arriva à Paris qu'après le pillage de la maison Réveillon, l'ouverture des Etats-Généraux, la constitution du Tiers en Assemblée Nationale, le serment du jeu de paume, la séance royale du 23 juin où Mirabeau brava la cour, et la réunion du clergé et de la noblesse.

A son retour, il assista en curieux à la prise de la Bastille. Cet évènement si peu important en lui même, si grave dans ses conséquences, les meurtres et les orgies qui le suivirent, lui inspirèrent pour les héros du 14 juillet, un dégoût profond.

Ce dégoût ne tarda pas à s'accroître. Peu de jours après, le 22 juillet, il était avec ses sœurs, aux fenêtres de son hôtel garni, quand, sous ses yeux indignés, défila un groupe d'assassins, qui accompagnaient en chantant et en dansant les deux têtes de Foulon et de Berthier, portées au bout d'une pique. Le 6 octobre, le roi fut amené dans sa capitale. Ce monarque que le chevalier avait vu naguère au milieu des splendeurs de Versailles et de St-Germain, entouré de courtisans, il le revit au milieu d'une forêt de piques et de baïonnettes, parmi des brigands et des larronnesses, et « précédé de têtes coupées en guise d'oriflammes ».

Le même jour l'émigration avait commencé, et l'assemblée constituante, dès lors seul pouvoir reconnu par la nation s'installait à Paris. Sur elle désormais allaient se fixer tous les regards, et ses séances racontées par les mille voix de la presse allaient passionner tous les esprits.

Ces séances offraient un intérêt dont il est, même aujourd'hui, difficile de se faire une idée. « On se levait de bonne heure pour trouver place dans les tribunes encombrées. Les députés arrivaient en mangeant, causant, gesticulant ; ils se groupaient dans les diverses parties de la salle, selon leurs opinions. Lecture du procès-verbal ; après cette lecture, développement du sujet convenu, ou motion extraordinaire. Il ne s'agissait pas de quelque article insipide de loi ; rarement une destruction manquait à l'ordre du jour. On parlait pour ou contre ; tout le monde improvisait bien ou mal. Les débats devenaient orageux ; les tribunes se mêlaient à la discussion, applaudissaient et glorifiaient, sifflaient et huaient les orateurs. Le président agitait sa sonnette ; les députés s'apostrophaient d'un banc à l'autre. Mirabeau le jeune prenait au collet son compétiteur ; Mirabeau l'aîné criait : silence aux trente voix.

« Un jour, dit M. de Chateaubriand, j'étais placé derrière l'opposition royaliste ; j'avais devant moi un gentilhomme Dauphinois, noir de visage, petit de taille, qui sautait de fureur sur son siège et disait à ses amis : « Tombons l'épée à la main sur ces gueux-là. » Il montrait le côté de la majorité. Les dames de la Halle, tricotant dans les tribunes, l'entendirent, se levèrent et crièrent toutes à la fois, leurs chausses à la main, l'écume à la bouche : « A la lanterne ! » Le vicomte de Mirabeau, Lautrec et quelques jeunes nobles voulaient donner l'assaut aux tribunes.

« Bientôt ce fracas était étouffé par un autre ; des pétionnaires, armés de piques paraissaient à la barre : « Le peuple meurt de faim, disaient-ils, il est temps de prendre des mesures contre les aristocrates et de s'élever à la hauteur des circonstances. » Le président assurait les citoyens de son respect : « On a l'œil sur les traîtres, répondait-il, et l'Assemblée fera justice. » Là dessus, nouveau vacarme : les députés de droite s'écriaient qu'on allait à l'anarchie, les députés de gauche répliquaient que le peuple était libre d'exprimer sa volonté, qu'il avait le droit de se plaindre des fauteurs du despotisme, assis jusque dans le sein de la représentation nationale ; ils désignaient ainsi leurs collègues à ce peuple souverain, qui les attendait au reverbère. » (1)

Le jeune Breton assistait assidûment à ces séances pleines de péripéties. Il prêtait une oreille attentive à l'éloquence des grands orateurs qui les remplissaient de leur parole. Mirabeau, Cazalès, Maury, Barnave, Duport, Lameth, Mounier, Malouet. Lally-Tollendal passaient devant lui, et dans sa mémoire se gravaient leurs traits qu'il devait un jour buriner pour l'histoire.

Des portraits qu'il a laissés, celui de Mirabeau est célèbre. Brillant de verve et de coloris, il est, n'hésitons pas à le dire, plus idéal que réel ; c'est avec cette réserve que nous le reproduisons ici :

« Mêlé par les désordres et les hasards de sa vie aux plus grands événements et à l'existence des repris de justice, des ravisseurs et des aventuriers, Mirabeau, tribun de l'aristocratie, député de la démocratie, avait du Gracchus et du Don Juan, du Catilina et du Gusman d'Alfarache, du cardinal de Richelieu et du cardinal de Retz, du roué de la régence et du sauvage de la révolution ; il avait de plus du *Mirabeau*, famille florentine exilée, qui gardait quelque chose de ces palais armés et de ces grands factieux célébrés par Dante, famille naturalisée française, où l'esprit républicain de l'Italie et l'esprit féodal de notre moyen-âge se trouvaient réunis dans une succession d'hommes extraordinaires.

« La laideur de Mirabeau, appliquée sur le fond de beauté particulière à sa race, produisait une vaste et puissante figure du *jugement dernier* de Michel-Ange, compatriote des Arrighetti. Les sillons creusés par la petite vérole sur le visage de l'orateur avaient plutôt l'air d'escarres laissées par la flamme. La nature semblait avoir moulé sa tête pour l'empire ou pour le gibet, taillé ses bras pour étreindre une nation ou pour enlever une femme.

(1) *Mémoires d'outre-tombe*, tome I, pages 309 et 310.

« Quand il secouait sa crinière en regardant le peuple, il l'arrêtait ; quand il levait sa patte et montrait ses ongles, la foule courait furieuse. Au milieu de l'effroyable désordre d'une séance, je l'ai vu à la tribune, sombre, laid et immobile ; il rappelait le chaos de Milton, impassible et sans forme au centre de sa confusion. » (1)

Bien qu'attentif à tous les débats, M. de Chateaubriand n'en demeurait pas moins indécis entre les partis qui se disputaient alors la France. Les tendances de son esprit étaient pour les doctrines nouvelles ; sa naissance le rattachait aux doctrines du passé. Du reste, les scènes dont il était chaque jour le témoin ne pouvaient lui inspirer que de l'horreur. Les circonstances vinrent le mettre en demeure de se prononcer : la révolte s'étant déclarée dans le régiment de Navarre, les officiers passèrent la frontière et grossirent l'émigration. L'honneur faisait au jeune sous-lieutenant un devoir de les suivre ou du moins de se retirer avec eux. C'est à ce dernier parti qu'il s'arrêta.

Qu'allait-il faire ?

Un jour à Saint-Cloud, l'une de ses connaissances, le chevalier de Panat, sur le point d'émigrer, l'exhortait à le suivre. Il lui répondit qu'il allait s'embarquer pour les États-Unis d'Amérique. « Je cherche du nouveau, ajouta-t-il, il n'y a rien à faire ici, le roi est perdu ; et vous n'aurez pas de contre-révolution. Je fais comme les puritains qui, au dix-septième siècle émigrèrent à la Virginie ; cela vaut mieux que d'aller à Coblentz. A quoi bon émigrer de France seulement ? J'émigre du monde ; je mourrai en route, ou je revien-

---

(1) *Mémoires d'outre-tombe*, tome I, pages 303 et 304.

drai avec quelque chose de plus que je ne serai parti. »

Ce quelque chose dont parlait le jeune chevalier était, dans sa pensée, la découverte du passage qui établit la communication au nord de l'Amérique Septentrionale, entre le détroit de Behring et le Groenland.

Plein de cette idée, il en fit part à M. de Malesherbes, dont son frère aîné était devenu le petit gendre. L'illustre vieillard, loin de le retenir, l'encouragea. Regrettant que son grand âge ne lui permit pas de l'accompagner, il voulut du moins l'aider de ses lumières, et, à partir de ce moment il eut avec son jeune ami, devenu son disciple, de longues et fréquentes conversations. Tous deux penchés sur les cartes de Danville supputaient la distance déjà mesurée du détroit de Behring au fond de la baie d'Hudson. Ils lisaient ensemble les voyageurs qui s'étaient préoccupés du problème dont ils s'occupaient eux-mêmes, et l'ancien ministre conseillait à l'explorateur improvisé de joindre la botanique à son bagage de hâtive érudition. Celui-ci feuilletait en courant Duhamel, Tournefort et Jussieu ; puis il allait se promener doctement au jardin des plantes, se croyant déjà un Linnée. Enfin au mois de janvier 1791, il prit sérieusement son parti ; le chaos augmentait, il suffisait de porter un nom *aristocrate* pour être exposé aux persécutions ; il résolut de lever ses tentes et, laissant son frère et ses sœurs à Paris, il s'achemina vers la Bretagne.

CHAPITRE IV.

Départ. — Traversée. — Visite à Washington. — Déception. — Projet d'épopée. — *Rencontre imprévue.* — M. de Chateaubriand au désert. — Clair de lune. — Le poëte à la *cataracte de Niagara.* — *Une nuit dans les forêts.* — Nouvelles de France. — Retour.

Février 1791. — Décembre 1792.

M. de Chateaubriand demeura deux mois à St-Malo, près de sa mère, occupé des préparatifs de son voyage : il s'embarqua au printemps. Sur le vaisseau qui devait le transporter aux Etats-Unis, il rencontra M. l'abbé Nagot, supérieur du séminaire de Saint-Sulpice et plusieurs ecclésiastiques qu'il conduisait en Amérique pour y prêcher l'Evangile. Ces compagnons, remarque-t-il, m'auraient mieux convenu quatre ans plustôt. De chrétien j'étais devenu un esprit fort, c'est-à-dire un esprit faible. Cette faiblesse se révéla plus d'une fois dans les conversations qu'il eut avec les pieux passagers. Il n'en fut pas moins charmé de leur vertu et de leur science.

Cependant, en face de l'océan, son âme se laissait aller aux fortes et salutaires émotions, qu'il devait un jour si éloquemment traduire dans son *Génie du Chris-*

tianisme. Lorsqu'il contemplait du haut du tillac l'immensité des flots, l'infini se présentait à lui, une secrète prière s'échappait de son cœur et, quand les sons de la cloche appelait l'équipage aux exercices religieux, le jeune Breton, oubliant sa philosophie, venait s'agenouiller parmi les matelots et joignait sa voix à la voix de ces intrépides enfants des mers.

Le navire fit relâche aux Açores, les passagers saluèrent le pic de Ténériffe, respirèrent les parfums de l'île Graciose, et, après une autre relâche que les vents contraires leur imposèrent à l'île de St-Pierre, ils abordèrent non loin de Baltimore.

Une indicible émotion s'empara du jeune voyageur, lorsqu'il foula le sol américain.

« Je restai, a-t-il écrit, quelque temps les bras croisés, promenant mes regards autour de moi dans un mélange de sentiments et d'idées que je ne pouvais débrouiller alors, et que je ne pourrais peindre aujourd'hui. Ce continent ignoré du reste du monde pendant toute la durée des temps anciens et pendant un grand nombre de siècles modernes ; les premières destinées sauvages de ce continent, et ses secondes destinées depuis l'arrivée de Christophe Colomb ; la domination des monarchies de l'Europe ébranlée dans ce nouveau monde ; la vieille société finissant dans la jeune Amérique ; une république d'un genre inconnu jusqu'alors annonçant un changement dans l'esprit humain et dans l'ordre politique ; la part que ma patrie avait eue à ces évènements ; ces mers et ces rivages devant en partie leur indépendance au pavillon et au sang français ; un grand homme sortant à la fois du milieu des discordes et des déserts, Washington habitant une ville florissante dans le même lieu où, un siècle auparavant, Guillaume Penn avait acheté un morceau de terre de quelques Indiens ; les États-Unis renvoyant à la France à travers l'océan la révolution et la liberté que la France avait soutenues de ses armes ; enfin mes propres desseins ; les découvertes que je voulais tenter dans ces solitaires nations, qui étendaient encore leur vaste royaume derrière l'étroit empire d'une civilisation étrangère : Voilà les choses qui occupaient confusément mon esprit. (1) »

Après avoir visité Baltimore, M. de Chateaubriand s'empressa de gagner Philadelphie. Il eût pu se croire dans une ville anglaise.

« Un homme débarqué comme moi aux États-Unis, remarque-t-il, plein d'enthousiasme pour les anciens, un Caton qui cherchait partout la rigidité des premières mœurs romaines, dut être fort scandalisé de voir partout l'élégance des vêtements, le luxe des équipages, la frivolité des conversations, l'inégalité des fortunes, l'immoralité des maisons de banque et de jeu, le bruit des salles de bal et de spectacle. » (2)

Il était porteur d'une lettre de recommandation pour le président des Etats-Unis. Celui-ci étant absent, le jeune Breton dut l'attendre une quinzaine de jours. Quand le président revint, M. de Chateaubriand le vit passer dans une voiture qu'emportait avec rapidité quatre chevaux fringants, conduits à grandes guides.

« Washington d'après mes idées d'alors, dit l'auteur du *Voyage en Amérique*, était nécessairement Cin-

---

(1) *Voyage en Amérique*, œuvres, tome VI, page 141.
(2) *Voyage en Amérique*, œuvres, tome VI, page 142.

cinnatus ; Cincinnatus en carrosse dérangeait un peu ma république de l'an de Rome 296 ; mais quand j'allai porter ma lettre de recommandation au grand homme, je retrouvai la simplicité du vieux Romain.

« Une petite maison dans le genre anglais, ressemblant aux maisons voisines, était le palais du président des États-Unis. Point de gardes, pas même de valets. Je frappai, une jeune servante ouvrit.

« Je lui demandai si le général était chez lui ; elle me répondit qu'il y était. Je répliquais que j'avais une lettre à lui remettre. La servante me demanda mon nom, difficile à prononcer en anglais, et qu'elle ne put retenir. Elle me dit alors doucement.

« *Walk in, sir.* Entrez, Monsieur. »

« Puis elle marcha devant moi dans un de ces étroits corridors qui servent de vestibule aux maisons anglaises, et m'introduisit dans un parloir où elle me pria d'attendre le général.

« Au bout de quelques minutes, le général entra : c'était un homme d'une grande taille, d'un air calme et froid, plutôt que noble.

« Nous nous assîmes ; je lui expliquai tant bien que mal le motif de mon voyage.

« Il me répondit par monosyllabes français ou anglais, et m'écoutait avec une sorte d'étonnement. Je m'en aperçus et je lui dis avec un peu de vivacité :

« Mais il est moins difficile de découvrir le passage du nord-ouest que de créer un peuple comme vous l'avez fait.

« *Well, well, young man !* s'écria-t-il en me tendant la main.

« Il m'invita à dîner pour le jour suivant, et nous nous quittâmes.

« Je fus exact au rendez-vous : nous n'étions que cinq ou six convives. La conversation roula presque entièrement sur la révolution française ; le général nous montra une clef de la Bastille. Ces clefs de la Bastille étaient des jouets assez niais qu'on se distribuait alors dans les deux parties du monde. Si Washington avait vu, comme moi, dans les ruisseaux de Paris les vainqueurs de la Bastille, il aurait eu moins de foi dans sa relique. » (1)

Cette entrevue eut pour seule utilité de servir de prétexte à un parallèle de toute beauté entre Napoléon et Washington. Le jeune explorateur ne trouva aucun encouragement à Philadelphie ; il entrevit dès lors que le but de ce premier voyage serait manqué et que sa course ne serait que le prélude d'un second et plus long voyage.

Il en écrivit à M. de Malesherbes et, en attendant l'avenir, il promit à la poésie ce qui serait perdu pour la science.

Depuis sa jeunesse, M. de Chateaubriand avait conçu l'idée d'une épopée où il peindrait les mœurs sauvages et qui serait une protestation contre les crimes de la guerre odieuse faite par les Européens aux populations du Nouveau-Monde.

Le massacre de la colonie de Natchez à la Louisiane, en 1727, lui avait paru un sujet digne d'intérêt, surtout pour un français, et il s'y était arrêté. Il avait même composé quelques fragments, où manquait, il s'en

---

(1) *Voyage en Amérique*, œuvres, tome VI, pages 143 et 144.

apercevait bien, la couleur locale. A cette heure, les peuples qu'il voulait peindre étaient devant lui ; n'était-ce pas une bonne fortune que de pouvoir les visiter.

Le voilà donc se dirigeant vers les grands lacs du Canada, afin d'y chercher les derniers vestiges de la France et les derniers tableaux de cette existence sauvage et de cette nature vierge, dont il allait être, pour l'Europe littéraire, le révélateur et le peintre immortel.

Il fut accueilli sur la frontière de la solitude par un compatriote qu'il ne s'attendait guère à rencontrer en ce lieu.

« Au milieu d'une forêt, a-t-il raconté, on voyait une espèce de grange ; je trouvai dans cette grange une vingtaine de sauvages, hommes et femmes, barbouillés comme des sorciers, le corps demi-nu, les oreilles découpées, des plumes de corbeau sur la tête, et des anneaux passés dans les narines. Un petit français, poudré et frisé comme autrefois, habit vert-pomme, veste de droguet, jabot et manchettes de mousseline, raclait un violon de poche et faisait danser Madelon-Friquet à ces Iroquois. M. Violet, en me parlant des Indiens, me disait toujours : *Ces Messieurs Sauvages et ces Dames Sauvagesses*. Il se louait beaucoup de la légèreté de ses écoliers : En effet, je n'ai jamais vu faire de telles gambades. M. Violet, tenant son petit violon entre son menton et sa poitrine, accordait l'instrument fatal ; il criait : A vos places ! et toute la troupe sautait comme une bande de démons. » (1)

(1) *Voyage en Amérique*, œuvres, tome VI, page 147.

Ce M. Violet était un transfuge de l'armée de Rochambeau, où il avait exercé l'emploi de... marmiton. Enchanté de voir un ancien compatriote, il le mit au courant des usages de la nouvelle patrie qu'il avait adoptée, et ce fut sous ses auspices que le jeune explorateur entra dans le désert.

Une sorte d'ivresse s'empara de M. de Chateaubriand, lorsqu'il y fut engagé. Les chemins, les villes, les rois, les lois, les hommes, tout avait disparu ; il était seul et la nature était à ses pieds; il se retrouvait véritablement le roi de la création.

Dans cet enivrement il courait d'un arbre à l'autre et se livrait à mille actes de volonté bizarres. Son guide le considérait avec stupéfaction et se demandait avec anxiété s'il était devenu fou.

C'était la folie de l'enthousiasme ; elle l'accompagnera durant tout son voyage. Un peu plus tard, descendant un fleuve qu'il ne nomme pas, il s'écriera dans une espèce d'hymne triomphal où éclate une sauvage allégresse : « Le ciel est pur sur ma tête, l'onde limpide sous mon canot qui fuit devant une légère brise.

« Liberté primitive, je te retrouve enfin ! Je passe comme cet oiseau qui passe devant moi, qui se dirige au hasard, et n'est embarrassé que du choix des ombrages. Me voilà tel que le Tout-Puissant m'a créé, souverain de la nature, porté triomphant sur les eaux, tandis que les habitants des fleuves accompagnent ma course, que les peuples de l'air me chantent leurs hymnes, que les bêtes de la terre me saluent, que les forêts courbent leur cime sur mon passage. Est-ce sur le front de l'homme de la société ou sur le mien qu'est gravé le sceau immortel de notre origine. » (1)

Après avoir rendu visite au chef des Onondagas, le jeune voyageur s'avança vers la cataracte de Niagara, recevant l'hospitalité tantôt dans des fermes isolées construites par des émigrés, tantôt dans les cabanes des sauvages. Tout en fumant à leurs foyers le *calumet de la paix,* tout en trempant ses lèvres dans la *calebasse de l'hospitalité,* pour parler son langage, il s'initiait aux idiomes parlés au désert, il apprenait des vieux Sachems les croyances religieuses et les traditions historiques de leurs races ; dans ses courses quotidiennes, il étudiait la faune et la flore de ces contrées ignorées, mais surtout il prêtait l'oreille aux mille voix de la nature : contemplant avec délices les scènes enchanteresses et variées qu'elles lui offraient de toutes parts, à l'heure même, il les reproduisait et les fixait dans les tableaux délicieux qui enrichissent aujourd'hui ses ouvrages. Ses peintures plus animées que celles de Buffon, plus vastes et plus minutieusement étudiées que celles de Rousseau sont pleines de vie et de vérité. Citons un exemple :

« Une heure après le coucher du soleil, la lune se montra au-dessus des arbres à l'horizon opposé. Une brise embaumée, que cette reine des nuits amenait de l'Orient avec elle, semblait le précéder dans les forêts comme sa fraîche haleine. L'astre solitaire monta peu à peu dans le ciel : tantôt il suivait paisiblement sa course azurée ; tantôt il reposait sur des groupes de nues qui ressemblaient à la cime des

---

(1) *Voyage en Amérique,* œuvres, tome VI, page 159.

hautes montagnes couronnées de neige. Ces nues ployant et déployant leurs voiles, se déroulaient en zônes diaphanes de satin blanc, se dispersaient en légers flocons d'écume, ou formaient dans les cieux des bancs d'une ouate éblouissante, si doux à l'œil qu'on croyait ressentir leur mollesse et leur élasticité.

« La scène sur la terre n'était pas moins ravissante : le jour bleuâtre et velouté de la lune descendait dans les intervalles des arbres et poussait des gerbes de lumière jusque dans l'épaisseur des plus profondes ténèbres. La rivière qui coulait à mes pieds tour à tour se perdait dans les bois, tour à tour reparaissait brillante des constellations de la nuit qu'elle répétait dans son sein. Dans une savane de l'autre côté de la rivière, la clarté de la lune dormait sans mouvement sur les gazons ; les bouleaux agités par les brises et dispersés çà et là, formaient des îles d'ombres flottantes sur cette mer immobile de lumière. Auprès, tout aurait été silence et repos, sans la chute de quelques feuilles, le passage d'un vent subit, le gémissement de la hulotte ; au loin, par intervalles, on entendait les sourds mugissements de la cataracte de Niagara, qui, dans le calme de la nuit, se prolongeaient de désert en désert et expiraient à travers les forêts solitaires. » (1)

A Niagara, le jeune explorateur manqua deux fois de perdre la vie. La première fois, il faillit être précipité dans le gouffre par son cheval ; et la seconde, ayant voulu, en dépit des représentations de son guide, se rendre au bas de la chute, il glissa et tomba d'une

(1) *Génie du Christianisme*, œuvres, tome I, page 90.

hauteur prodigieuse sur un roc, sur lequel il aurait dû être brisé. Mais le dieu de la poésie veillait sur lui : le jeune imprudent en fut quitte pour une fracture au bras, et, pendant que les sauvages lui prodiguaient leurs soins, oubliant ses maux, il décrivait les splendeurs de cette cataracte qui avait été sur le point de devenir sa tombe :

« Nous arrivâmes bientôt au bord de la cataracte qui s'annonçait par d'affreux rugissements. Elle est formée par la rivière Niagara, qui sort du lac Érié et se jette dans le lac Ontario ; sa hauteur perpendiculaire est de cent quarante-quatre pieds. Depuis le lac Érié jusqu'au saut, le fleuve accourt par une pente rapide, et au moment de la chute, c'est moins un fleuve qu'une mer, dont les torrents se pressent à la bouche béante d'un gouffre. La cataracte se divise en deux branches et se courbe en fer à cheval. Entre les deux chutes, s'avance une île creusée en-dessous, qui pend avec tous ses arbres sur le chaos des ondes. La masse du fleuve se précipite au midi, s'arrondit en un vaste cylindre, puis se déroule en nappe de neige et brille au soleil de toutes les couleurs ; celle qui tombe au levant descend dans une ombre effrayante ; on dirait une colonne d'eau du déluge. Mille arcs-en-ciel se courbent et se croisent sur l'abîme. Frappant le roc ébranlé, l'eau rejaillit en tourbillons d'écume qui s'élèvent au-dessus des forêts, comme les fumées d'un vaste embrasement. Des pins, des noyers sauvages, des rochers taillés en forme de fantômes, décorent la scène. Des aigles entraînés par le courant d'air descendent en tournoyant au fond du gouffre, et des carajous se suspendent par leurs queues flexibles au bout d'une branche abaissée, pour saisir dans l'abîme les cadavres brisés des élans et des ours. » (1)

De cette merveille, le poëte voyageur, bientôt rétabli, courut à d'autres merveilles qui n'excitèrent pas moins son admiration. Arrivé au confluent du Kentuky et d'Ohio, il se trouva en face d'un spectacle qui le plongea dans une sorte d'extase.

« Qui dira, s'écrie-t-il, le sentiment que l'on éprouve en entrant dans ces forêts aussi vieilles que le monde, et qui seules donnent une idée de la création, telle qu'elle sortit des mains de Dieu. Le jour tombant d'en-haut à travers un voile de feuillage répand dans la profondeur du bois une demi-lumière changeante et mobile qui donne aux objets une grandeur fantastique. Partout il faut franchir des arbres abattus, sur lesquels s'élèvent d'autres générations d'arbres. Je cherche en vain une issue dans ces solitudes ; trompé par un jour plus vif, j'avance à travers les herbes, les orties, les mousses, les lianes et l'épais humus composé des débris des végétaux, mais je n'arrive qu'à une clairière fermée par quelques pins tombés. Bientôt la forêt redevient plus sombre, l'œil n'aperçoit que des troncs de chênes et de noyers qui se succèdent les uns aux autres et qui semblent se serrer en s'éloignant. L'idée de l'infini se présente à moi... » (2)

Et il s'avance à travers ces magnificences, attentif aux plus faibles reflets de la lumière, aux moindres soupirs de la nature. Heure par heure il note ses impressions, et jamais il ne fut meilleur peintre :

(1) *Atala*, œuvres, tome XV, page 74.
(2) *Voyage en Amérique*, œuvres, tome VI, page 161.

« SIX HEURES.

« J'avais entrevu de nouveau une clarté et j'avais marché vers elle. Me voilà au point de la lumière : triste champ plus mélancolique que les forêts qui l'environnent !

« Ce champ est un ancien cimetière indien.— Que je me repose un instant dans cette double solitude de la mort et de la nature : est-il un asile où j'aimasse mieux dormir pour toujours.

« SEPT HEURES.

« Ne pouvant sortir de ces bois, nous y avons campé. La réverbération de notre bûcher s'étend au loin ; éclairé en-dessous par la lueur, scarlatiné, le feuillage paraît ensanglanté ; les troncs des arbres les plus proches s'élèvent comme des colonnes de granit rouges, mais les plus distants, atteints à peine de la lumière, ressemblent dans l'enfoncement des bois à de pâles fantômes rangés en cercle au bord d'une nuit profonde.

« MINUIT.

« Le feu commence à s'éteindre, le cercle de sa lumière se rétrécit. J'écoute : un calme formidable pèse sur ces forêts, on dirait que des silences succèdent à des silences.

« MINUIT ET DEMI.

« Le repos continue, mais l'arbre décrépit se rompt et tombe. Les forêts mugissent, mille voix s'élèvent. Bientôt les bruits s'affaiblissent, ils meurent dans des lointains presque imaginaires. Le silence envahit de nouveau le désert.

« UNE HEURE DU MATIN.

« Voici le vent, il court sur la cime des arbres ; il les secoue en passant sur ma tête. Maintenant c'est comme le flot de la mer qui se brise tristement sur le rivage.

« Les bruits ont réveillé les bruits : la forêt est toute harmonie. Est-ce les sons graves de l'orgue que j'entends, tandis que des sons plus légers errent dans les voûtes de verdures ? Un court silence succède ; la musique aérienne recommence ; partout de douces plaintes, des murmures qui renferment des murmures; chaque feuille parle un différent langage, chaque brin d'herbe rend une note particulière. » (1)

Au milieu de ces perpétuels concerts, parmi ces scènes variées et enchanteresses, est-il étonnant que le jeune explorateur ne pense plus qu'à s'énivrer de poésie ? Du reste, il n'est plus seul. Ces immenses solitudes, il les a peuplées de fantômes ravissants. Atala, René, Céluta, Chactas, Mila sont autour de lui, embellissant le désert. Désormais, ils ne le quitteront

---

(1) *Voyage en Amérique*, œuvres, tome VI, pages 161 et 162.

plus ; ils s'embarqueront avec lui sur les grands lacs, dont il trace de pompeuses descriptions ; avec lui, ils remonteront l'Ohio, aux bords garnis de gigantesques ruines ; ils charmeront son séjour chez les Natchetz ; ils l'accompagneront dans ses chasses, ses pêches et ses études parmi ce peuple primitif, et, quand sonnera l'heure du retour, ils aborderont avec lui aux rivages de sa patrie. Animés par cet enchanteur d'une vie immortelle, ils viendront charmer les beaux esprits de la vieille Europe, et annoncer à un siècle nouveau une littérature nouvelle.

Ce moment était proche.

Bientôt, en effet, M. de Chateaubriand se rapproche des défrichements. Une ferme faite de troncs d'arbres se présente à lui. La nuit descendait. Il entre et demande l'hospitalité, et le voilà devant le foyer, attendant le repas du soir.

Un journal était là, il le prend, et ses yeux tombent sur ces mots écrits en gros caractères : *Fligth of the King* : Fuite du roi.

« C'était le récit de l'évasion de Louis XVI, et de l'arrestation de l'infortuné monarque à Varennes. Le journal racontait aussi les progrès de l'émigration et la réunion de presque tous les officiers de l'armée sous le drapeau des princes francais.

« Je crus, dit M. de Chateaubriand, entendre la voix de l'honneur, et j'abandonnai mes projets. »

« Les Bourbons ajoute-t-il, n'avaient pas besoin sans doute, qu'un cadet de Bretagne revint d'outre-mer pour leur offrir son dévouement, pas plus qu'ils n'ont eu besoin de ses services lorsqu'il est sorti de son obscurité. Si, continuant mon voyage, j'eusse allumé la lampe de mon hôtesse avec le journal qui a changé ma vie, personne ne se fut aperçu de mon absence, car personne ne savait que j'existais. Un simple démêlé entre moi et ma conscience me ramena sur le théâtre du monde. J'aurais pu faire ce que j'aurais voulu, puisque j'étais le seul témoin du débat ; mais, de tous les témoins, c'est celui aux yeux duquel je craindrais le plus de rougir. » (1)

Le jeune voyageur revint aussitôt à Philadelphie, où il s'embarqua (10 novembre 1791). La traversée fut rapide et pleine de dangers. Dix sept jours après avoir quitté l'Amérique, M. de Chateaubriand abordait au Havre. Ses ressources étaient épuisées, il n'avait même pu payer son voyage. Une lettre chargée, que lui envoya sa mère, le mit à même de regagner St-Malo.

Il y retrouva sa sœur Lucile. Or, celle-ci avait comme amie une orpheline d'une agréable figure, d'un esprit original et cultivé, et que l'on supposait héritière d'une fortune de quatre à cinq cent mille livres. On l'appelait mademoiselle de Lavigne. Madame de Chateaubriand, qui l'affectionnait beaucoup, pensa à la faire entrer dans sa famille en la faisant épouser à son fils. Elle en parla aux vieux parents de la jeune fille, qui acceptèrent, et le mariage se fit vers la fin de l'année 1792.

Quelques jours après, les jeunes époux partaient pour Paris.

(1) *Voyage en Amérique,* œuvres, tome VI, page 277.

CHAPITRE V.

Progrès de la révolution. — Départ pour Coblentz. — A Trèves. — *L'armée des émigrés*. — Siège de Thionville et retraite. — Licenciement de l'armée de Condé — *Le poète mourant*. — M de Chateaubriand est recueilli par les gens du prince de Ligne. — D'Ostende à Jersey. — Chez M. de Bedée. — M. de Chateaubriand passe en Angleterre.

1792 1793.

Les révolutions, comme les fleuves, grossissent dans leurs cours. M. de Chateaubriand trouva celle qu'il avait laissée, énormément élargie : il l'avait quittée avec Mirabeau sous la Constituante ; il la retrouva avec Danton sous la Législative.

A Paris, il revit ses anciennes sociétés, qu'il ne tarda pas à abandonner. Dans tous les salons qu'il fréquentait, on prêchait l'émigration, et de toutes parts retentissait le cri : A Coblentz, à Coblentz ! « La confiance était telle que beaucoup d'émigrés partaient n'emportant ni argent, ni bijoux, ni armes et se contentaient d'un seul habit et de quelques chemises, croyant que cet exil volontaire, qui devait durer la vie de tous, n'était qu'un voyage de plaisir de cinq ou six semaines. » (1)

(1) Le marquis de Ferrière.

M. de Malesherbes, à qui le jeune Breton s'était hâté de faire visite, subissait la fascination générale et conseillait, au nom de l'honneur, l'émigration aux membres de sa famille. Le comte de Chateaubriand, son gendre, allait partir : le chevalier le suivit.

Quelques jours après, celui-ci était à Trèves, enrôlé non sans peine, dans une compagnie bretonne commandée par M. de Goyon, et qu'y faisait-il ? Comme à Combourg, comme dans les forêts du nouveau monde, il rêvait. « Assis au milieu des ruines, a-t-il écrit, je tirais de mon havre-sac le manuscrit de mon *Voyage en Amérique*, j'en déposais les pages séparées sur l'herbe autour de moi ; je retirais et corrigeais une description de forêt, un passage d'*Atala*, me préparant ainsi à conquérir la France. Puis, je serrais mon trésor dont le poids mêlé à celui de mes chemises, de ma capote, de mon bidon de fer-blanc, de ma bouteille clissée et de mon petit Homère me faisait cracher le sang. J'essayais de fourrer *Atala* avec mes inutiles cartouches dans ma giberne ; mes camarades se moquaient de moi, et arrachaient les feuilles qui débordaient des deux côtés du couvercle de cuir. » « La Providence, ajoute-t-il avec enjouement, vint à mon secours. Une nuit, ayant couché dans un grenier à foin, je ne trouvais plus mes chemises dans mon sac à mon réveil ; on avait laissé les paperasses. Je bénis Dieu : cet accident, en assurant ma gloire, me sauva la vie, car les soixante livres qui gisaient entre mes deux épaules m'auraient rendu poitrinaire. (1) »

« Une armée est ordinairement composée de soldats

---

(1) *Mémoires d'outre-tombe*, tome II, pages 25 et 26

à peu près du même âge, de la même taille, de la même force. Bien différente était celle des émigrés, assemblage confus d'hommes faits, de vieillards, d'enfants descendus de leurs colombiers, jargonnant normand, breton, picard, auvergnat, gascon, provençal, languedocien. Un père servait avec ses fils, un beau-père avec son gendre, un oncle avec ses neveux, un frère avec un frère, un cousin avec un cousin. Cet arrière-ban, tout ridicule qu'il paraissait, avait quelque chose d'honorable et de touchant, parce qu'il était animé de convictions sincères ; il offrait le spectacle de la vieille monarchie et donnait une dernière représentation d'un monde qui passait. » « J'ai vu dit M. de Chateaubriand, de vieux gentilshommes, à mine sévère, à poil gris, habit déchiré, sac sur le dos, fusil en bandoulière, se traînant avec un bâton et soutenus sous le bras par un de leurs fils; j'ai vu M. de Boishue, le père de mon camarade massacré aux États de Rennes auprès de moi, marcher seul et triste, pieds nus dans la boue, portant ses souliers à la pointe de sa baïonnette, de peur de les user ; j'ai vu de jeunes blessés couchés sous un arbre et un aumônier en redingote et en étole, à genoux à leur chevet, les envoyant à Saint Louis dont ils s'étaient efforcés de défendre les héritiers. Toute cette troupe pauvre ne recevait pas un sou des princes, faisait la guerre à ses dépens, tandis que les décrets achevaient de les dépouiller et jetaient nos mères et nos femmes dans les cachots. Auprès de ce camp indigent et obscur, en existait un autre brillant et riche. A l'état major, on ne voyait que fourgons remplis de comestibles, on n'apercevait que cuisiniers, valets, aides-de-camp. Rien ne représentait mieux la cour et la province, la monarchie expirante à Versailles et la monarchie mourante dans les bruyères de Du Guesclin. Les aides de camp nous étaient devenus odieux ; quand il y avait quelque affaire nous criions : « En avant, les aides-de-camp ! » comme les patriotes criaient : « En avant, les officiers ! » (1)

Ce corps disparate, mal pourvu et mal commandé, fut dirigé vers Thionville, pour en faire le siège au nom du roi de France et de ses alliés. M. de Chateaubriand y fut, pendant qu'il dormait près d'un canon, blessé d'un éclat d'obus à la cuisse droite.

Les émigrés comptaient sur un prompt succès. La résistance énergique des assiégés les découragea ; ils se replièrent sur Verdun.

Leur petite armée y fut atteinte de la maladie des Prussiens. L'ordre de battre en retraite fut donné. La désillusion était complète.

« Quand on licencie une armée, elle retourne dans ses foyers ; mais les soldats de l'armée de Condé avaient-ils des foyers ? Où les devait guider le bâton qu'on leur permettait de couper dans les bois de l'Allemagne, après avoir déposé le mousquet qu'ils avaient pris pour la défense de leur roi ?

« Il fallut se séparer. Les frères d'armes se dirent un dernier adieu, et prirent divers chemins sur la terre. Tous allèrent, avant de partir, saluer leur père et leur capitaine, le vieux Condé en cheveux blancs ; le patriarche de la gloire donna la bénédiction à ses enfants, pleura sur sa tribu dispersée, et vit tomber les tentes de son camp avec la douleur d'un homme qui voit s'é-

---

(1) *Mémoires d'outre-tombe*, tome II *passim*.

crouler les toits paternels. » (1) Que comptes-tu faire ?
dit à M. de Chateaubriand l'un de ses jeunes camarades : « Si je puis parvenir à Ostende, lui fut-il répondu, je m'embarquerai pour Jersey où je trouverai mon oncle de Bedée ; de là je serai à même de rejoindre les royalistes de Bretagne. »

La fièvre minait le jeune Breton, et il ne se soutenait qu'avec peine sur sa cuisse enflée. Il se sentit saisi d'un autre mal. Après vingt-quatre heures de vomissements, une ébullition lui couvrit le corps et le visage ; une petite vérole confluente se déclara ; elle rentrait et sortait alternativement selon les impressions de l'air. Arrangé de la sorte, il commença à pied un voyage de deux cents lieues, riche qu'il était de dix-huit livres tournois.

Il ne tarda pas à laisser marcher l'armée en avant, et il tomba bientôt dans une sorte de délire, que lui-même va nous décrire :

« Mes idées affaiblies flottaient dans un vague non sans charmes ; mes anciens fantômes, ayant à peine la consistance d'ombres aux trois quarts effacées, m'entouraient pour me dire adieu. Je n'avais plus la force des souvenirs ; je voyais dans un lointain indéterminé, et mêlées à des images inconnues, les formes aériennes de mes parents et de mes amis. Quand je m'asseyais contre une borne de chemin, je croyais apercevoir des visages me souriant au seuil des distantes cabanes, dans la fumée bleue échappée du toit des chaumières, dans la cime des arbres, dans le transparent

---

(1) *Mémoires sur S. A. R. Monseigneur le duc de Berry*, par M. de Chateaubriand.

des nuées, dans les gerbes lumineuses du soleil traînant ses rayons sur les bruyères comme un râteau d'or.

« Ces apparitions étaient celles des Muses qui venaient assister à la mort du poëte : ma tombe, creusée avec les montants de leurs lyres, sous un chêne des Ardennes, aurait assez bien convenu au soldat et au voyageur.

« Quelques gelinottes, fourvoyées dans le gîte des lièvres sous des troënes, faisaient seules avec des insectes, quelques murmures autour de moi ; vies aussi légères, aussi ignorées que ma vie. Je ne pouvais plus marcher, je me sentais extrêmement mal ; la petite vérole rentrait et m'étouffait.

« Vers la fin du jour, je m'étendis sur le dos à terre dans un fossé, la tête soutenue par le sac d'Atala, ma béquille à mes côtés, les yeux attachés sur le soleil dont les regards s'éteignaient avec les miens. Je saluai de toute la douceur de ma pensée l'astre qui avait éclairé ma première jeunesse dans mes landes paternelles : nous nous couchions ensemble, lui pour se lever plus glorieux, et moi, selon toutes les vraisemblances, pour ne me réveiller jamais. Je m'évanouis dans un sentiment de religion : le dernier bruit que j'entendis était la chute d'une feuille et le sifflement d'un bouvreuil. » (1)

Il demeura deux heures en défaillance. Les fourgons du prince de Ligne vinrent à passer ; un des conducteurs s'étant arrêté pour couper un scion de bouleau, trébucha sur lui sans le voir : il le crut mort et le poussa du pied ; l'agonisant donna un signe de vie. Le

---

(1) *Mémoires d'outre-tombe*, tome II, pages 64 et 65.

conducteur appela ses camarades, et, par un instinct de pitié, ils le jetèrent sur un charriot. Les cahots le ressuscitèrent ; il put parler à ses sauveurs ; il leur dit qu'il était un soldat de l'armée des princes, que s'ils voulaient le mener jusqu'à Bruxelles, où ils allaient, il les récompenserait de leur peine. « Bien, camarade, lui répondit l'un d'entre eux, mais il faudra que tu descendes à Namur, car il nous est défendu de nous charger de personne. Nous te reprendrons de l'autre côté de la ville. »

Ils furent fidèles à leur promesse. Après avoir traversé Namur, au milieu des sympathies des habitants, M. de Chateaubriand, remis en voiture, fut déposé aux portes de la capitale du Brabant. « A Bruxelles, continue-t-il, aucun hôtelier ne me voulut recevoir. Le Juif errant, ô reste populaire que la complainte conduit dans cette ville :

> *Quand il fut dans la ville*
> *De Bruxelle en Brabant,*

y fut mieux accueilli que moi, car il avait toujours cinq sous dans sa poche. Je frappais, on ouvrait ; en m'apercevant, on disait : passez ! passez ! » et l'on me fermait la porte au nez. On me chassa d'un café. Mes cheveux pendaient sur mon visage masqué par ma barbe et mes moustaches ; j'avais la cuisse entourée d'un torchis de foin ; par dessus mon uniforme en loques, je portais une couverture de laine nouée à mon cou en guise de manteau. Le mendiant de l'Odyssée était plus insolent, mais n'était pas si pauvre que moi. Je m'étais présenté d'abord inutilement à l'hôtel que j'avais habité avec mon frère, je fis une seconde tentative. Comme j'approchais de la porte, j'aperçus le comte de Chateaubriand descendant de voiture avec le baron de Montboissier. Il fut effrayé de mon spectre. On chercha une chambre hors de l'hôtel, car le maître refusa absolument de m'admettre. Un perruquier offrit un bouge convenable à ma misère. Mon frère m'amena un chirurgien et un médecin.

Il avait reçu des lettres de Paris ; M de Malesherbes l'invitait à rentrer en France. » (1) Ce fut de la bouche de son frère que M. de Chateaubriand apprit les nouveaux progrès de la révolution ; la violation du domicile du roi, au 10 août, par une populace grossière ; le massacre des Suisses ; l'horrible tuerie de septembre et l'emprisonnement de la famille royale. Le comte approuva, du reste, le dessein qu'avait le chevalier de passer dans l'île de Jersey, et il lui avança vingt cinq louis.

Bien qu'il fût loin d'être guéri, ce dernier partit presqu'aussitôt pour Ostende. Il y arriva par les canaux et y trouva quelques Bretons, ses compagnons d'armes.

Ils nolisèrent ensemble une barque pontée et dévalèrent la manche par les canaux. Il couchaient sous la cale, sur les galets qui servaient de l'est.

« La vigueur de mon tempérament, dit le jeune émigré, était enfin épuisée. Je ne pouvais plus parler ; les mouvements d'une grosse mer achevèrent de m'abattre. Je humais à peine quelques gouttes d'eau et de citron, et, quand le mauvais temps nous força

(1) *Mémoires d'outre-tombe*, tome II, pages 69 et 70.

de relâcher à Guernesey, on crut que j'allais expirer; un prêtre émigré me lut les prières des agonisants.

« Le capitaine ne voulant pas que je mourusse à son bord, ordonna de me descendre sur le quai : on m'assit au soleil, le dos appuyé contre un mur, la tête tournée vers la pleine mer.

« La femme d'un pilote anglais vint à passer; elle fut émue, appela son mari, qui, aidé de deux ou trois matelots, me transporta dans une maison de pêcheur. On me coucha sur un bon lit, dans des draps bien blancs. La jeune marinière prit tous les soins possibles de l'étranger : je lui dois la vie. » Le lendemain, il fut rembarqué. On mit à la voile, et l'on aborda à la pointe occidentale de Jersey. Un de ses compagnons, M. du Tilleul, se rendit à Saint Hélier, auprès de M. de Bedée. Celui-ci envoya chercher le malade avec une voiture. Il demeura à Jersey quatre mois entiers entre la vie et la mort. Les soins assidus et tendres dont il fut l'objet de la part de la famille de son oncle, triomphèrent enfin du mal. Dans les derniers jours de janvier 1793, il gardait encore la chambre. Un matin M. de Bedée entra chez lui en grand deuil. Le convalescent se mit à trembler, craignant d'apprendre la mort de quelqu'un des siens. Il n'en était rien.

Ses sœurs et sa femme avaient pu quitter Paris, après les massacres de septembre, et se trouvaient en Bretagne près de Mme de Chateaubriand ; son frère, de retour en France, s'était retiré à Malesherbes. Le deuil que portait le vieux marquis était celui de Louis XVI. Le jeune chevalier fut peu surpris de cet attentat suprême de la révolution : il l'avait prévu.

M. de Bouillon protégeait à Jersey les réfugiés français ; il détourna M. de Chateaubriand de passer en Bretagne, hors d'état qu'il était de supporter une vie de cavernes et de forêts ; il lui conseilla de se rendre en Angleterre et d'y prendre du service régulier. M. de Bedée, très peu pourvu d'argent, commençait à se sentir mal à l'aise avec sa nombreuse famille; il s'était vu forcé d'envoyer son fils à Londres se nourrir de misère et d'espérance. Craignant d'être à charge à son oncle, le jeune émigré, très-faible encore, se décida à le débarrasser de sa personne. Trente louis, qu'un bateau fraudeur de St-Malo lui apporta, le mirent à même d'exécuter son dessein et il arrêta sa place au paquebot de Southampton. « En disant adieu à mon oncle, a-t-il écrit, j'étais profondément attendri: il venait de me soigner avec l'affection d'un père ; à lui se rattachait le peu d'instant heureux de mon enfance ; il connaissait tout ce qui fut aimé de moi ; je retrouvais sur son visage quelques ressemblances de ma mère. J'avais quitté cette excellente mère et je ne devais plus la revoir; j'avais quitté ma sœur Julie et mon frère, et j'étais condamné à ne plus les retrouver; je quittais mon oncle et sa mine épanouie ne devait plus réjouir mes yeux.

« Quelques mois avaient suffi à toutes ces pertes, car la mort de nos amis ne compte pas du moment où ils meurent, mais de celui où nous cessons de vivre avec eux. »(1)

(1) *Mémoires d'outre-tombe*, tome II, *passim*.

CHAPITRE VI.

L'émigration en Angleterre.—Maladie de M. de Chateaubriand. — Il entreprend *l'Essai sur les révolutions*. — Extrême pauvreté. — L'homme aux ressources. — Vie en province. — Nouvelles de France. — Retour à Londres et publication de *l'Essai*. — Aperçu et appréciation de cet ouvrage. — Avantages qu'il procure à son auteur et société dans laquelle il l'introduit. — Mort de Madame de Chateaubriand. — Conversion de l'auteur de *l'Essai*. — M. de Chateaubriand commence le *Génie du Christianisme*. — Son retour en France.

1793-1800.

Londres donnait asile, quand y arriva M. de Chateaubriand, à une foule d'émigrés Parmi eux, la misère était presque générale. De grands seigneurs, autrefois gâtés de la fortune, étaient nourris par leurs gens transformés en restaurateurs. Des évêques, des prêtres, des abbés, jadis pourvus de riches bénéfices, recevaient avec reconnaissance les quelques pences que leur glissaient, dans la main, les marchandes anglaises, touchées de leur vertus et de leur pauvreté. Des français de tout rang étaient obligés d'implorer la charité sous peine de mourir de faim. Les plus heureux s'étaient mis dans le commerce du charbon ; plusieurs faisaient avec leurs femmes des chapeaux de paille, enseignaient le français « qu'ils ne savaient pas » ou donnaient des leçons de musique, de dessin ou de danse, faute de mieux

Le jeune Breton se logea le plus modestement possible, afin d'épargner ses trente louis déjà fort écornés. Sa santé cependant était loin d'être rétablie. Au bout de quelques jours, sa poitrine s'entreprit ; il était maigre et pâle ; il toussait fréquemment, et respirait à peine ; il avait des sueurs et des crachements de sang. Ses amis, aussi pauvres que lui, le traînaient de médecin en médecin. Ces Hippocrates lui déclarèrent au prix d'une guinée que sa maladie était incurable.

M. de Chateaubriand devait donc s'attendre à une prompte mort.

Il n'en fallait pas moins songer aux moyens de traverser le temps de grâce qui lui était accordé. On lui avait enlevé son épée ; il lui restait une plume.

L'idée d'écrire un ouvrage sur les révolutions comparées lui était venue, et il s'en occupait dans sa tête comme d'un sujet plus approprié aux intérêts du jour. Mais qui se chargerait de l'impression d'un manuscrit sans prôneurs, et, pendant la composition de ce manuscrit, qui le nourrirait ? C'étaient là des questions qu'il importait de résoudre.

Le jeune émigré réfléchissait à sa triste situation, quand, un beau matin, entre dans sa chambre en criant et se dandinant, un grand homme maigre, les cheveux poudrés, le front chauve, et un chapeau rond sur l'oreille. C'était l'auteur du *Domine salvum fac regem,* le principal rédacteur des *Actes des Apôtres* ; il venait offrir ses services à son jeune compatriote.

« Pelletier, dit M. de Chateaubriand, n'avait point de

vices, mais il était rongé d'une vermine de petits défauts dont on ne pouvait l'épurer ; libertin, mauvais sujet, gagnant beaucoup d'argent, le mangeant de même, à la fois serviteur de la légitimité et ambassadeur du roi nègre Christophe auprès de Georges III, correspondant diplomatique de M. le comte de Limonade, et buvant en vin de champagne les appointements qu'on lui payait en sucre. »

Le jeune chevalier lui parla de son plan de l'*Essai*. « Ce sera superbe, s'écria le visiteur qui ne doutait de rien, Baylie imprimera l'ouvrage, Deboffe le vendra ; j'emboucherai la trompette dans l'*Ambigu*; le *Courrier français* renforcera ma voix, et je vous ferai donner la croix de Saint-Louis pour votre siège de Thionville, et, en avant, marche ! ».

Là-dessus, il prend son jeune ami par le bras et le conduit chez l'imprimeur Baylie, où il lui loue sans façon une chambre au prix d'une guinée par mois.

Voilà donc notre jeune Breton en face d'un avenir doré.

Pour le présent, Pelletier lui procura des traductions du latin et de l'anglais ; il travaillait la nuit à l'*Essai historique*, et le jour à ses traductions.

Malheureusement ces dernières durèrent peu. Son protecteur, homme de plaisir, s'ennuyait d'une obligeance prolongée.

« Il m'aurait bien donné, dit l'auteur des *Mémoires*, ce qu'il avait, s'il n'eût préféré le manger ; mais quêter des travaux çà et là, faire une bonne bonne œuvre de patience, impossible à lui. »

A mesure que son trésor s'amoindrissait, M. de Chateaubriand diminuait sa ration de vivres. Il fut enfin réduit pour tromper sa faim à sucer des morceaux de linge qu'il trempait dans l'eau, à mâcher de l'herbe et du papier.

N'ayant évidemment pu conserver chez Baylie un logement d'une guinée par mois, il s'était installé aux environs de Mary-le-Bony-Street, dans un garret, dont la lucarne donnait sur un cimetière. C'est dans cette aire que l'homme aux ressources le dénicha. Il avait lu dans un journal de Yarmouth qu'une société d'antiquaires s'allait occuper d'une histoire du comté de Suffolk et qu'on demandait un français pour déchiffrer des manuscrits français du XIIe siècle, de la collection de Cambden. Le Parson ou ministre de Beccles était à la tête de l'entreprise; c'était à lui qu'il se fallait adresser « Voilà votre affaire, dit Pelletier à son protégé, partez, vous déchiffrerez ces vieilles paperasses ; vous continuerez à envoyer de la copie de l'*Essai* à Baylie ; je forcerai ce pleutre à reprendre son impression ; vous reviendrez à Londres avec deux cents guinées, votre ouvrage fait, et vogue la galère !».

M. de Chateaubriand partit aussitôt :

« Je repris des forces, dit-il : les courses que je faisais à cheval me rendirent un peu de santé.

« L'Angleterre vue ainsi en détail, était triste, mais charmante ; partout la même chose et le même aspect. M. de Combourg était invité à toutes les parties. Je dus à l'étude le premier adoucissement de mon sort. Cicéron avait raison de recommander le commerce des lettres dans les chagrins de la vie. Les femmes étaient charmées de rencontrer un français pour parler français. »

Les malheurs de sa famille augmentèrent à son

égard l'intérêt de la société. Les feuilles publiques annoncèrent la mort de M. de Malesherbes ; celle de sa fille, madame la présidente de Rosambo ; celle de sa petite-fille, madame la comtesse de Chateaubriand, et celle de son petit-gendre, M. le comte de Chateaubriand, immolés ensemble, le même jour, à la même heure, au même échafaud. M. de Malesherbes était l'objet de l'admiration et de la vénération des Anglais. L'alliance du jeune chevalier avec le défenseur de Louis XVI, ajouta à la bienveillance de ses hôtes. M. de Bedée lui manda les persécutions éprouvées par le reste de ses parents. Mme de Chateaubriand avait été jetée dans une charrette avec d'autres victimes et conduite du fond de la Bretagne dans les geôles de Paris. Sa femme et sa sœur Lucile, dans les cachots de Rennes, attendaient leur sentence ; il avait été question de les enfermer au château de Combourg, devenu forteresse d'Etat. On accusait leur innocence du crime de son émigration.

C'est sous le coup de tous ces deuils, avec la prévision de nouveaux malheurs que le jeune émigré revint à Londres. Il se livra, pour faire diversion aux sentiments qui l'obsédaient, à un travail incessant, et, peu de temps après son retour, il put mettre au jour l'*Essai sur les Révolutions*.

Arrêtons-nous, un instant, devant cet ouvrage.

Et d'abord, quel est le but que poursuit l'auteur ?

Lui-même nous le dit en quelques mots. Placé par ses opinions, entre des adversaires acharnés, les royalistes et les républicains, il voudrait opérer entre eux une réconciliation.

« Le mal, dit-il, le grand mal, c'est que nous ne sommes

pas de notre siècle. Chaque âge est un fleuve qui nous entraîne selon le penchant des destinées, quand nous nous y abandonnons. Mais il me semble que nous sommes tous hors de son cours. Les républicains l'ont traversé avec impétuosité, et se sont élancés sur le bord opposé. Les autres sont demeurés de ce côté-ci sans vouloir s'embarquer. Les deux partis crient et s'insultent, selon qu'ils sont sur l'une ou sur l'autre rive.

« Ainsi, les premiers nous transportent loin de nous dans des perfections imaginaires, en nous faisant devancer notre âge; les seconds nous retiennent en arrière, refusent de s'éclairer, et veulent rester les hommes du quatorzième siècle dans l'année 1796. »

L'histoire cependant est là offrant ses enseignements, et, par le passé, il est facile de présager l'avenir.

Remontant le cours des siècles, le jeune écrivain va donc étudier les révolutions anciennes et chercher des points de rapprochement avec celle qu'il a sous les yeux, et ces rapprochements, il les trouve si nombreux que, sauf quelques différences, la révolution française apparaît, dans son travail, comme une reproduction exacte des révolutions survenues en Grèce. Tout est identique et l'on est tenté de croire à une métempsycose des choses et des hommes.

Robespierre ressemble à s'y méprendre à Pisistrate; Saint-Just à Lycurgue ; Tallien à Mégaclès ; etc.

Comme la France, la Grèce a eu ses poëtes et ses encyclopédistes. A Voltaire répond Anacréon; à Sapho, Parny; à Esope, Nivernais, etc. Lebrun n'a fait dans son chant pour la fête de la Victoire, que rééditer l'un des chants de Tyrtée. Ainsi en est-il de l'auteur de la Marseillaise.

Thalès, Solon, Périandre, Héraclite ne sont-ils pas les prototypes de Montesquieu, de la Rochefoucauld, de Chamfort et de J.-J. Rousseau ?

Si l'on passe des individus aux peuples, est-ce que l'Egypte et l'Italie, Carthage et l'Angleterre, la Scythie et la Suisse, la Macédoine et la Prusse, Tyr et la Hollande, la Perse et l'Allemagne n'ont pas, durant les révolutions qui ont bouleversé la France et la Grèce, joué un rôle analogue ? Développant ce dernier parallèle, le jeune auteur de l'*Essai*, accumule les assimilations. Voici la guerre médique et la guerre germanique, Miltiade et Dumouriez, les Perses et les Prussiens, Marathon et Gemmapes. Tout est pareil. Les arts même sont dans un état semblable. La lyre de Kreeshna et celle de Klopstock rendent les mêmes sons que celle de l'auteur de Mahabara. Les factions cependant dévorent la France ; il en est de même en Grèce : Critias à Athènes, c'est Marat, à Paris ; Théramènes, c'est Siéyès. La Convention fonctionne chez les Athéniens comme chez nous. Les exécutions d'Eleusis ont trouvé un pendant dans les massacres de septembre. En Sicile, Denis de Syracuse réduit à vivre de son travail, c'est la famille des Bourbons sur la terre d'exil : c'est surtout celui qui doit être Louis-Philippe, obligé pour ne pas mourir de faim, de donner des leçons de mathématiques, dans une bourgade de la Suisse.

Plus tard Agis, roi de Sparte, massacré par la révolution grecque, sera une personnification anticipée de Charles I et de Louis XVI.

Enfin, faut-il le dire, soumettant à son système la religion elle-même, M. de Chateaubriand présente la révélation du Verbe de Dieu, comme une manifestation de la pensée cachée au fond des temples antiques ; la morale évangélique, comme un développement philosophique du platonisme ; l'Eglise de J.-C., comme une corporation semblable à celle des prêtres de l'ancienne l'Egypte.

Et quelle conclusion de tous ces rapprochements? La voici ; c'est qu'il n'y a rien de nouveau sous le soleil ; c'est que « l'homme faible dans ses moyens et son génie, ne fait que se répéter sans cesse ; qu'il circule dans un cercle dont il cherche en vain de sortir ; que les faits mêmes qui ne dépendent pas de lui, et qui semblent tenir au jeu de la fortune, se reproduisent incessamment dans ce qu'ils ont d'essentiel. » (1)

Et, comme remède à leurs maux, l'auteur conseille aux hommes de tous les partis... la vie sauvage !

Tel est, réduit à un simple aperçu cet ouvrage dont il serait difficile de donner une analyse complète, tant s'y trouvent réunies, dans un incroyable désordre, de choses disparates. A propos des révolutions anciennes et modernes, le jeune écrivain a, dans l'*Essai*, jeté pêle-mêle sur toutes choses ses souvenirs, ses rêveries, ses pensées, et comme celles-ci sont le plus souvent indécises, les contradictions abondent. « On rencontre, dans ce livre, une profonde vénération pour Jésus-Christ et pour l'Evangile, l'éloge des évêques, des curés, et des déclamations contre la cour de Rome et contre les moines ; on y rencontre des

---

(1) *Essai sur les révolutions*, IIe partie, Chap. LV.

passages qui sembleraient favoriser toutes les extravagances de l'esprit humain, le suicide, le matérialisme, l'anarchie ; et tout auprès de ces passages, on lit des chapitres entiers sur l'existence de Dieu, la beauté de l'ordre, l'excellence des principes monarchiques. » En un mot, l'*Essai historique* est un véritable chaos ; mais, empressons-nous de le dire, dans ce chaos se révèle une puissante intelligence. Quand on pense que l'auteur n'avait que vingt sept ans, l'on demeure confondu de l'immense érudition dont il fait preuve et de la perspicacité avec laquelle il apprécie les hommes et les évènements innombrables qui passent sous ses yeux. L'admiration redouble, en présence des considérations élevées, des réflexions profondes et surtout des aperçus si ingénieux, des vues si originales dont son écrit est semé et qui attestent un véritable génie. Quant au style, sans atteindre la perfection à laquelle il arrivera plus tard, c'est déjà le style d'un maître. On y trouve sans doute des termes emphatiques, des contrastes trop cherchés, des constructions bizarres, d'autres défauts encore, mais il est en général, ferme, clair, brillant, et contient en germes toutes les qualités qui distingueront, plus tard, le grand écrivain.

L'*Essai*, peu répandu en France, eut du retentissement en Angleterre et en Allemagne ; il fut surtout recherché par l'émigration, dont, en une multitude de points, cependant il attaquait les idées. L'auteur bénéficia de ce succès ; quittant son pauvre logement, il s'avança de rue en rue jusqu'au quartier, où résidaient les plus riches et les plus nobles familles de France, exilées à Londres. Il y fut accueilli et fêté par une société dont les membres les plus en vue étaient : Christian de Lamoignon, blessé de Quiberon et futur pair de France; Auguste de Lamoignon, son frère ; Malouet, plus tard ministre de Louis XVIII ; le chevalier de Panat, homme d'esprit et de goût ; le comte de Montlosier, célèbre par sa bizarrerie et sa fameuse phrase *de la croix de bois* ; l'abbé Delille, traducteur élégant des *Géorgiques*; plusieurs évêques distingués par leur vertu plus encore que par leur naissance; enfin Pelletier, l'homme des mauvais jours, toujours en bonne honneur, et qui, grossissant la gloire présente de son jeune protégé, lui annonçait, pour l'avenir, d'incomparables triomphes.

A cette société mêlée vint s'adjoindre, après le 18 fructidor, un poëte de mérite, l'un des classiques les plus purs du temps, critique fin et éclairé, que M. de Chateaubriand avait entrevu à Paris, avant son départ pour l'Amérique, et qui allait exercer sur lui, au point de vue littéraire, la plus salutaire influence ; nous avons nommé M. de Fontanes. Depuis qu'il avait rencontré, chez Flins des Oliviers, le jeune officier de Navarre, M. de Fontanes n'avait jamais oublié son accent ni son regard.

Il lui parut grandi d'une coudée. L'*Essai* et d'autres écrits, soumis à son appréciation par le jeune écrivain, accrurent la haute idée qu'il avait de son talent. Il contracta, dès lors, avec lui une amitié que la mort seule devait briser, et devint pour lui un Aristarque tout à la fois sévère et plein de bienveillance.

« Si quelque chose au monde, dit quelque part M. de Chateaubriand, devait être antipathique à M. de Fontanes, c'était ma manière d'écrire. En moi commençait, avec l'école dite romantique, une révolution dans la littérature française. Toutefois, mon ami, au lieu de se révolter contre ma barbarie, se passionna pour elle. Je voyais bien de l'ébahissement sur son visage, quand je lui lisais des fragments des *Natchetz*, d'*Atala* de *René* ; il ne pouvait ramener ces productions aux règles communes de la critique, mais il sentait qu'il entrait dans un monde nouveau ; il voyait une nature nouvelle ; il comprenait une langue qu'il ne parlait pas. Je reçus de lui d'excellents conseils ; je lui dois ce qu'il y a de correct dans mon style ; il m'apprit à respecter l'oreille ; il m'empêcha de tomber dans l'extravagance de l'invention et le rocailleux de l'exécution de mes disciples. »

L'exilé de fructidor fut rappelé par le 18 brumaire. Son départ fut pénible au jeune émigré. Il en fut bientôt distrait par un coup terrible, qui allait imprimer à sa vie une direction nouvelle.

Depuis quelque temps le jeune Breton n'avait point entendu parler de sa famille. Vers la fin de juillet de l'année 1798, il reçut la lettre suivante :

Saint Servan, 1er juillet.

« Mon ami, nous venons de perdre la meilleure des mères ; je t'annonce à regret ce coup funeste. Quand tu cesseras d'être l'objet de nos sollicitudes, nous aurons cessé de vivre. Si tu savais combien de pleurs tes erreurs ont fait répandre à notre respectable mère, combien elles paraissent déplorables à tout ce qui pense et fait profession non seulement de piété, mais de raison ; si tu le savais, peut-être cela contribuerait-il à t'ouvrir les yeux, à te faire renoncer à écrire; et si le ciel, touché de nos vœux, permettait notre réunion, tu trouverais au milieu de nous tout le bonheur qu'on peut goûter sur la terre ; tu nous donnerais ce bonheur, car il n'en est point pour nous tandis que tu nous manques et que nous avons lieu d'être inquiètes sur ton sort. »

Cette lettre était de Mme de Farcy, et quand elle arriva au chevalier, celle qui l'avait écrite était descendue dans la tombe.

La voix de cette morte servant d'interprète à une autre morte non moins chère, cette double protestation contre les doctrines de l'*Essai* produisit sur M. de Chateaubriand l'effet de la foudre. Il fut terrassé comme Paul sur le chemin de Damas, et, comme lui, il s'écria : « Seigneur, que voulez-vous que je fasse ? » Quand il se releva, une voix intérieure lui avait répondu : en expiation du livre qui avait tant attristé sa pieuse mère, il avait formé dans son cœur le dessein de réhabiliter la religion du Christ, qu'il avait blasphémée et que les philosophes ses maîtres avaient tant de fois bafouée dans leurs discours et leurs ouvrages.

Il se mit aussitôt à l'œuvre.

Depuis huit ans, il avait, avec une persévérance de travail inouïe, accumulé d'immenses matériaux. Poëtes et publicistes de tous les temps, philosophes de toutes les écoles, docteurs de l'Eglise, apôtres de l'incrédulité, l'Évangile et l'Encyclopédie, Platon et Bossuet, Bayle et Voltaire, etc, il avait tout remué. De cet amas de lectures incohérentes devait sortir, sous l'action de sa foi et de son génie, la flamme qui allait éclairer, à sa naissance, le XIXe siècle.

Toutefois ce n'était point à Londres que devait paraître l'œuvre magnifique, à laquelle se vouait le jeune néophyte.

Une grande révolution s'était opérée en France. Bonaparte devenu premier consul, rétablissait l'ordre par le despotisme ; beaucoup d'exilés rentraient ; la haute émigration surtout s'empressait d'aller recueillir les débris de sa fortune. M. de Chateaubriand allait suivre le courant et rentrer dans sa patrie où l'appelaient sa jeune épouse, sa sœur Lucile, quelques autres parents, son ami, M. de Fontanes, et aussi et surtout ses destinées. Il s'embarqua, à Douvres, sous le nom emprunté de Lassagne, et aborda, en France, au printemps de l'année 1800.

CHAPITRE VII.

Aspect de la France en 1800. — M. de Chateaubriand est reçu à Paris par M. de Fontanes et M. Joubert. — Ses premiers travaux. — Publication d'*Atala*. — Analyse et extraits. — *Délivrance du prisonnier.* — *L'orage.* — *Une messe au désert.* — *Convoi.* — Succès d'*Atala*. — Appréciation de ce poëme. — M. de Chateaubriand prépare le *Génie du Christianisme*.

1800-1801.

Il y avait huit ans que M. de Chateaubriand avait quitté la France. Il la reconnut à peine. Le pays offrait de tous côtés un aspect désolé. On eût dit que le feu avait passé dans les villages ; ils étaient misérables et à moitié démolis ; partout de la boue ou de la poussière, du fumier et des décombres. A droite et à gauche du chemin se montraient des châteaux abattus ; des hautes futaies rasées, il ne restait que quelques troncs équarris, sur lesquels jouaient des enfants. On voyait des murs d'enclos ébréchés, des églises abandonnées, dont les morts avaient été chassés, des clochers sans cloches, des cimetières sans croix, des saints sans tête et lapidés dans leurs niches. Sur les murailles étaient barbouillées ces inscriptions républicaines déjà vieillies : *Liberté, Égalité,*

Fraternité ou *la mort*. Quelquefois on avait essayé d'effacer le mot *mort*, mais les lettres noires ou rouges reparaissaient sous une couche de chaux. Cette nation, qui semblait au moment de se dissoudre, recommençait un monde, comme ces peuples sortant de la nuit de la barbarie et de la destruction du moyen âge. » (1)

Un grand travail de restauration allait s'accomplir. M. de Chateaubriand arrivait pour y prendre part.

Sa première visite à Paris fut pour M. de Fontanes. Enchanté de le revoir, celui-ci le présenta, le jour même, à l'un de ses meilleurs amis : M. Joubert. « Homme de loisir par sa fortune, ses goûts, sa santé délicate, M. Joubert était épris de la passion des lettres, autant qu'on le fut au dix-huitième siècle, mais autrement. Il aimait la perfection la plus exquise ; une page de Platon, quelques vers de Virgile ou d'Horace, une lettre de Mme de Sévigné, une pensée de Pascal, l'occupaient et le faisaient rêver, des matinées entières. La déclamation ou l'aridité philosophique lui était insupportable. » (2)

Le jeune émigré entra vite dans son intimité. Après quelques entretiens avec son nouvel ami, Joubert, formulant son jugement avec une grande justesse, disait : « Ce sauvage me charme ; il faut le débarbouiller de Rousseau, d'Ossian, des vapeurs de la Tamise, des révolutions anciennes et modernes, et lui laisser les croix, les missions, les couchers du soleil en plein océan, et les savanes de l'Amérique, et vous verrez quel poëte nous allons avoir pour nous purifier

---

(1) *Mémoires d'outre-tombe*, tome II, *passim*.
(2) Villemain : *M. de Chateaubriand, etc.*, page 86.

des restes du Directoire, comme Epiménide, avec ses rites sacrés et ses vers, purifia jadis Athènes de la peste. »

Il prit, dès lors, très au sérieux son rôle de critique, et ce fut sur son avis que le jeune écrivain se décida à refondre ce qu'il avait déjà composé du *Génie*.

M. de Chateaubriand cependant était pauvre et inconnu. Afin de le faire connaître et de lui créer des ressources, M. de Fontanes lui ouvrit le *Mercure*, dont il avait la direction.

M. de Chateaubriand y publia quelques articles de critique, et rompit une lance avec Mme de Staël alors dans tout l'éclat de sa célébrité. La boutade qu'il publia à propos d'un livre de cette femme illustre *sur l'Influence de la littérature* le fit tout à coup sortir de l'obscurité. Il fut, dès lors, décidé entre lui et ses amis qu'il détacherait, du *Génie du Christianisme*, un épisode intitulé : *Atala,* et qu'il le lancerait comme on lance un petit ballon d'essai avant le grand, pour pressentir l'état de l'atmosphère.

Atala est un poëme, moitié descriptif, moitié dramatique, divisé, à la manière antique, en *Prologue, Récit* et *Epilogue*. Il s'ouvre par une description pompeuse de l'un des plus magnifiques paysages de l'Amérique septentrionale.

Sur un point de ce paysage grandiose, dont le Meschacébé forme le fond, apparaissent Chactas, vieux Sachem aveugle, et René, jeune Européen qu'il a adopté et à qui il va raconter l'un des évènements de sa jeunesse. Cet évènement est le sujet du poëme.

Le père de Chactas, le guerrier Outalissi, de la nation de Natchez alliée aux Espagnols, l'a conduit contre les Muscogulges, autre nation puissante des Florides. Outalissi a perdu la vie dans le combat, et Chactas, entraîné par les fuyards à la ville de Saint-Augustin, courait le risque d'être enlevé pour les mines de Mexico, lorsqu'un vieil Espagnol, Lopez, s'intéresse à lui et l'adopte pour fils.

Lorsque Chactas eut passé trente lunes à Saint-Augustin, il fut saisi du dégoût de la vie des cités. « Je dépérissais à vue d'œil, dit-il traçant de son ennui un tableau plein de vérité et de mélancolie ; tantôt je demeurais immobile pendant des heures à contempler la cime des lointaines forêts ; tantôt on me trouvait assis au bord d'un fleuve que je regardais tristement couler. Je me peignais les bois à travers lesquels cette onde avait passé, et mon âme était toute entière à la solitude. »

Ne pouvant plus résister à l'envie de retourner au désert, il revêt, un matin, ses habits de sauvage et va se présenter à Lopez, tenant d'une main son arc et ses flèches et de l'autre ses vêtements européens. Il remet ces vêtements à son protecteur, lui déclare qu'il veut reprendre sa vie de chasseur, et le quitte en poussant des sanglots, auxquels Lopez mêle ses larmes.

Quelques jours après avoir quitté la ville de Saint-Augustin, le jeune Natchez s'égare dans les bois et tombe au milieu d'un parti de Muscogulges et de Siminoles. Simaghan, le chef de la troupe, lui demande son nom. « Je m'appelle, lui est-il répondu avec fierté, Chactas, fils d'Outalissi, fils de Miscou qui ont enlevé plus de cent chevelures aux héros Muscogulges. » Simaghan dit : « Chactas, fils d'Outalissi, réjouis-toi ; tu seras brûlé au grand village. » Chactas réplique :

« Voilà qui va bien. » Et il entonne sa chanson de mort. Le voilà prisonnier.

Or, une nuit que les Muscogulges avaient placé leur camp sur le bord d'une forêt, le jeune prisonnier était assis près du feu de la guerre. Tout à coup il entendit le murmure d'un vêtement sur l'herbe et une femme à demi-voilée vint s'asseoir à ses côtés. Des pleurs roulaient sous sa paupière ; à la lueur du feu, un petit crucifix d'or brillait sur son sein. Elle était régulièrement belle. Une extrême sensibilité unie à une mélancolie profonde respirait dans ses regards ; son sourire était céleste.

La jeune fille dit à Chactas : « Es-tu chrétien ? » Chactas répondit qu'il n'avait pas trahi les génies de sa cabane. A ces mots, l'indienne fit un mouvement involontaire. Elle lui dit: «Je te plains de n'être qu'un méchant idolâtre. Ma mère m'a faite chrétienne ; je me nomme Atala, fille de Simaghan aux bracelets d'or, et chef des guerriers de cette troupe. Nous nous rendons à Apalachucha où tu seras brûlé. » En prononçant ces mots, la jeune fille se lève et s'éloigne.

Après dix-sept jours de marche, on arrive dans la grande savane d'Alachucha. Atala n'a cessé de s'intéresser au captif ; elle veut lui rendre la liberté ; lui, ne consent à l'accepter qu'à la condition de fuir avec sa libératrice. Elle se décide d'abord à l'accompagner, mais bientôt elle revient sur ses pas. — Un secret, que bientôt elle révèlera, l'oppresse. Chactas jure de reprendre ses liens ; il les reprend, en effet, et, le lendemain, la caravane arrive non loin de Cuscowisa, capitale des Siminoles. Les deux jeunes gens s'éloignent de nouveau ; ils sont atteints et Chactas est chargé de chaînes, gardé plus rigoureusement qu'auparavant. Arrivé au grand village, le prisonnier se voit à la veille de son supplice. Un conseil, raconté à la façon d'Homère, est tenu à son sujet entre les Sachems. Des jeux succèdent à ce conseil.

Ici se présente un chef-d'œuvre de narration, où brille, dans tout son éclat, l'art, si estimé des anciens, de peindre avec intérêt les moindres circonstances.

« On m'avait, raconte Chactas, étendu sur le dos ; des cordes partant de mon cou, de mes pieds, de mes bras, allaient s'attacher à des piquets enfouis en terre. Des guerriers étaient couchés sur ces cordes, et je ne pouvais faire un mouvement qu'ils n'en fussent avertis. La nuit s'avance ; les chants et les danses ont cessé ; les feux ne jettent plus que des lueurs rougeâtres devant lesquelles on voit encore passer les ombres de quelques sauvages ; tout s'endort ; à mesure que le bruit des hommes s'affaiblit, celui du désert augmente, et au tumulte des voix succèdent les plaintes du vent de la forêt…

« Les yeux attachés au ciel, où le croissant de la lune errait dans les nuages, je réfléchissais sur ma destinée. Dans les grandes douleurs, je ne sais quoi de pesant nous endort ; des yeux fatigués de larmes cherchent naturellement à se fermer et la bonté de la Providence se fait ainsi remarquer jusque dans nos infortunes. Je cédai malgré moi à ce lourd sommeil que goûtent quelquefois les misérables. Je rêvais aussi qu'on m'ôtait mes chaînes ; je croyais sentir ce soulagement qu'on éprouve lorsque, après avoir été fortement pressé, une main secourable relâche nos fers. Cette sensation devint si vive qu'elle me fit soulever la paupière. A la clarté de la lune, dont un rayon s'échappait entre deux nuages, j'entrevois une grande figure blanche penchée sur moi, et occupée silencieusement à dénouer mes liens. J'allais pousser un cri lorsqu'une main, que je reconnus à l'instant, me ferma la bouche. Une seule corde restait, mais il paraissait impossible de la couper sans toucher un guerrier qui la couvrait de tout son corps. Atala y porte la main ; le guerrier s'éveille à demi et se dresse sur son séant. Atala reste immobile et le regarde. L'Indien croit voir l'Esprit des ruines, il se recouche en fermant les yeux et en invoquant son Manitou. Le lien est brisé. Je suis ma libératrice qui me tend le bout d'un arc dont elle tient l'autre extrémité. Mais que de dangers nous environnent ! Tantôt nous sommes près de heurter des sauvages endormis, tantôt une garde nous arrête, et Atala répond en changeant sa voix ; des enfants poussent des cris ; des dogues aboient. A peine sommes-nous sortis de l'enceinte funeste, que des hurlements ébranlent la forêt. Le camp se réveille, mille feux s'allument, on voit courir de tous côtés des sauvages avec des flambeaux ; nous précipitons notre course. » (1)

Les deux fugitifs se dirigent vers le nord. Après quinze nuits, ils entrent dans une chaîne des monts Alléghanys et descendent le Tenase sur un radeau. Un orage les surprend. Ecoutons encore Chactas, et admirons le talent descriptif de l'auteur d'*Atala* :

« A l'heure où les matrones indiennes suspendent la crosse du labour aux branches du savinier, et où les perruches se retirent dans le creux des cyprès, le

(1) *Atala*, œuvres, tome XV, page 46.

ciel commença à se couvrir, les voix de la solitude s'éteignirent, le désert fit silence, et les forêts demeurèrent dans un calme universel. Bientôt le roulement d'un tonnerre lointain se prolongeant dans ces bois aussi vieux que le monde, en fit sortir des bruits sublimes. Craignant d'être submergés, nous nous hâtâmes de gagner le bord du fleuve et de nous retirer dans une forêt...

« Cependant l'obscurité redouble, les nuages abaissés entrent sous l'ombrage des bois. La nue se déchire, et l'éclair trace un rapide losange de feu Un vent impétueux, sorti du couchant, roule les nuages sur les nuages ; les forêts plient, le ciel s'ouvre coup sur coup, et, à travers ses crevasses, on aperçoit de nouveaux cieux et des campagnes ardentes. La foudre met le feu dans les bois ; l'incendie s'étend comme une chevelure de flammes ; ses colonnes d'étincelles et de fumée assiègent les nues qui vomissent leurs foudres dans le vaste embrasement. Alors le grand Esprit couvre les montagnes d'épaisses ténèbres ; du milieu de ce vaste chaos s'élève un mugissement confus formé par le fracas des vents, le gémissement des arbres, les hurlements des bêtes féroces, le bourdonnement de l'incendie, et la chute répétée du tonnerre qui siffle en s'éteignant dans les eaux. » (1)

C'est sous les coups redoublés du tonnerre, à la lueur des pins embrasés qu'Atala raconte son histoire à son jeune compagnon.

Elle n'est pas, comme on le croit, la fille du magnanime Simaghan ; elle est fille de Lopez, de ce vieil

(1) *Atala*, œuvres, tome XV, page 51.

espagnol que nous connaissons. Sa mère l'a vouée à la virginité et elle ne peut par conséquent devenir l'épouse de Chactas. Cette double révélation jette le Natchez dans un trouble inexprimable.

L'orage continuait. Tout à coup un impétueux éclair suivi d'un éclat de la foudre, sillonne l'épaisseur des ombres, remplit la forêt de souffre et de lumière et brise un arbre aux pieds des deux jeunes gens. Ils fuient !

« O surprise ! continue le narrateur, dans le silence qui succède, nous entendons le son d'une cloche ! Tous deux interdits, nous prêtons l'oreille à ce bruit, si étrange dans un désert. A l'instant un chien aboie ; il approche ; il redouble ses cris, il arrive, il hurle de joie à nos pieds ; un vieux solitaire portant une petite lanterne le suit à travers les ténèbres de la forêt. « La Providence soit bénie ! s'écria-t-il aussitôt qu'il nous aperçut. Il y a bien longtemps que je vous cherche. » Il les emmène à sa cabane et leur donne l'hospitalité.

Le Père Aubry (c'est le nom du missionnaire) avait fondé près de là une colonie d'Indiens convertis au christianisme. Pendant qu'Atala repose, il y conduit Chactas. A peine les néophytes ont-ils aperçu leur pasteur qu'abandonnant leurs travaux, ils accourent et le suivent. Suivons-le nous-mêmes et contemplons la divine peinture : « On arrive au pied d'une grande croix qui se trouvait sur le bord du chemin: aussitôt le prêtre divin revêt une tunique blanche d'écorce de mûrier, les vases sacrés sont tirés d'un tabernacle au pied de la croix, l'autel se prépare sur un quartier de roche, l'eau se puise dans le torrent voisin, et une grappe de raisin sauvage fournit le vin du sacrifice. Nous nous mettons tous à genoux dans les hautes herbes ; le mystère commence. L'aurore paraissant derrière les montagnes enflammait l'orient. Tout était d'or ou de rose dans la solitude. L'astre annoncé par tant de splendeur sortit enfin d'un abîme de lumière, et son premier rayon rencontra l'hostie consacrée, que le prêtre en ce moment même élevait dans les airs. O charme de la religion ! O magnificence du culte chrétien ! Pour sacrificateur un vieil ermite, pour autel un rocher, pour église le désert, pour assistance d'innocents sauvages ! non, je ne doute point qu'au moment où nous nous prosternâmes, le grand mystère ne s'accomplît et que Dieu ne descendît sur la terre, car je le sentis descendre dans mon cœur. » (1)

Après le saint sacrifice, le cortège se rendit au village où Chactas put admirer à loisir le triomphe du christianisme sur la vie sauvage.

Le jeune Natchez était sous le charme de la religion du Christ. Quand il regagna la grotte du missionnaire, des projets de bonheur berçaient doucement son âme. Il se voyait coulant ses jours dans cette colonie en la compagnie d'Atala, devenue son épouse. Hélas ! le réveil fut terrible.

En rentrant à la grotte, il retrouva, sur un lit de mousse, la jeune fille expirante. Pendant l'orage, par crainte de manquer à son vœu, elle s'était empoisonnée.

Désespoir de Chactas; aveux d'Atala ; le missionnaire leur prodigue à tous deux les plus tendres consolations. Dans les discours qu'il leur adresse, se trouvent des accents dignes de Bossuet. Telles sont ces paroles, sou-

(1) *Atala*, œuvres, tome XV, page 58.

vent citées : «Ma chère enfant, que vous perdez peu de chose en perdant ce monde! Malgré la solitude où vous avez vécu vous avez connu les chagrins : que penseriez-vous donc si vous aviez été témoin des maux de la société? Si, abordant sur les rivages de l'Europe, votre oreille eût été frappée de ce long cri de douleur qui s'élève de cette vieille terre ? L'habitant de la cabane et celui des palais, tout souffre, tout gémit ici-bas; les reines ont été vues pleurant comme de simples femmes, et l'on s'est étonné de la quantité de larmes que contiennent les yeux des rois.»

Il nous reste à assister au convoi d'*Atala*, qui est d'une suprême beauté :

« Vers le soir, raconte Chactas, nous transportâmes ses précieux restes à une ouverture de la grotte qui donnait vers le nord. L'ermite les avait roulés dans une pièce de lin d'Europe filé par sa mère ; c'était le seul bien qui lui restât de sa patrie, et depuis longtemps il le destinait à son propre tombeau. Atala était couchée sur un gazon de sensitives des montagnes; on voyait dans ses cheveux une fleur de magnolia fanée. Ses lèvres, comme un bouton de roses cueilli depuis deux matins, semblaient languir et sourire. Dans ses joues d'une blancheur éclatante, on distinguait quelques veines bleues. Ses beaux yeux étaient fermés, ses pieds modestes étaient joints, et ses mains d'albâtre pressaient sur son cœur un crucifix d'ébène ; le scapulaire de ses vœux était passé à son cou. Elle paraissait enchantée par l'ange de la mélancolie et par le doux sommeil de l'innocence et de la tombe. Je n'ai rien vu de plus céleste.

« Quiconque eût ignoré que cette jeune fille avait

joui de la lumière aurait pu la prendre pour la statue de la virginité endormie. » (1)

« Le religieux ne cessa de prier toute la nuit...

« Cependant une barre d'or se forma dans l'orient. Les éperviers criaient sur les rochers, et les martres rentraient dans le creux des ormes : c'était le signal du convoi d'Atala. Je chargeai le corps sur mes épaules ; l'ermite marchait devant moi, une bêche à la main. Nous commençames à descendre de rochers en rochers; la vieillesse et la mort ralentissaient également nos pas. Enfin nous arrivâmes au lieu marqué par ma douleur.
.... O mon fils ! il eût fallu voir un jeune sauvage, un vieil ermite à genoux l'un vis à vis de l'autre dans un désert creusant avec leurs mains un tombeau pour une pauvre fille dont le corps était étendu près de la ravine desséchée d'un torrent. Quand notre ouvrage fut achevé, nous la transportâmes dans son lit d'argile... Prenant alors un peu de poussière dans ma main et gardant un silence effroyable, j'attachai pour la dernière fois mes yeux sur le visage d'Atala. Ensuite je répandis la terre du sommeil sur un front de dix-huit printemps et je vis graduellement disparaître les traits de ma sœur...»

Dans l'épilogue, l'auteur lui-même, Chateaubriand, reprend la parole et raconte la suite de la destinée du Père Aubry et de Chactas, telle qu'il l'a apprise dans ses voyages aux terres lointaines. Tous deux ont été massacrés.

Après avoir contemplé leurs restes, le voyageur s'éloigne en s'écriant: «Ainsi passe sur la terre tout ce qui fut

(1) *Atala*, œuvres, tome XV, *passim*.

bon, vertueux, sensible ! Homme, tu n'es qu'un songe rapide, un rêve douloureux ; tu n'existes que par le malheur ; tu n'es quelque chose que par la tristesse de ton âme et l'éternelle mélancolie de ta pensée. »

M. de Chateaubriand n'était pas sans inquiétude sur le succès d'*Atala*. La veille du jour où devait paraître cet épisode, il dînait avec un de ses amis, dans un petit café des Champs-Elysées. Pendant le repas, il répéta, à diverses reprises, d'un air préoccupé : « Mon sort se décide, demain ; demain, je suis un pauvre diable, ou je vais aux nues. » Le lendemain fut, pour lui, le jour du triomphe.

Un cri d'admiration répondit à la publication d'*Atala*. Les voix dissidentes furent aussitôt étouffées sous les applaudissements qui partirent de tous les coins non seulement de Paris, mais de la France entière. Les éditions succédèrent aux éditions avec une merveilleuse rapidité. Répondant à la presse, les petits théâtres produisirent sur leurs tréteaux la fille du désert ; la peinture représenta, sur toile pour les salons, en gravures pour les chaumières, les scènes de sa vie ; la musique nota des romances composées de ses paroles. L'enchantement passa de France à l'étranger, et une année ne s'était pas écoulée que les principales nations de l'Europe avaient leur traduction d'*Atala*.

Jamais, en un mot, succès ne fut plus rapide ni plus éclatant. Ce succès était-il mérité ? On ne peut le nier. *Atala* est un chef-d'œuvre de narration, de passion et d'éloquence ; c'est une véritable merveille descriptive. La nature des tropiques y est peinte avec une richesse incomparable, et les orages du cœur des deux héros avec une vérité saisissante. Sans doute, le goût réclame parfois contre l'invraisemblance des caractères et contre la bizarrerie du langage, mais ces défauts se perdent dans l'éclat de l'ensemble. Il est néanmoins deux reproches très sérieux, que l'on doit adresser à l'auteur : c'est la donnée de son poëme, qui est fausse ; c'est aussi l'opposition entre l'effet qu'il se proposait d'atteindre et celui qu'il atteint réellement. La foi catholique n'oblige pas à observer, au péril de sa vie, des vœux faits par un autre, et *Atala*, loin de faire aimer la religion est plutôt de nature à en écarter par l'aspect redoutable sous lequel elle la présente.

L'engouement du public pour ce poëme n'en sollicitait pas moins M. de Chateaubriand à faire paraître son grand ouvrage. S'arrachant aux bruits et aux distractions de Paris, il alla s'enfermer dans une maison de campagne, à Villeneuve-le-Roi, ensuite à Savigny. C'est dans ces deux solitudes que, sous le regard de M. Joubert, de M. de Fontanes et de plusieurs autres amis, il acheva, en quelques mois, le *Génie du Christianisme*.

CHAPITRE VIII.

Apparition du *Génie du Christianisme*. — Circonstances favorables. — Plan. — Analyse et extraits de la première partie. — *Il est un Dieu.* — *Le chant du Rossignol.* — *Le nid du Bouvreuil.* — *La Prière du soir sur l'Océan.*

1802

« *Atala* avait été comme la colombe avant-courrière, la colombe que l'on envoie hors de l'arche ; elle avait rapporté le rameau.

« Le *Génie du Christianisme* qui parut peu de temps après fut plutôt comme l'arc-en-ciel, signe brillant de réconciliation et d'alliance entre la religion et la société française. » (1)

Jamais ouvrage ne fut publié dans des circonstances plus favorables.

La France, sortie enfin du gouffre où l'avaient tenue plongée les passions révolutionnaires, se réorganisait sous la main d'un génie puissant et tendait à ressaisir, la chaîne brisée du passé pour la renouer avec son avenir. Napoléon venait de signer le concordat, pacte d'une réconciliation formelle entre la France et le saint siège.

(1) Sainte-Beuve : *M. de Chateaubriand et son groupe littéraire.*

« Le jour même, dit un historien, où ce concordat était publié dans tous les quartiers de Paris, le premier consul, qui voulait solenniser dans la même journée tout ce qu'il y avait d'heureux pour la France, échangeait aux Tuileries les ratifications du traité d'Amiens. Cette importante formalité accomplie, il partait pour Notre-Dame, suivi des premiers corps de l'État et d'un grand nombre de fonctionnaires de tout ordre, d'un brillant état-major, d'une foule de femmes du plus haut rang qui accompagnaient Madame Bonaparte (1) et, pour la première fois, il donnait le spectacle de la république prosternée devant les autels. » Par ce grand acte, le premier consul répondait au sentiment général : un souffle bienfaisant avait passé sur la France, et de toutes parts s'opérait une réaction puissante en faveur de la religion. La foi renaissait et l'on jetait aux églises ruinées et aux prêtres proscrits un regard ému qui voulait dire : revenez. Enfin on désirait faire des ovations à Dieu et à l'Église. Mais il fallait un homme qui résumât dans une œuvre vivante toutes ces aspirations un peu vagues, tous ces désirs un peu inavoués ; qui donnât un corps à cette réaction insaisissable et invisible ; qui opérât enfin la grande réconciliation. Chateaubriand parut, son *Génie du Christianisme* à la main.

L'ouvrage se compose de quatre parties :

La première traite des dogmes et de la doctrine ; la seconde et la troisième renferment la poétique du christianisme, ou les rapports de la religion avec la

---

(1) Thiers : *Histoire du Consulat et de l'Empire*.

poésie, les arts et la littérature ; la quatrième embrasse les cérémonies de l'église, le clergé séculier et régulier et les institutions religieuses.

De cette division, l'auteur tire trois genres de développements, pour mettre en relief le génie du Christianisme. Il montre ce que cette religion divine offre au cœur de touchant et à l'esprit de satisfaisant, dans les mystères et les sacrements ; ce que l'esprit lui doit de jouissances ; les institutions et les bienfaits, dont la société lui est redevable.

La première partie est de beaucoup la moins attrayante et la plus faible. La faculté maîtresse de M. de Chateaubriand est l'imagination : or, les mystères, les sacrements, les vertus théologales, le décalogue, la cosmogonie de Moïse, le péché originel, que l'auteur passe successivement en revue, exigent un mode d'exposition autre que celle qui procède par tableaux. Le sentiment et l'imagination sont mal à l'aise ici où tout doit être subordonné à la vérité.

Il n'entre véritablement sur son terrain que lorsqu'il arrive aux preuves de l'existence de Dieu par les merveilles de la nature. « Il est un Dieu, s'écrie-t-il ; les herbes de la vallée et les cèdres de la montagne le bénissent ; l'insecte bourdonne ses louanges ; l'éléphant le salue au lever du jour ; l'oiseau le chante dans le feuillage, la foudre fait éclater sa puissance, et l'Océan déclare son immensité. L'homme seul a dit : Il n'y a point de Dieu. » (1)

Entrant dans son sujet, l'auteur étudie les animaux et les plantes et leur donne des voix pour proclamer

---

(1) *Génie du Christianisme*, œuvres tome I, page 67.

l'existence et la puissance du Créateur. Que de choses seraient à citer, mais il faut se borner.

Les oiseaux sont après l'homme les créatures où Dieu se montre avec le plus de force et d'élégance : Aussi, M. de Chateaubriand s'arrête-t-il sur cet article avec une complaisance marquée. Ses descriptions atteignent une perfection qu'il est difficile de surpasser. Le chant du rossignol surtout a paru admirablement traduit. « C'est proprement de la musique, c'est presque de l'harmonie imitative. Le compositeur a soigné ce morceau comme la cantate triomphante de son oratorio. » (1) Ecoutons plutôt :

« Lorsque les premiers silences de la nuit et les derniers murmures du jour luttent sur les coteaux au bord des fleuves, dans les bois et dans les vallées ; lorsque les forêts se taisent par degré, que pas une feuille, pas une mousse ne soupire, que la lune est dans le ciel, que l'oreille de l'homme est attentive, le premier chantre de la création entonne ses hymnes à l'Eternel. D'abord il frappe l'écho des brillants éclats du plaisir : le désordre est dans ses chants ; il saute du grave à l'aigu, du doux au fort ; il fait des pauses ; il est lent, il est vif : c'est un cœur que la joie enivre, un cœur qui palpite sous le poids de l'amour. Mais tout à coup la voix tombe, l'oiseau se tait. Il recommence ! Que ses accents sont changés ! quelle tendre mélodie ! tantôt ce sont des modulations languissantes, quoique variées ; tantôt c'est un air un peu monotone, comme celui de ces vieilles romances françaises, chefs-d'œuvre de simplicité et de mélancolie.

(1) Sainte-Beuve.

« Le chant est aussi souvent la marque de la tristesse que de la joie : l'oiseau qui a perdu ses petits chante encore, c'est encore l'air du temps du bonheur qu'il redit, car il n'en sait qu'un ; mais par un coup de son art, le musicien n'a fait que changer la clef, et la cantate du plaisir est devenue la complainte de la douleur. » (1)

Plus loin se trouve cette miniature charmante du nid de bouvreuil : « Il ressemblait à une conque de nacre, contenant quatre perles bleues : une rose pendait au-dessus, tout humide : le bouvreuil mâle se tenait immobile sur une arbuste voisin, comme une fleur de pourpre et d'azur. Ces objets étaient répétés dans l'eau d'un étang avec l'ombrage d'un noyer qui servait de fond à la scène, et derrière lequel on voyait se lever l'aurore. Dieu nous donna, dans ce petit tableau, une idée des grâces dont il a paré la nature. »

N'est-ce pas peint avec une délicatesse suprême et un fini qui ne laisse rien à désirer ?

Mêmes charmes dans la *Migration des oiseaux*. Ici, le souvenir de son exil lui arrache des accents d'une mélancolie pénétrante et douce. « L'oiseau n'est banni un moment que pour son bonheur ; il part avec ses voisins, avec son père et sa mère, avec ses sœurs et ses frères ; il ne laisse rien après lui : il emporte tout son cœur. La solitude lui a préparé le vivre et le couvert ; les bois ne sont point armés contre lui ; il retourne enfin mourir aux bords qui l'ont vu naître ; il y retrouve le fleuve, l'arbre, le nid, le soleil paternel,

---

(1) *Génie du Christianisme*, œuvres, tome I, page 72.

mais le mortel chassé de ses foyers y rentre-t-il jamais ?

« Hélas ! l'homme ne peut dire en naissant quel coin de l'univers gardera ses cendres ; ni de quel côté le souffle de l'adversité les portera. Encore si on le laissait mourir tranquille ! Mais aussitôt qu'il est malheureux, tout le persécute ; l'injustice particulière dont il est l'objet devient une injustice générale. Il ne trouve pas, ainsi que l'oiseau, l'hospitalité sur la route ; il frappe et l'on n'ouvre pas ; il n'a, pour appuyer ses os fatigués, que la colonne du chemin public, ou la borne de quelque héritage. Souvent même on lui dispute ce lieu de repos qui, placé entre deux champs, semblait n'appartenir à personne ; on le force à continuer sa route vers de nouveaux déserts ; le ban, qui l'a mis hors de son pays, semble l'avoir mis hors du monde. Il meurt et il n'a personne pour l'ensevelir. Son corps gît délaissé sur un grabat, dont le juge est obligé de le faire enlever, non comme le corps d'un homme, mais comme une immondice dangereuse aux vivants. Ah ! plus heureux, lorsqu'il expire dans quelque fossé au bord d'une grande route, et que la charité du Samaritain jette en passant un peu de terre étrangère sur ce cadavre ! N'espérons donc que dans le ciel, et nous ne craindrons plus l'exil ; il y a dans la religion toute une patrie. » (1)

Mais si vous voulez « le poëte pur, le chantre vraiment antique, » le voici :

« Ce n'est point toujours en troupe que ces oiseaux visitent nos demeures : quelquefois deux beaux étran-

---

(1) *Génie du Christianisme*, œuvres, tome I, page 76.

gers, aussi blancs que la neige, arrivent avec les frimas : ils descendent au milieu des bruyères, dans un lieu découvert, et dont on ne peut s'approcher sans être aperçu ; après quelques heures de repos, ils remontent sur les nuages. Vous courez à l'endroit d'où ils sont partis et vous n'y trouvez que quelques plumes, seules marques de leur passage, que le vent a déjà dispersées : heureux le favori des muses qui, comme le cygne, a quitté la terre sans y laisser d'autres débris et d'autres souvenirs que quelques plumes de ses ailes ! » (1)

Que de trésors de style renferment les chapitres sur les oiseaux de mer, les quadrupèdes, les amphibies et les reptiles, les plantes et leur migration ! Tout est à lire, et l'admiration, loin de se lasser, va s'accroissant, à mesure que se succèdent les merveilleux tableaux. Plus loin se trouve le passage où l'auteur traite de la perspective de la nature envisagée sur l'Océan. Elle est célèbre et peut être considérée comme le chef-d'œuvre de ce livre, qui contient tant de beautés :

« Dieu des chrétiens ! C'est surtout dans les eaux de l'abîme et dans les profondeurs des cieux que tu as gravé bien fortement des traits de ta toute-puissance. Des millions d'étoiles rayonnant dans le sombre azur du dôme céleste, la lune au milieu du firmament, une mer sans rivage, l'infini dans le ciel et sur les flots !

« Jamais tu ne m'as plus troublé de ta grandeur, que ces nuits où, suspendu entre les astres et l'Océan, j'avais l'immensité sur ma tête et l'immensité sous mes pieds !

(1) *Génie du Christianisme*, œuvres, tome 1, page 77.

« Je ne suis rien ; je ne suis qu'un simple solitaire ; j'ai souvent entendu les savants disputer sur le premier être, et je ne les ai point compris : mais j'ai toujours remarqué que c'est à la vue des grandes scènes de la nature, que cet être inconnu se manifeste au cœur de l'homme.

« Un soir (il faisait un profond calme) nous nous trouvions dans ces belles mers qui baignent les rivages de la Virginie : toutes les voiles étaient pliées ; j'étais occupé sur le pont, lorsque j'entendis la cloche qui appelait l'équipage à la prière ; je me hâtai d'aller mêler mes vœux à ceux de mes compagnons de voyage. Les officiers étaient sur le château de poupe avec les passagers ; l'aumônier, un livre à la main, se tenait un peu en avant d'eux, les matelots étaient répandus pêle-mêle sur le tillac ; nous étions tous debout, le visage tourné vers la proue du vaisseau qui regardait l'occident. Le globe du soleil, prêt à se jeter dans les flots, apparaissait entre les cordages du navire, au milieu des espaces sans bornes. On eût dit, par les balancements de la poupe, que l'astre radieux changeait à chaque instant d'horizon. Quelques nuages étaient jetés sans ordre dans l'orient, où la lune montait avec lenteur ; le reste du ciel était pur : vers le nord, formant un glorieux triangle avec l'astre du jour et celui de la nuit une trombe, brillante des couleurs du prisme, s'élevait de la mer comme un pilier de cristal, supportant la voûte du ciel.

« Il eût été bien à plaindre celui qui, dans ce spectacle, n'eût point reconnu la beauté de Dieu. Des larmes coulèrent malgré moi de mes paupières, lorsque mes compagnons, ôtant leurs chapeaux goudronnés, vinrent à entonner d'une voix rauque leur simple cantique à Notre Dame-de-Bon-Secours, patronne des mariniers. Quelle était touchante la prière de ces hommes ! » (1)

(1) *Génie du Christianisme*, œuvres, tome I, page 88.

CHAPITRE IX.

Le Génie du Christianisme : Seconde et troisième parties. — Influence du Christianisme sur la poésie. — M. de Chateaubriand considéré comme critique. — *Virgile et Racine.* — Influence du Christianisme sur les arts, la philosophie et la littérature. — *Bossuet, historien et orateur.*

1802.

« Après avoir jeté des fleurs sur les choses grandes et profondes, pour parler son langage, M. de Chateaubriand approfondit les choses agréables et aborde la poétique du christianisme. » (1) C'est ici la partie la plus originale, la mieux traitée et la plus opportune de son livre.

Le dix-huitième siècle, en effet, avait surtout reproché au christianisme de conduire à la barbarie, et cette accusation avait été reproduite dans une multitude d'écrits. Il convenait donc de démontrer que, plus qu'aucune autre religion, la religion du Christ est propre à élever le génie de l'homme et à lui faire atteindre la perfection dans tout ce qui est du domaine de l'intelligence.

C'est ce qu'essaie de faire l'auteur du *Génie*, et,

(1) *M. de Bonald : Sur le Génie du Christianisme.*

pour ce qui concerne la poésie, sa démonstration est aussi complète que possible. Il passe en revue la divinité, la nature et l'homme, qui sont les trois objets sur lesquels elle s'exerce.

Or, qu'a fait le christianisme pour l'homme ?

Il lui a révélé sa dignité, sa misère, sa destinée. Il l'a arraché à la fatalité pour le rendre à la liberté. Il a tranformé ses passions, et changé les rapports des vertus et des vices. « Les bases de la morale, dit éloquemment M. de Chateaubriand, ne sont plus les mêmes parmi les hommes, du moins parmi les hommes chrétiens, depuis la prédication de l'Evangile. Chez les anciens, par exemple, l'humilité passait pour bassesse, et l'orgueil pour grandeur. Chez les chrétiens, au contraire, l'orgueil est le premier des vices, et l'humilité une des premières vertus. Cette seule transmutation de principes montre la nature humaine sous un jour nouveau, et nous devons découvrir dans les passions des rapports que les anciens n'y voyait pas. » (1)

De plus, en nous imposant le devoir de combattre notre propre nature, le christianisme a multiplié dans la conscience ces luttes intimes, quelquefois si terribles, qui sont une source féconde d'émotions d'un intérêt tout dramatique.

Ce n'est pas tout : aux passions qu'il a transformées, il en a ajouté de nouvelles, témoin cet amour divin inconnu du paganisme, amour qui prend sur ses ailes de feu certaines âmes privilégiées, les transporte jusqu'en face de ce soleil admirable qui n'est autre que la divinité, leur en fait contempler la beauté suprême,

---

(1) *Génie du Christianisme*, œuvres, tome 1, page 155.

leur inspire à ce spectacle un héroïsme qui n'est plus de l'homme, et qu'on appelle la sainteté. Corneille nous en a montré, dans son *Polyeucte*, le pathétique sublime.

Enfin, en se retirant des âmes où il a une fois pénétré, le christianisme y laisse un vide immense. Incapables désormais de borner leurs vœux à la terre, tourmentées de désirs infinis, ces âmes malades s'agitent dans une indicible tristesse, et un inexorable ennui les ronge, nuit et jour, comme le vautour de Prométhée. Elles n'auront de repos que lorsqu'elles auront retrouvé la vérité perdue.

Le christianisme n'a pas exercé sur la nature une influence moins salutaire que sur l'homme. En en chassant les dieux innombrables dont l'avaient peuplée les païens, il lui a rendu la solitude, et par suite la vérité. Ce vaste univers, que les Grecs et les Romains ne pouvaient contempler qu'à travers le voile de la mythologie, nous le contemplons sans que le plus léger nuage vienne en obscurcir l'éclat. Aussi le spectacle de la nature est-il devenu pour nous la source des émotions les plus intimes, les plus suaves et les plus pures.

« Au lieu de ce soleil couchant dont le rayon allongé tantôt illumine une forêt, tantôt forme une tangente d'or sur l'arc roulant des mers ; au lieu de ces accidents de la lumière qui nous retracent chaque matin le miracle de la création, les anciens ne voyaient partout qu'une uniforme machine d'opéra.

« Si le poète s'égarait dans les vallées de Taygète, au bords du Sperchius, sur le Ménale aimé d'Orphée, ou dans les campagnes d'Elore, malgré la douceur de ces dénominations, il ne rencontrait que des faunes ; il n'entendait que des dryades ; Priape était là sur un trône d'olivier, et Vertumne avec les zéphyrs menait des danses éternelles. Des sylvains et des naïades peuvent frapper agréablement l'imagination, pourvu qu'ils ne soient pas sans cesse reproduits ; nous ne voulons point

Chasser les Tritons de l'empire des eaux,
Oter à Pan sa flûte, aux Parques leurs ciseaux.

« Mais enfin, qu'est-ce que tout cela laisse au fond de l'âme ? qu'en résulte-t-il pour le cœur ? quel fruit peut en tirer la pensée ? Oh ! que le poète chrétien est plus favorisé dans la solitude où Dieu se promène avec lui ! Libres de ce troupeau de dieux ridicules qui les bornaient de toutes parts, les bois se sont remplis d'une divinité immense. Le don de prophétie et de sagesse, le mystère et la religion semblent résider éternellement dans leurs solitudes sacrées.» (1)

La poésie cependant ne demeure point enchaînée à la terre. Après avoir exploré dans tous les sens le cœur de l'homme et contemplé les innombrables merveilles de la nature, elle pénètre, sous la conduite de l'imagination ou de la foi, dans le monde invisible qui l'enveloppe de toutes parts ; puis, elle vient, portant au front une céleste auréole, révéler aux humains les mystères de la divinité, raconter, dans un langage inspiré, l'action des êtres surnaturels sur ce monde misérable, et, par le *merveilleux*, expliquer le cours inexplicable des évènements.

(1) *Génie du Christianisme*, œuvres, tome I, pages 177 et 178

Or, entre le merveilleux d'Homère et celui de la Bible, lequel offre le plus de ressources à la poésie? Laquelle, de la religion de Jéhovah ou de celle de Jupiter, présente le plus d'intérêt ? Doit-on s'en tenir à la sentence que Boileau formulait, au XVIIᵉ siècle, en ces deux vers :

De la foi d'un chrétien les mystères terribles
D'ornements égayés ne sont pas susceptibles.

Tel n'est pas l'avis de l'auteur du *Génie*, et il écrit, à l'appui de sa thèse, des pages, sinon victorieuses, du moins ravissantes et neuves.

M. de Chateaubriand ne redoute point, du reste, d'entrer dans un examen détaillé des œuvres poétiques du paganisme et du christianisme. Les étudiant tour à tour, il en analyse les beautés avec un sens littéraire exquis. Aucune nuance, si délicate soit-elle, ne lui échappe. Il saisit tous les points de rapprochement entre les passages qu'il compare avec la plus rare sagacité, et il les met en relief avec un bonheur d'expressions sans égal. Jamais la critique ne s'est élevée plus haut. On l'a dit avec raison ; quand il parle des grands génies antiques et modernes, c'est un égal, c'est un pareil qui juge avec amour de ses frères.

Est-il possible, par exemple, d'être plus complet et de mieux dire que dans ce parallèle de Virgile et Racine :

« Ces deux grands poètes ont tant de ressemblance, qu'ils pourraient tromper jusqu'aux yeux de la muse, comme ces jumeaux de l'Enéïde qui causaient de douces méprises à leur mère.

« Tous deux polissent leurs ouvrages avec le même soin, tous deux sont pleins de goût, tous deux hardis et pourtant naturels dans l'expression, tous deux sublimes dans la peinture de l'amour ; et, comme s'ils s'étaient suivis pas à pas, Racine a fait entendre dans *Esther* je ne sais quelle suave mélodie, dont Virgile a pareillement rempli sa seconde Eglogue, mais toutefois avec la différence qui se trouve entre la voix de la jeune fille et celle de l'adolescent, entre les soupirs de l'innocence et ceux d'une passion criminelle.

« Voilà peut-être en quoi Virgile et Racine se ressemblent, voici peut-être en quoi ils diffèrent : Le second est en général supérieur au premier dans l'invention des caractères. Agamemnon, Achille, Oreste, Mithridate, Acomat sont fort au-dessus des héros de l'Enéide. Enée et Turnus ne sont beaux que dans deux ou trois moments. Mézence seul est fièrement dessiné,

« Cependant dans les peintures douces et tendres, Virgile retrouve son génie : Evandre, ce vieux roi d'Arcadie, qui vit sous le chaume. et que défendent des chiens de berger, au même lieu où les césars, entourés de prétoriens, habiteront un jour leur palais ; le jeune Pallas, le beau Lausus, Nisus et Euryale sont des personnages divins.

« Dans les caractères de femmes, Racine reprend la supériorité : Agrippine est plus ambitieuse qu'Amate, Phèdre plus passionnée que Didon.

«Nous ne parlons point d'Athalie, parce que Racine, dans cette pièce, ne peut être comparé à personne : c'est l'œuvre le plus parfait du génie inspiré par la religion.

« Mais, d'un autre côté, Virgile a pour certains lecteurs un avantage sur Racine : sa voix, si nous osons nous exprimer ainsi, est plus gémissante, et sa lyre plus plaintive. Ce n'est pas que l'auteur de Phèdre n'eût été capable de trouver cette sorte de mélodie des soupirs ; le rôle d'Andromaque, Bérénice tout entière, quelques stances des Cantiques imités de l'Écriture, plusieurs strophes des chœurs d'Esther et d'Athalie montrent ce qu'il aurait pu faire dans ce genre ; mais il vécut trop à la ville, pas assez dans la solitude. La cour de Louis XIV, en lui donnant la majesté des formes, et en épurant son langage, lui fut peut-être nuisible sous d'autres rapports ; elle l'éloigna trop des champs et de la nature.

« Nous avons déjà remarqué qu'une des premières causes de la mélancolie de Virgile fut sans doute le sentiment des malheurs qu'il éprouva dans sa jeunesse. Chassé du toit paternel, il garda toujours le souvenir de sa Mantoue ; mais ce n'était plus le Romain de la République, aimant son pays à la manière dure et âpre des Brutus : c'était le Romain de la monarchie d'Auguste, le rival d'Homère et le nourrisson des Muses. Virgile cultiva ce germe de tristesse en vivant seul au milieu des bois. Peut-être faut-il encore ajouter à cela des accidents particuliers. Nos défauts moraux ou physiques influent beaucoup sur notre humeur, et sont souvent la cause du tour particulier que prend notre caractère. Virgile avait une difficulté de prononciation ; il était faible de corps, rustique d'apparence. Il semble avoir eu dans sa jeunesse des passions vives, auxquelles ses imperfections naturelles purent mettre des obstacles. Ainsi des chagrins de famille, le goût des champs, un amour-propre en souffrance, et des passions non satisfaites, s'unirent pour lui donner cette rêverie qui nous charme dans ses écrits.

« On ne trouve point dans Racine le *Diis aliter visum,* le *dulces moriens reminiscitur Argos,* le *Disce, puer, virtutem ex me — fortunam ex aliis,* le *Lyrnessi domus alta : sola Laurente sepulchrum.* Il n'est peut-être pas inutile d'observer que ces mots attendrissants se trouvent presque tous dans les six derniers livres de *l'Enéide,* ainsi que les épisodes d'Evandre et de Pallas, de Mézence et de Lausus, de Nisus et d'Euryale. Il semble qu'en approchant du tombeau, le Cygne de Mantoue mît dans ses accents quelque chose de plus céleste, comme les cygnes de l'Eurotas, consacrés aux Muses, qui, avant d'expirer, avaient, selon Pythagore, une vision de l'Olympe. et témoignaient leur ravissement par des chants harmonieux.

« Virgile est l'ami du solitaire, le compagnon des heures secrètes de la vie. Racine est peut-être au-dessus du poéte latin parce qu'il a fait *Athalie ;* mais le dernier a quelque chose qui remue plus doucement le cœur. On admire plus l'un, on aime plus l'autre. Le premier a des douleurs trop royales.

« Le premier parle davantage à tous les rangs de la société.

« En parcourant les tableaux des vicissitudes humaines tracées par Racine, on croit errer dans les parcs abandonnés de Versailles ; ils sont vastes et tristes ; mais, à travers leur solitude, on distingue la main régulière des arts et les vestiges des grandeurs :

Je ne vois que des tours que la cendre a couvertes,
Un fleuve plein de sang, des campagnes désertes.

« Les tableaux de Virgile sans être moins nobles, ne sont pas bornés à certaines perspectives de la vie ; ils représentent toute la nature : ce sont les profondeurs des forêts, l'aspect des montagnes, les rivages de la mer, où des femmes exilées regardent, *en pleurant*, *l'immensité des flots* :..... *Cunctæque profundum Pontum adspectabant flentes...* » (1)

Après avoir traité de l'influence du christianisme sur la poésie, M. de Chateaubriand, expose l'action que cette religion sainte a exercée sur les arts. « Aussitôt, dit-il, que la religion du Christ parut dans le monde, les arts s'attachèrent à ses pas ; ils lui prêtèrent des charmes terrestres, et elle leur donna la divinité. » La musique, qui a noté ses chants, a reçu d'elle plus de gravité, d'harmonie et d'expression. La peinture et la sculpture, qui ont célébré ses triomphes et ses douleurs, se sont, si l'on peut s'exprimer ainsi, *spiritualisées* à son service ; ce ne sont plus les formes matérielles qu'elles cherchent surtout à rendre, ce sont les pensées et les sentiments qu'elles font briller sous la beauté des formes. L'architecture, en élevant les temples sublimes dont est couverte la vieille Europe, a montré toute la grandeur qu'elle a empruntée au christianisme.

Sans doute, comme il l'avoue lui-même, l'auteur du *Génie*, est souvent, dans cette partie de son travail, faible et superficiel. Ses connaissances sont incomplètes. N'ayant vu ni l'Italie, ni la Grèce, ni l'Egypte, il n'en parle que par une sorte de divination. Il n'en est pas moins vrai de dire qu'il a rendu à la France et

(1) *Génie du Christianisme*, œuvres, tome I, pages 148, 149 et 150.

à l'Europe le sentiment de l'art chrétien, entièrement perdu depuis la renaissance.

Des arts, M. de Chateaubriand passe à la philosophie, et sous ce titre, il comprend toutes les sciences. Il ne va pas, comme on l'en a faussement accusé, jusqu'à les proscrire, mais il combat le défaut du jour qui était de séparer un peu trop les études abstraites des études littéraires. « Les unes, remarque-t-il, appartiennent à l'esprit, les autres au cœur ; or, il se faut donner de garde de cultiver le premier à l'exclusion du second, et de sacrifier la partie qui aime à celle qui raisonne. C'est par une heureuse combinaison des connaissances physiques et morales, et surtout par le concours des idées religieuses, qu'on parviendra à redonner à notre jeunesse cette éducation qui jadis a formé tant de grands hommes. Il ne faut pas croire que notre sol soit épuisé. Ce beau pays de France, pour prodiguer de nouvelles moissons, n'a besoin que d'être cultivé un peu à la manière de nos pères : c'est une de ces terres heureuses où règnent ces *génies* protecteurs des hommes, et ce *souffle divin* qui, selon Platon, décèle les climats favorables à la vertu. »

Les exemples viennent à l'appui des principes ; et une religion qui réclame Bacon, Newton, Bayle, Clarke, Leibnitz, Grotius, Pascal, Arnauld, Nicole, Malebranche, La Bruyère, sans parler des Pères de l'Eglise, ni de Bossuet, ni de Fénelon, ni de Massillon, ni de Bourdaloue, que l'auteur veut bien ne compter ici que comme orateurs, une telle religion peut se vanter d'être favorable à la philosophie.

Et il passe en revue ces philosophes célèbres dont le christianisme est justement fier, et, parmi les réflexions ingénieuses, les pensées délicates, se détachent des portraits finement dessinés et si frappants qu'une fois contemplés, on ne les saurait oublier.

Après la philosophie, l'histoire et l'éloquence chrétiennes revendiquent leurs représentants. Devant nous s'avancent, évoqués par cet enchanteur, les grands orateurs et les grands historiens au milieu desquels s'élève d'une taille de géant celui que l'on a justement appelé le dernier des Pères de l'Eglise, J.-B. Bossuet. Jamais ce grand homme n'a été loué avec plus de magnificence :

« Politique comme Thucydide, moral comme Xénophon, éloquent comme Tite-Live, aussi profond et aussi grand peintre que Tacite, l'évêque de Meaux a de plus une parole grave et un tour sublime dont on ne trouve ailleurs aucun exemple, hors dans le début du livre des Machabées.

« Bossuet est plus qu'un historien ; c'est un père de l'Eglise. C'est un prêtre inspiré qui, souvent a le rayon de feu sur le front, comme le législateur des hébreux. Quelle revue il fait de la terre ! Il est en mille lieux à la fois ! Patriarche sous le palmier de Tophel, ministre à la cour de Babylone, prêtre à Memphis, législateur à Sparte, citoyen à Athènes et à Rome, il change de temps et de place à son gré ; il passe avec la rapidité et la majesté des siècles. La verge de la loi à la main, avec une autorité incroyable, il chasse pêle-mêle devant lui et juifs et gentils au tombeau ; il vient enfin lui-même à la suite du convoi de tant de générations, et, marchant appuyé sur Isaïe et sur Jérémie, il élève ses lamentations prophétiques à travers la poudre et les débris du genre humain. (1)

« Et que dirons-nous de Bossuet comme orateur ? A qui le comparerons nous ? et quels discours de Cicéron et de Démosthène ne s'éclipsent point devant ses *Oraisons funèbres...*

« C'est pour l'orateur chrétien que ces paroles d'un roi semblent avoir été écrite : *L'or et les perles sont assez communs, mais les lèvres savantes sont un vase rare et sans prix.* Sans cesse occupé du tombeau, et comme penché sur les gouffres d'un autre vie, Bossuet aime à laisser tomber de sa bouche ces grands mots de temps et de mort, qui retentissent dans les abîmes silencieux de l'éternité. Il se plonge, il se noie dans des tristesses incroyables, dans d'inconcevables douleurs. Les cœurs, après plus d'un siècle, retentissent encore du fameux cri: *Madame se meurt, Madame est morte.* Jamais les rois ont-ils reçu de pareilles leçons ? Jamais la philosophie s'exprima-t-elle avec autant d'indépendance. Le diadème n'est rien aux yeux de l'orateur ; par lui, le pauvre est égalé au monarque, et le potentat le plus absolu du globe est obligé de s'entendre dire devant des miliers de témoins, que ses grandeurs ne sont que vanité, que sa puissance n'est que songe et qu'il n'est lui-même que poussière

«Trois choses se succèdent continuellement dans les discours de Bossuet : le trait de génie ou d'éloquence ; la citation, si bien fondue avec le texte, qu'elle ne fait plus qu'un avec lui ; enfin, la réflexion ou le coup d'œil d'aigle sur les causes de l'évènement rapporté.

(1) *Génie du Christianisme*, œuvres, tome I, page 264.

«Souvent aussi cette lumière de l'Eglise porte la clarté dans la discussion de la plus haute métaphysique ou de la théologie la plus sublime ; rien ne lui est ténèbres. L'évêque de Meaux a créé une langue que lui seul a parlée ; où souvent le terme le plus simple et l'idée la plus relevée, l'expression la plus commune et l'image la plus terrible servent, comme dans l'Ecriture, à se donner des dimensions énormes et frappantes. » (1)

---

(1) *Génie du Christianisme*, œuvres, tome 1, pages 273 et 274.

CHAPITRE X.

Le Génie du Christianisme : Objet de la IVme partie. — *Les Rogations.* — *St-Denis.* — *Les pèlerins d'autrefois.* — *Ruses des Jésuites au Paraguay.* — *Prière finale.* — Accueil fait au *Génie.* — Appréciation de cet ouvrage. — Son influence.

1802.

Dans la quatrième partie de son ouvrage, M. de Chateaubriand met en relief tout ce qu'il y a de grand et de vraiment social dans le culte et les institutions du christianisme.

La religion s'adresse aux sens par les cérémonies, les chants et les ornements sacerdotaux ; aux cœurs, par les prières ; elle est utile aux pauvres, qu'elle secourt ; aux affligés, qu'elle console ; aux ignorants, qu'elle éclaire ; à tous par les monuments qu'elle élève, par les sciences qu'elle éveille et soutient, par les ordres religieux qu'elle enfante avec une sage fécondité et une éternelle jeunesse, par les missionnaires qu'elle envoie aux dernières limites du globe. Voilà ce qu'il démontre.

Dans l'énumération des rites, des fêtes et des bienfaits du christianisme, il y a des oublis nombreux, et l'on pourrait, dans l'exposition qu'en fait l'auteur, trouver plus d'ordre. Cette partie se compose, si l'on veut, de morceaux disparates, mais quel coloris, quelle richesse d'imagination, quelles séductions de langage!

Qui n'a lu et relu, pour en citer un exemple, cette page délicieuse sur les *Rogations* :

« Les cloches du hameau se font entendre, les villageois quittent leurs travaux : le vigneron descend de la colline, le laboureur accourt de la plaine, le bûcheron sort de la forêt ; les mères, fermant leurs cabanes, arrivent avec leurs enfants, et les jeunes filles laissent leurs fuseaux, leurs brebis et les fontaines pour assister à la fête.

« On s'assemble dans le cimetière de la paroisse, sur les tombes verdoyantes des aïeux. Bientôt on voit paraître tout le clergé destiné à la cérémonie : c'est un vieux pasteur qui n'est connu que sous le nom de *curé*; et ce nom vénérable, dans lequel est venu se perdre le sien, indique moins le ministre du temple que le père laborieux du troupeau. Il sort de sa retraite, bâtie auprès de la demeure des morts, dont il surveille la cendre. Il est établi dans son presbytère, comme une garde avancée aux frontières de la vie, pour recevoir ceux qui entrent et ceux qui sortent de ce royaume des douleurs. Un puits, des peupliers, une vigne autour de sa fenêtre, quelques colombes, composent l'héritage de ce roi des sacrifices.

« Cependant l'apôtre de l'Evangile, revêtu d'un simple surplis, assemble ses ouailles devant la grande porte de l'église; il leur fait un discours, fort beau sans doute, à en juger par les larmes de l'assistance. On lui entend souvent répéter : *Mes enfants, mes chers en-*

fants ; et c'est-là tout le secret de l'éloquence du Chrysostome champêtre.

« Après l'exhortation, l'assemblée commence à marcher en chantant : « *Vous sortirez avec plaisir, et vous serez reçus avec joie ; les collines bondiront et vous entendront avec joie.* » L'étendard des saints, antique bannière des temps chevaleresques, ouvre la carrière au troupeau, qui suit pêle-mêle avec son pasteur. On entre dans des chemins ombragés et coupés profondément par la roue des chars rustiques ; on franchit de hautes barrières formées d'un seul tronc de chêne ; on voyage le long d'une haie d'aubépine où bourdonne l'abeille, et où sifflent les bouvreuils et les merles. Les arbres sont couverts de leurs fleurs ou parés d'un naissant feuillage. Les bois, les vallons, les rivières, les rochers entendent tour à tour les hymnes des laboureurs. Etonnés de ces cantiques, les hôtes des champs sortent des blés nouveaux, et s'arrêtent à quelque distance, pour voir passer la pompe villageoise.

« La procession rentre enfin au hameau. Chacun retourne à son ouvrage : la religion n'a pas voulu que le jour où l'on demande à Dieu les biens de la terre fût un jour d'oisiveté. Avec quelle espérance on enfonce le soc dans le sillon, après avoir imploré celui qui dirige le soleil et qui garde dans ses *trésors* les vents du midi et les tièdes ondées ! Pour bien achever un jour si saintement commencé, les anciens du village viennent, à l'entrée de la nuit, converser avec le curé, qui prend son repas du soir sous les peupliers de sa cour. La lune répand alors les dernières harmonies sur cette fête, que ramènent chaque année le mois le plus doux et le cours de l'astre le plus mystérieux. On croit entendre de toutes parts les blés germer dans la terre ; et les plantes croître et se développer : des voix inconnues s'élèvent dans le silence des bois, comme le chœur des anges champêtres dont on a imploré le secours : et les soupirs du rossignol parviennent à l'oreille des vieillards assis non loin des tombeaux. » (1)

Les tombeaux tiennent une grande place dans l'histoire des hommes et dans le *Génie du Christianisme*. C'est avec une sorte de complaisance que l'auteur s'arrête à ce qui concerne les morts. Afin de mieux faire apprécier le culte dont ils sont honorés parmi les chrétiens, il raconte les honneurs qu'on leur rend chez les peuples idolâtres ; puis, semant sur sa route les consolantes pensées et les graves enseignements, il nous conduit de sépultures en sépultures, et termine son exploration funèbre par cette page magnifique :

« On voyait autrefois, près de Paris, des sépultures fameuses entre les sépultures des hommes. Les étrangers venaient en foule visiter les merveilles de Saint-Denis. Ils y puisaient une profonde vénération pour la France, et s'en retournaient en disant au dedans d'eux-mêmes, comme saint Grégoire : *Ce royaume est réellement le plus grand parmi les nations ;* mais il s'est élevé un vent de colère autour de l'édifice de la Mort ; les flots des peuples ont été poussés sur lui, et les hommes étonnés se demandent encore : *Comment le temple d'Ammon a disparu sous les sables des déserts ?*

« L'abbaye gothique où se rassemblaient ces grands vassaux de la mort, ne manquaient point de gloire :

(1) *Génie du Christianisme*, œuvres, tome II, pages 15 et 16.

les richesses de la France étaient à ses portes ; la Seine passait à l'extrémité de sa plaine ; cent endroits célèbres remplissaient, à quelque distance, tous les sites de beaux noms, tous les champs de beaux souvenirs ; la ville de Henri IV et de Louis le Grand était assise dans le voisinage ; et la sépulture royale de Saint-Denis se trouvait au centre de notre puissance et de notre luxe, comme un trésor où l'on déposait les débris du temps, et la surabondance des grandeurs de l'empire français.

« C'est là que venaient, tour à tour, s'engloutir les rois de France. Un d'entre-eux, et toujours le dernier descendu dans ces abîmes, restait sur les degrés du souterrain, comme pour inviter sa postérité à descendre. Cependant Louis XIV a vainement attendu ses deux derniers fils : l'un s'est précipité au fond de la voûte, en laissant son ancêtre sur le seuil ; l'autre, ainsi qu'Œdipe, a disparu dans une tempête. Chose digne de méditation ! le premier monarque que les envoyés de la justice divine rencontrèrent fut ce Louis si fameux par l'obéissance que les nations lui portaient. Il était encore tout entier dans son cercueil.

« En vain, pour défendre son trône, il parut se lever avec la majesté de son siècle, et une arrière-garde de huit siècles de rois ; en vain son geste menaçant épouvanta les ennemis des morts, lorsque, précipité dans une fosse commune, il tomba sur le sein de Marie de Médicis. Tout fut détruit. Dieu, dans l'effusion de sa colère, avait juré par lui-même de châtier la France : ne cherchons point sur la terre les causes de pareils évènements ; elles sont plus haut.

« Dès le temps de Bossuet, dans le souterrain de ces *princes anéantis*, on pouvait à peine déposer

Madame Henriette, « *tant les rangs y sont pressés!* s'écrie le plus éloquent des orateurs; *tant la mort est prompte à remplir ces places!* » En présence des âges, dont les flots écoulés semblent gronder encore dans ces profondeurs, les esprits sont abattus par le poids des pensées qui les oppressent. L'âme entière frémit en contemplant tant de néant et de grandeur.

« Lorsqu'on cherche une expression assez magnifique pour peindre ce qu'il y a de plus élevé, l'autre moitié de l'objet sollicite le terme le plus bas, pour exprimer ce qu'il y a de plus vil. Ici les ombres des vieilles voûtes s'abaissent pour se confondre avec les ombres des vieux tombeaux ; là, des grilles de fer entourent inutilement ces bières, et ne peuvent défendre la mort des empressements des hommes. Ecoutez le sourd travail du sépulcre, qui semble filer dans ces cercueils, les indestructibles réseaux de la mort! Tout annonce qu'on est descendu à l'empire des ruines ; et, à je ne sais quelle odeur de vétusté répandue sous ces arches funèbres, on croirait, pour ainsi dire, respirer la poussière des temps passés...

« Ces tombeaux sont déjà effacés de la terre. Elles ne sont plus ces sépultures ! Les petits enfants se sont joués avec les os des plus puissants monarques : Saint-Denis est désert; l'oiseau l'a prise pour passage, l'herbe croît sur ses autels brisés ; et au lieu du cantique de la mort, qui retentissait sous ses dômes, on n'entend plus que les gouttes de pluie qui tombent par son toit découvert, la chûte de quelque pierre qui se détache de ses murs en ruine, ou le son de son horloge, qui va roulant dans les tombeaux vides et les souterrains dévastés. » (1)

La dévastation, hélas! ne s'est point bornée aux tombeaux ; elle s'est étendue à toutes les institutions que la religion avait élevées, pour soulager nos misères. Les ordres religieux, dont chacun répondait à l'un des besoins de l'humanité, ont disparu. L'auteur du *Génie* les fait revivre dans des pages étincelantes de beautés. Il les présente tour à tour à l'admiration et aux regrets de ses lecteurs, et il redouble de magie pour ceux que l'impiété avait le plus ridiculisés. Les beaux esprits du dix-huitième siècle avaient surtout fait du modeste enfant de saint François un objet de plaisanterie ; écoutez :

« Qui de nous n'a vu un couple de ces hommes vénérables, voyageant dans les campagnes, ordinairement vers la fête des Morts, à l'approche de l'hiver, au temps de la *quête des vignes* ? Ils s'en allaient, demandant l'hospitalité, dans les vieux châteaux sur leur route. A l'entrée de la nuit, les deux pèlerins arrivaient chez le vieux châtelain solitaire : ils montaient un antique perron, mettaient leurs longs bâtons et leurs besaces derrière la porte, frappaient au portique sonore, et demandaient l'hospitalité. Si le maître refusait ces hôtes du Seigneur, ils faisaient un profond salut, se retiraient en silence, reprenaient leurs besaces et leurs bâtons, et, secouant la poussière de leurs sandales, ils s'en allaient, à travers la nuit, chercher la cabane du laboureur. Si, au contraire, ils étaient reçus, après qu'on leur avait donné à laver, à la façon des temps de Jacob

---

(1) *Génie du Christianisme*, œuvres, tome II, pages 31 et 32.

et d'Homère, ils venaient s'asseoir au foyer hospitalier. Comme aux siècles antiques, afin de se rendre les maîtres favorables, et parce que, comme Jésus-Christ, ils aimaient aussi les enfants, ils commençaient par caresser ceux de la maison ; ils leur présentaient des reliques et des images. Les enfants, qui s'étaient d'abord enfuis tout effrayés, bientôt attirés par ces merveilles, se familiarisaient jusqu'à se jouer entre les genoux des bons religieux. Le père et la mère, avec un sourire d'attendrissement, regardaient ces scènes naïves et l'intéressant contraste de la gracieuse jeunesse de leurs enfants et de la vieillesse chenue de leurs hôtes.

« Or, la pluie et le *coup de vent des morts* battaient au dehors les bois dépouillés, les cheminées, les créneaux du château gothique ; la chouette criait sur ses faîtes. Auprès d'un large foyer, la famille se mettait à table : le repas était cordial, et les manières affectueuses. La jeune demoiselle du lieu interrogeait timidement ses hôtes, qui louaient gravement sa beauté et sa modestie. Les bons pères entretenaient la famille par leurs agréables propos : ils racontaient quelque histoire bien touchante ; car ils avaient toujours appris des choses remarquables dans leurs missions lointaines, chez les sauvages de l'Amérique, ou chez les peuples de la Tartarie. A la langue barbare de ces pères, à leur robe de l'antique Orient, à la manière dont ils étaient venus demander l'hospitalité, on se rappelait ces temps où les Thalès et les jeunes Anacharsis voyageaient ainsi dans l'Asie et dans la Grèce.

« Après le souper du château, la dame appelait ses serviteurs, et l'on invitait un des pères à faire en commun la prière accoutumée; ensuite les deux religieux se retiraient à leur couche, en souhaitant toutes sortes de prospérités à leurs hôtes. Le lendemain on cherchait les vieux voyageurs, mais ils s'étaient évanouis, comme ces saintes apparitions qui visitent quelquefois l'homme de bien dans sa demeure. » (1)

Quand il en vient à parler des missions, M. de Chateaubriand, exploitant les collections des lettres édifiantes, en tire un parti on ne peut plus heureux. Il leur emprunte des citations pleines de naïveté et de grâce, et nous fait de leurs moyens d'action des peintures enchantées. Qu'on en juge par le récit des ruses, à l'aide desquelles les pères de la compagnie de Jésus apprivoisaient les sauvages du Paraguay :

« Quand les jésuites se furent attachés quelques Indiens, ils eurent recours à un autre moyen pour gagner des âmes. Ils avaient remarqué que les sauvages de ces bords étaient fort sensibles à la musique. On dit même que les eaux du Paraguay rendent la voix plus belle. Les missionnaires s'embarquèrent donc sur des pirogues avec les nouveaux catéchumènes; ils remontèrent les fleuves en chantant des cantiques. Les néophytes répétaient les airs, comme des oiseaux privés chantent pour attirer dans les rets de l'oiseleur les oiseaux sauvages. Les Indiens ne manquèrent point de se venir prendre au doux piège. Ils descendaient de leurs montagnes et accouraient au bord des fleuves pour mieux écouter ces accents : plusieurs d'entre eux se jetaient dans les ondes, et suivaient à la nage la nacelle enchantée. L'arc et la flèche échappaient à la

---

(1) *Génie du Christianisme*, œuvres, tome II, page 31.

main du sauvage ; l'avant-goût des vertus sociales, et les premières douceurs de l'humanité entraient dans son âme confuse ; il voyait sa femme et ses enfants pleurer d'une joie inconnue : bientôt, subjugué par un attrait irrésistible, il tombait au pied de la croix et mêlait des torrents de larmes aux eaux régénératrices qui coulaient sur sa tête. » (1)

La première édition du *Génie* se terminait par cette belle, mais peut-être trop pompeuse prière, que l'on regrette de ne pas trouver dans les éditions suivantes :

« Créateur de la lumière pardonne à nos premières erreurs. Si nous fumes assez infortunés pour te méconnaître dans ce siècle qui finit, tu n'auras pas roulé en vain le nouveau siècle sur notre tête ; il a retenti pour nous comme l'éclat de la foudre. Nous nous sommes réveillés de notre assoupissement, et, ouvrant les yeux, nous avons vu cent années, avec leurs crimes et leurs générations, s'enfoncer dans l'abîme ; elles emportaient dans leurs bras tous nos amis ; à ce spectacle, nous nous sommes émus ; la rapidité de la vie nous a troublés, nous avons senti combien il est inutile de vouloir se défendre de toi. Seigneur, nous te louerons désormais avec le prophète. Daigne recevoir ce premier hymne que nous t'adressons sur l'aile de ce siècle, qui rentre dans ton éternité, »

Le succès du *Génie du Christianisme,* comme celui d'*Atala,* fut prodigieux. L'Europe entière s'enthousiasma pour cet ouvrage. En une année, on en tira six éditions françaises, et des traductions en furent bientôt données dans toutes les langues. Le Pape Pie VI, se

---

(1) *Génie du Christianisme,* œuvres, tome II, page 64.

faisant l'interprête de la chrétienté, ne craignit pas d'appeler l'auteur un envoyé de Dieu : *Homo missus à Deo*.

Ce n'était pas, en effet, seulement de l'enthousiasme qu'on éprouvait ; c'était encore de la reconnaissance. Les esprits, depuis longtemps ballotés par les flots de tant de doctrines contraires, cherchaient, au milieu des ténèbres, où ils pourraient aborder, et voici que tout à coup s'offrait à eux la patrie elle-même, la vieille terre de la foi. Et cette terre, de quels charmes renouvelés n'était-elle point parée ? Des fleurs pleines de parfum et d'éclat s'épanouissaient de toutes parts sur son sol rajeuni, et des voix, mystiques échos des savanes, des catacombes et du Thabor s'élevaient de son sein en un ravissant concert. Le christianisme apparaissait aux yeux de tous comme une île enchantée.

Enchantement, tel est le mot qui caractérise l'ouvrage de M. de Chateaubriand. L'auteur du *Génie*, bien que théologien et philosophe à ses heures, ne fait ni œuvre de philosophe, ni œuvre de théologien. Il ne cherche pas à abattre sous le poids de sa science, à terrasser par la force de sa logique. Appelant tous les charmes de l'imagination et tous les intérêts du cœur au secours de cette même religion contre laquelle on les avait armés, ce qu'il veut, c'est arracher à ses lecteurs ce cri : « Que le christianisme est beau, qu'il est admirable! » afin de leur faire adopter cette conclusion : « Donc, le christianisme est vrai ; il est divin ! »

N'était-ce pas là le genre d'apologie qui convenait aux esprits légers, railleurs et incrédules du temps ? S'il en faut juger par les effets produits, on n'en saurait douter. Bien des préjugés furent dissipés, bien des haines s'éteignirent. L'on vit la plaisanterie expirer sur des lèvres habituées à la dérision et le respect renaître dans des cœurs qui ne le connaissaient plus.

Devant le triomphe de celle que leur maître appelait l'*Infâme*, les disciples de Voltaire bondirent de dépit et de fureur. S'unissant aux puritains et aux jansénistes, ils prodiguèrent leurs injures à l'auteur et leurs critiques à l'ouvrage. Rien n'obtint grâce à leurs yeux : avec une amertume et une violence inouïes, ils attaquèrent le fonds et la forme du livre, et contestèrent à l'auteur jusqu'au droit de défendre ce qu'ils se reconnaissaient à eux le droit d'attaquer.

Pour leur répondre s'élevèrent les bravos du peuple et les acclamations des esprits éclairés, à la tête desquels marchaient ceux que l'on regardait alors comme les princes de la critique, les de Bonald, les de Fontanes, les Dussault, et surtout M. de La Harpe, que la Terreur avait rendu à la vérité religieuse.

Autour du *Génie du Christianisme* se livra une véritable bataille, dont le principal résultat fut de rendre plus éclatant le succès de ce livre merveilleux.

Sans doute le *Génie* n'est pas sans défaut. Le plan est trop vaste : de là d'innombrables lacunes. La religion de l'auteur est peu approfondie, son érudition insuffisante : de là des inexactitudes et des erreurs. Ça et là se rencontrent des sentiments outrés, des pensées fausses, des locutions vicieuses, des périphrases retentissantes, des antithèses étudiées, des fautes de langue mêmes ; mais quel ouvrage offre plus d'expressions vives et pittoresques, plus de tournures élégantes, plus d'alliances de mots imprévues et cependant pleines de goût, plus d'images gracieuses, plus d'accents pénétrants ? Quel écrivain a la phrase plus riche, plus variée, plus limpide, plus harmonieuse? Où trouver enfin plus d'observations neuves, plus de vues fécondes ? Quel livre a ouvert plus d'horizons aux intelligences ?

C'est grâce à cette initiative que le *Génie* a vu son succès se prolonger en une influence qui dure encore.

M. de Chateaubriand a replacé la croix sur toutes les avenues de l'intelligence, et la croix, comme un phare radieux, a fait rayonner le christianisme dans tous les ouvrages, d'où il avait été banni. La poésie comme l'éloquence, l'histoire comme la philosophie, la musique comme la peinture et les autres arts sont venus s'éclairer et s'inspirer à sa divine lumière. Des milliers de travailleurs se sont levés à la voix de l'auteur du *Génie*, et s'efforcent, depuis le commencement de ce siècle, avec une infatigable ardeur de ramener par l'art, à la religion, la multitude des égarés. Son œuvre revit dans leurs œuvres, leur gloire est sa gloire, et la reconnaissance que nous devons en partie à chacun d'eux, lui est due tout entière.

CHAPITRE XI.

René. — But de M. de Chateaubriand en insérant cet épisode dans le *Génie du Christianisme.* — Analyse et extraits. — Les *couvents d'Europe.* — René en Grèce et en Italie. — *Mélancolie. — Adieu au vieux monde.* — Accueil fait à *René.* — Influence de ce roman.

1802.

Outre *Atala,* M. de Chateaubriand avait inséré dans le *Génie du Christianisme* un épisode intitulé *René.* Tous deux étaient, dans sa pensée, des amorces propres à attirer la classe des lecteurs qui se repaissent surtout de fictions.

Il voulait aussi apprendre, aux hommes de son temps, à se servir, en faveur de la religion, du roman, dont avaient tant usé, à son préjudice, les beaux esprits du dernier siècle.

« Nous sommes convaincu, a dit quelque part l'illustre auteur, que les grands écrivains ont mis leur histoire dans leurs ouvrages ; on ne peint bien que son propre cœur et la meilleure partie du génie se compose de souvenirs. » Aucun écrit, mieux que *René* ne justifie ces paroles. Dans cet épisode, en effet, M. de Chateaubriand s'est peint et raconté lui-même. Le récit, qu'il met dans la bouche de son héros, jaillit de son propre cœur comme de sa source naturelle, et c'est ce qui donne à son style tant de vie et de vérité.

René, arrivé d'Europe au pays des Natchez, se laissait aller à une mélancolie dont rien ne pouvait le distraire. Il ne fréquentait qu'un vieux Sachem aveugle, du nom de Chactas, et un missionnaire catholique, appelé le P. Souël. L'un et l'autre désiraient connaître l'histoire de leur jeune compagnon. Après bien des hésitations et des refus, celui-ci consentit enfin à les satisfaire.

Assis entre les deux vieillards, au centre de l'un de ces paysages appelés *chateaubrianesques,* il leur dit son enfance triste et rêveuse, son adolescence remplie d'angoisses, sa jeunesse agitée. Il leur raconte les vagues aspirations, qui ont, dès le premier éveil de son intelligence, tourmenté son âme, et l'inexorable ennui qui a pesé sur toutes ses années. Seule, une sœur tendrement aimée, Amélie, a répandu quelque charme sur sa vie. Arrivé aux voies diverses qui s'ouvrent aux hommes, il s'est arrêté incertain. Près de sa demeure se trouvait un monastère, la pensée lui vint d'y abriter ses jours.

« Les européens, dit-il, incessamment agités, sont obligés de se bâtir des solitudes. Plus notre cœur est tumultueux et bruyant, plus le calme et le silence nous attirent. Ces hospices de mon pays, ouverts aux malheureux et aux faibles, sont souvent cachés dans des vallons qui portent au cœur le vague sentiment de l'infortune et l'espérance d'un abri ; quelquefois aussi on les découvre sur de hauts sites, où l'âme religieuse, comme une plante des montagnes semble s'élever vers le ciel pour lui offrir ses parfums.

« Je vois encore le mélange majestueux des eaux et des bois de cette antique abbaye où je pensais dérober ma vie au caprice du sort ; j'erre encore, au déclin du jour, dans ces cloîtres retentissants et solitaires. Lorsque la lune éclairait à demi les piliers des arcades, et dessinait leur ombre sur le mur opposé, je m'arrêtais à contempler la croix qui marquait le champ de la mort et les longues herbes qui croissaient entre les pierres des tombes. O hommes qui, ayant vécu loin du monde, avez passé du silence de la vie au silence de la mort, de quel dégoût de la terre vos tombeaux ne remplissaient-ils point mon cœur ! » (1)

Soit inconstance, soit préjugé contre la vie monastique, René renonce à son dessein, et, afin de tromper sa tristesse, il part pour de lointains voyages.

C'est d'abord vers Rome et la Grèce qu'il dirige ses pas. Il s'assied sur les débris de ces pays « de forte et ingénieuse mémoire, » où les palais sont ensevelis dans la poudre et les mausolées des rois cachés sous les ronces. Il va méditant sur ces monuments, dont il ne reste que des souvenirs et des décombres.

Mais il se lasse bientôt de fouiller dans des cercueils, où il ne remue trop souvent qu'une poussière criminelle. Les races vivantes, hélas ! lui offrent aussi peu de vertus et autant de malheurs.

Ne trouvant dans ses voyages que déceptions, il revient dans sa patrie et se jette pendant quelque

---

(1) *René,* œuvres, tome XV, page 81.

temps dans le tourbillon du monde, cherchant un objet qui puisse attacher son âme.

Il s'aperçoit qu'il donne plus qu'il ne reçoit. Ce n'est ni un langage élevé ni un sentiment profond qu'on demande de lui. Il n'est occupé qu'à rapetisser sa vie pour la mettre au niveau de la société. Traité partout d'esprit romanesque, honteux du rôle qu'il joue, dégoûté de plus en plus des choses et des hommes, il prend le parti de se retirer dans un faubourg pour y vivre totalement ignoré. Ecoutons-le lui-même :

« Souvent assis dans une église peu fréquentée, je passais des heures entières en méditation. Je voyais de pauvres femmes venir se prosterner devant le Très-Haut, ou des pécheurs s'agenouiller au tribunal de la pénitence. Nul ne sortait de ces lieux sans un visage plus serein, et les sourdes clameurs qu'on entendait au dehors semblaient être les flots des passions et des orages du monde, qui venaient expirer au pied du temple du Seigneur. Grand Dieu, qui vis en secret couler mes larmes dans ces retraites cachées, tu sais combien de fois je me jetai à tes pieds pour te supplier de me décharger du poids de l'existence, ou de changer en moi le vieil homme ! Ah ! qui n'a senti quelquefois le besoin de se régénérer, de se rajeunir aux eaux du torrent, de retremper son âme à la fontaine de vie ?

« Qui ne se trouve quelquefois accablé du fardeau de sa propre corruption, et incapable de rien faire de grand, de noble, de juste ?

« Quand le soir était venu, reprenant le chemin de ma retraite, je m'arrêtais sur les ponts pour voir se coucher le soleil. L'astre, enflammant les vapeurs de la cité, semblait osciller lentement dans un fluide d'or, comme le pendule de l'horloge des siècles Je me retirais ensuite avec la nuit, à travers un labyrinthe de rues solitaires. En regardant les lumières qui brillaient dans la demeure des hommes, je me transportais par la pensée au milieu des scènes de douleur et de joie qu'elles éclairaient, et je songeais que sous tant de toits habités, je n'avais pas un ami. Au milieu de mes réflexions, l'heure venait frapper à coups mesurés dans la tour de la cathédrale gothique ; elle allait se répétant sur tous les tons et à toutes les distances, d'église en église. Hélas ! chaque heure dans la société ouvre un tombeau et fait couler des larmes » (1)

Cette vie obscure et indépendante, qui d'abord avait enchanté le jeune rêveur, finit par lui devenir insupportable. Il se fatigue de la répétition des mêmes scènes et des mêmes idées. Il se met à sonder son cœur, à se demander ce qu'il désire. Il ne le sait pas ; il croit tout à coup que les bois lui seront délicieux, et le voilà soudain résolu d'achever dans un exil champêtre une carrière à peine commencée.

La solitude absolue, le spectacle de la nature, le plongent bientôt dans un état impossible à décrire. « Les sons que rendent les passions dans le vide d'un cœur solitaire ressemblent au murmure que les vents et les eaux font entendre dans le silence d'un désert : on en jouit, mais on ne peut les peindre. »

« L'automne, continue René, me surprit au milieu de ces incertitudes. J'entrai avec ravissement dans le mois des tempêtes, tantôt j'aurais voulu être l'un de

(1) *René*, œuvres, tome XV, pages 84 et 85.

ces guerriers errant au milieu des vents, des nuages et des fantômes ; tantôt j'enviais jusqu'au sort du pâtre que je voyais réchauffer ses mains à l'humble feu de broussailles qu'il avait allumé au coin d'un bois. J'écoutais ses chants mélancoliques, qui me rappelaient que, dans tout pays, le chant naturel de l'homme est triste, lors même qu'il exprime le bonheur. Notre cœur est un instrument incomplet, une lyre où il manque des cordes, et où nous sommes forcés de rendre les accents de la joie sur le ton consacré aux soupirs.

« Le jour, je m'égarais sur de grandes bruyères terminées par des forêts. Qu'il fallait peu de chose à ma rêverie ! Une feuille cachée que le vent emportait devant moi, une cabane dont la fumée s'élevait dans la cime dépouillée des arbres, la mousse qui tremblait au souffle du Nord, sur le tronc d'un chêne, une roche écartée, un étang désert où le jonc flétri murmurait ! Le clocher solitaire s'élevant au loin dans la vallée a souvent attiré mes regards ; souvent j'ai suivi des yeux les oiseaux de passage qui volaient au-dessus de ma tête.

« Un secret instinct me tourmentait, je sentais que je n'étais moi-même qu'un voyageur, mais une voix du ciel semblait me dire.

« Homme, la saison de ta migration n'est pas encore
« venue, attends que le vent de la mort se lève ; alors,
« tu déploieras ton vol vers ces régions inconnues que
« ton cœur demande. »

« Levez-vous, orages désirés, qui devez emporter
« René dans les espaces d'une autre vie ! »

« Ainsi disant, je marchais à grands pas, le visage

enflammé, le vent sifflant dans ma chevelure, ne sentant ni pluie, ni frimas.

«Enfin ne pouvant trouver de remède à cette étrange blessure de mon cœur qui n'était nulle part et qui était partout, je résolus de quitter la vie... » (1)

Alors survient Amélie, cette compagne de ses jeunes ans. Elle le console, le réconforte ; mais, au moment où il se sent rattaché à la vie par l'affection de sa sœur, celle-ci le quitte brusquement pour entrer dans le cloître, lui laissant entrevoir quelque chose d'une passion funeste, contre laquelle elle désire chercher un refuge.

Demeuré seul, René prend la résolution de quitter l'Europe et de passer en Amérique :

« L'ordre étant donné pour le départ de la flotte, déjà plusieurs vaisseaux avaient appareillé au baisser du soleil ; je m'étais arrangé pour passer la dernière nuit à terre, afin d'écrire ma lettre d'adieu à Amélie. Vers minuit, tandis que je m'occupe de ce soin, et que je mouille mon papier de mes larmes, le bruit des vents vient frapper mon oreille. J'écoute ; et au milieu de la tempête, je distingue les coups de canon d'alarme, mêlés au glas de la cloche monastique. Je vole sur le rivage où tout était désert, et où l'on n'entendait que le gémissement des flots. Je m'assieds sur un rocher. D'un côté s'étendent les vagues étincelantes, de l'autre les murs sombres du monastère se perdent confusément dans les cieux. Une petite lumière paraissait à la fenêtre grillée. Etait-ce toi, ô mon Amélie ! qui, prosternée au pied

---

(1) *René*, œuvres, tome XV, p. 86.

du crucifix, priait le Dieu des orages d'épargner ton malheureux frère ? La tempête sur les flots, le calme dans la retraite ; des hommes brisés sur des écueils, au pied de l'asile que rien ne peut troubler ; l'infini de l'autre côté d'une cellule, les fanaux agités des vaisseaux, le phare immobile du couvent ; l'incertitude des destinées du navigateur, la vestale connaissant dans un seul jour tous les jours futurs de sa vie; d'une autre part, une âme telle que la tienne, ô Amélie ! orageuse comme l'Océan ; un naufrage plus affreux que celui du marinier ; tout ce tableau est encore profondément gravé dans ma mémoire. Soleil de ce ciel nouveau, maintenant témoin de mes larmes, écho du rivage américain qui répétez les accents de René, ce fut le lendemain de cette nuit terrible qu'appuyé sur le gaillard de mon vaisseau, je vis s'éloigner pour jamais ma terre natale ! Je contemplai longtemps sur la côte le dernier balancement des arbres de la patrie, et les faîtes du monastère qui s'abaissaient à l'horizon. » (1)

En terminant, René tira de son sein une lettre qu'il remit au P. Souël ; puis, « étouffant ses sanglots, il laissa au missionnaire le temps de la parcourir.

« Elle était de la Supérieure de........

Elle contenait le récit des derniers moments de la Sœur Amélie de la Miséricorde, morte victime de son zèle et de sa charité en soignant ses compagnes attaquées d'une maladie contagieuse. Toute la communauté était inconsolable ; l'on y regardait Amélie comme une sainte. »

Et quelle moralité tirer de l'histoire de ce rêveur

---

(1) *René*, œuvres, tome XV, page 95.

incorrigible? L'auteur la met dans la bouche du P. Souël.

« Rien, dit-il ou frère d'Amélie, rien ne mérite dans
« cette histoire, la pitié qu'on vous montre ici. Je vois
« un jeune homme entêté de chimères, à qui tout
« déplaît, et qui s'est soustrait aux charges de la
« société pour se livrer à d'inutiles rêveries. On n'est
« point un homme supérieur, parce qu'on aperçoit le
« monde sous un jour odieux. On ne hait les hommes
« et la vie que faute de voir assez loin. Etendez un peu
« plus votre regard, et vous serez bientôt con-
« vaincu que tous ces maux dont vous vous plaigniez
« sont de purs néants.

« Que faites-vous seul au fond des forêts où vous
« consumez vos jours, négligeant tous vos devoirs ?
« La solitude est mauvaise à celui qui n'y vit pas avec
« Dieu ; elle redouble les puissances de l'âme en même
« temps qu'elle leur ôte tout sujet pour s'exercer.
« Quiconque a reçu des forces doit les consacrer au
« service de ses semblables ; s'il les laisse inutiles, il
« en est d'abord puni par une secrète misère, et tôt
« ou tard le ciel lui envoie un châtiment effroyable. » (1)

René n'était pas seulement le portrait de M. de Chateaubriand ; il était aussi celui de son temps et de son pays.

La France, que la révolution avait promenée d'espérances en espérances et de mécomptes en mécomptes, se reconnut dans le jeune désabusé qui avait partout cueilli « la fleur du désenchantement: » de là la faveur avec laquelle elle l'accueillit, et l'influence qu'il exerça sur elle.

(1) René, œuvres, tome XV, page 76.

Cette influence fut grande, mais au rebours de la volonté de l'auteur. Celui-ci voulait arracher la jeunesse aux rêveries désastreuses et coupables mises en vogue par Rousseau. Or, loin de disparaître, cette mélancolie maladive, si habilement dépeinte d'ailleurs par l'auteur de *René*, se propagea et finit par devenir à la mode. Pendant bien des années, l'on n'entendit que des phrases lamentables et décousues ; il ne fut plus question que de vents et d'orages, que de mots inconnus livrés aux nuages et à la nuit. « Il n'y a pas, écrivait plus tard M. de Chateaubriand, de grimaud sortant du collége qui n'ait rêvé être le plus malheureux des hommes ; de bambin, qui à seize ans, n'ait épuisé sa vie ; qui ne se soit cru tourmenté par son génie ; qui, dans l'abîme de ses pensées, ne se soit livré au vague de ses passions ; qui n'ait frappé son front pâle et échevelé, et n'ait étonné les hommes stupéfaits d'un malheur dont il ne savait pas le nom, ni eux non plus. » Et il ajoutait : « Si *René* n'existait pas, je ne l'écrirais plus ; s'il m'était possible de le détruire, je le détruirais. »

Ne pouvant le détruire, il l'élimina du moins du *Génie du Christianisme* ; et ce fut justice, car il n'y était pas à sa place. Comme *Atala*, il est en désaccord avec le but général de cet ouvrage, et présente la religion sous un jour peu propre à la faire aimer. Un sombre fatalisme s'y fait sentir et pousse à la mort ou au malheur les héros que l'auteur met en scène. Il semble, en vérité, que la douce religion du Christ ne sache faire que des victimes. On ne peut méconnaître d'ailleurs, dans *René*, une perfection de forme continue et achevée, qui lui assure un rang à part parmi les compositions du dix-neuvième siècle.

CHAPITRE XII.

M. de Chateaubriand, après la publication du *Génie du Christianisme*. — M. de Fontanes travaille à la fortune de son ami — L'auteur du *Génie* est présenté au premier consul. — Il est nommé secrétaire d'ambassade. — De Paris à Rome. — Audience du Souverain Pontife. — Démêlés avec le cardinal Fesch. — Colère de Napoléon. — Intervention de M. de Fontanes. — M. de Chateaubriand est nommé ministre de la République française dans le Valais. — Lettres sur l'Italie. — *Aspect désolé de la campagne romaine*. — Retour de M. de Chateaubriand en France. — Assassinat juridique du duc d'Enghien. — M. de Chateaubriand donne sa démission.

1802 — 1804.

Béni dans les chaumières et les presbytères des plus humbles villages ; accueilli et fêté dans les châteaux qui, à l'ombre des clochers, sortaient de leurs ruines ; recherché dans les salons où se réunissaient les esprits les plus distingués de la capitale, M. de Chateaubriand entendait chaque jour la presse répéter avec gratitude son nom à tous les échos de l'Europe. Il aimait la gloire et la popularité : il en fut enivré, et cette époque peut être considérée comme l'âge d'or de sa vie.

M. de Fontanes partageait l'allégresse et le triomphe de son ancien compagnon d'exil. Ce triomphe toutefois ne lui suffisait pas, et il songeait, après avoir ouvert à son ami les portes de la célébrité, à lui ouvrir celles de la fortune.

Pour cela, il cherchait à l'attacher au général illustre qui semblait tenir alors en mains les destinées de la France entière, et il ne négligeait rien pour y parvenir. « Je me rappelle qu'un jour, raconte M. Bourrienne dans ses *Mémoires*, madame Bacciochi vint trouver son frère, tenant un petit volume à la main ; c'était *Atala* qu'elle présentait au premier consul, le priant de le lire. Il commença par lui dire : « Encore des romans en A ! j'ai vraiment bien le « temps de lire toutes vos niaiseries ! » Il prit cependant le livre des mains de sa sœur, et le posa sur notre bureau. Madame Bacciochi lui demanda alors la radiation de M. de Chateaubriand de la liste des émi-« grés. « Ah ! ah ! reprit-il, c'est de M. de « Chateaubriand ! Je lirai cela. Bourrienne, écrivez « à Fouché de rayer son nom de la liste. » Madame Bacciochi n'avait, dans cette circonstance, agi que poussée par M. de Fontanes, avec qui elle était liée. Elle ne s'en était pas tenue là.

Peu de temps après, toujours sous la même inspiration, elle avait présenté l'auteur d'*Atala* à Lucien Bonaparte, alors ministre de l'intérieur. Ce dernier, qui cultivait les belles lettres, n'avait pas tardé à s'éprendre d'admiration pour le grand écrivain. Il l'avait reçu plusieurs fois à sa maison de campagne ; il lui avait, par intérêt, demandé communication des épreuves du grand ouvrage qu'il préparait et les avait annotées de sa main.

Attentif à poursuivre son but, M. de Fontanes, dans la critique qu'il publia du *Génie,* s'évertua à rapprocher et à confondre, dans ses éloges, l'homme puissant qui relevait les autels et l'homme de talent qui les parait de fleurs. Son plus grand désir était de les voir en présence. Il eut bientôt cette satisfaction.

Après l'adoption du Concordat par le Corps législatif en 1802, Lucien donna une fête à son frère ; l'auteur du *Génie* y fut invité, comme ayant rallié les forces chrétiennes et les ayant ramenées à la charge.

Laissons parler M. de Chateaubriand :

« J'étais dans la galerie lorsque Napoléon entra : il me frappa agréablement, je ne l'avais jamais aperçu que de loin. Son sourire était caressant et beau ; son œil admirable, surtout par la manière dont il était placé sous son front et encadré dans ses sourcils. Il n'avait encore aucune charlatanerie dans le regard, rien de théâtral et d'affecté.

«Bonaparte m'aperçut et me reconnut, j'ignore à quoi. Quand il se dirigea sur ma personne, on ne savait qui il cherchait ; les rangs s'ouvraient successivement, chacun espérait que le consul s'arrêterait à lui ; il avait l'air d'éprouver une certaine impatience de ces méprises. Je m'enfonçais derrière mes voisins : Bonaparte éleva tout-à-coup la voix et me dit : « M. de Chateaubriand ! » Je restai seul alors, en avant, car la foule se retira et bientôt se reforma en cercle autour des interlocuteurs. Bonaparte m'aborda avec simplicité ; sans me faire de compliments, sans questions oiseuses, sans préambule, il me parla sur le champ de l'Egypte et des Arabes, comme si j'eusse été de son intimité et comme s'il n'eût fait que continuer une conversation déjà commencée entre nous. « J'étais « toujours frappé, me dit-il, quand je voyais les Cheiks « tomber à genoux au milieu du désert, se tourner « vers l'Orient et toucher le sable de leur front. Qu'est-« ce que cette chose inconnue qu'ils adoraient vers « l'Orient ? » Bonaparte s'interrompit, et passant sans transition à une autre idée : « Le christianisme ! Les « idéologues n'ont-ils pas voulu en faire un système « d'astronomie ? Quand cela serait, croient-ils me per-« suader que le christianisme est petit ? Si le christia-« nisme est l'allégorie du mouvement des sphères, la « géométrie des astres, les esprits forts ont beau faire, « malgré eux, ils ont encore laissé assez de grandeur à « l'*Infâme*. » (1)

Cela dit, le premier consul s'éloigna. Le soir, il déclara, devant plusieurs témoins, avoir été très satisfait de sa conversation avec l'auteur du *Génie*.

L'auteur du *Génie* n'avait pas ouvert la bouche, mais qu'importe ? M. de Fontanes était rayonnant : la faveur ne pouvait manquer à son protégé. Elle ne se fit pas attendre. En couronnement du Concordat, Bonaparte avait nommé ambassadeur près le Saint-Siège le cardinal Fesch, son oncle. Le poste de secrétaire de cette ambassade était très envié : il fut offert à M. de Chateaubriand. Celui-ci refusa d'abord, par crainte sans doute de trop s'engager, lui serviteur de l'ancienne monarchie, vis-à-vis du pouvoir nouveau On fit alors parler une autorité à laquelle il était dif-

(1) *Mémoires d'outre tombe*, tome II, pages 303, 304 et 305.

ficile de résister. Le vénérable M. Emery, supérieur du séminaire de St-Sulpice, confesseur de la foi aux jours mauvais de la révolution, était devenu par son rare savoir et sa profonde sagesse l'oracle du clergé et des fidèles. Il vint trouver l'auteur du *Génie* et le décida, dans l'intérêt de la religion, à ne pas refuser la charge qui lui était offerte.

Quelques jours après, le nouveau secrétaire d'ambassade était à Lyon et assistait à la procession de la Fête-Dieu que présidait son ambassadeur, le Cardinal-Archevêque. Il adressait au *Mercure* une pompeuse description de cette belle cérémonie, recevait à l'Académie une véritable ovation, et se dirigeait vers Rome.

Son voyage à travers l'Italie ne fut qu'un triomphe et un enchantement perpétuels.

Arrivé à Rome, il avait hâte d'être admis à l'audience du Pape; il obtint cette faveur en dépit de l'étiquette, et Sa Sainteté lui fit l'accueil le plus gracieux. Elle le fit asseoir auprès d'elle et lui dit les choses les plus flatteuses sur le *Génie du Christianisme*, dont elle avait lu les premiers volumes. La joie, une joie bien légitime d'ailleurs, surabondait au cœur du grand écrivain.

Les jours qui suivirent furent consacrés par lui à des promenades artistiques et littéraires. A chaque pas qu'il faisait sur cette terre, où se sont accomplies tant de grandes choses, où tant de grands hommes ont passé, les souvenirs se présentaient en foule à sa mémoire. De là des lettres enthousiastes, où le sacré et le profane s'unissent pour célébrer les grandeurs de la ville éternelle.

Le charme, hélas ! ne devait pas durer longtemps : les ennuis arrivèrent avec le cardinal Fesch.

M. de Chateaubriand qui, un jour faisait cet aveu : «Je ne veux rien en seconde ligne,» chercha à se mettre sur la première Il y était poussé par le sentiment qu'il avait de sa valeur, par les attentions dont il était l'objet, par les excitations de quelques amis.

L'ambassadeur, homme médiocre et ombrageux, déjà offusqué par la grande réputation de son secrétaire, fut bientôt blessé de la liberté de ses allures et de l'indépendance de sa parole. Il se mit dès lors sur la réserve, ne lui accorda aucune confiance, s'abstint de le consulter sur les affaires importantes, et finit par ne lui laisser que le soin de signer les passeports.

M. de Chateaubriand n'était pas de ceux qui souffrent en silence ; il exhala son mécontentement dans des lettres pleines d'amertume et où perce, il faut bien l'avouer, un amour-propre excessif et parfois même une vanité qui étonne chez un homme d'un esprit si élevé. Le cardinal, de plus en plus piqué, y répondit par des notes non moins acerbes et redoubla ses tracasseries.

Une visite, que fit l'auteur du *Génie* au roi démissionnaire de Sardaigne, quelques relations qu'il eut avec des émigrés, une offre qui lui fut faite d'un préceptorat en Russie, donnèrent à l'ambassadeur l'occasion de le dénoncer comme un intrigant et un royaliste. Il n'y manqua pas et parvint à faire partager ses soupçons au premier consul. Celui-ci, dans un moment de colère, parlant à M. de Fontanes, laissa échapper ces paroles : « Votre protégé, je le ferai amener à Paris, pieds et poings liés, dans une charrette. »

M. de Fontanes connaissait ce qu'il appelle « les étourderies de son ami Chateaubriand » Aussi baissa-t-il la tête sans répondre, mais, l'orage passé, il vint trouver le premier consul et lui fit entendre qu'il serait bon de ne mêler à personne un homme tel que l'auteur du *Génie,* qui, par son talent d'écrivain, s'était placé hors de la foule. Il insista avec la persévérance que l'amitié peut inspirer, et sa parole fut entendue. Aucune place n'était disponible ; Bonaparte créa une légation de la République française près du Valais, et il y nomma le secrétaire du cardinal Fesch avec le titre de ministre.

En faisant part à son protégé de cette heureuse nouvelle, M. de Fontanes lui annonçait que sa fortune ne s'arrêterait pas là et que la première ambassade, qui deviendrait vacante, serait pour lui.

M. de Chateaubriand ne pouvait qu'être satisfait. De la situation qui aurait été, pour tout autre, une cause de digrâce, sortait pour lui une faveur signalée. Avant de quitter Rome, il adressa, comme remercîment, à son ami, une lettre sur l'aspect désolé de la campagne romaine. Cette lettre est l'un des morceaux les plus achevés et les plus classiques qu'ait écrits le grand écrivain. Par la mélancolie et la solennité de son langage, il a su égaler, on peut le dire, la désolation et la majesté de la *Niobé des nations :*

« Figurez-vous, quelque chose de la désolation de Tyr et de Babylone, dont parle l'Écriture ; un silence et une solitude aussi vastes que le bruit et le tumulte des hommes qui se pressaient jadis sur ce sol. On croit y entendre retentir cette malédiction du prophète: *Venient tibi duo hæc dubito in die unâ, sterilitas et viduitas.* Vous apercevez çà et là quelques bouts de voies romaines dans des lieux où il ne passe plus personne, quelques traces desséchées des torrents de l'hiver : ces traces, vues de loin, ont elles-mêmes l'air de grands chemins battus et fréquentés, et elles ne sont que le lit désert d'une onde orageuse qui s'est écoulée comme le peuple romain. A peine découvrez-vous quelques arbres, mais partout s'élèvent des ruines d'aqueducs et de tombeaux ; ruines qui semblent être les forêts et les plantes indigènes d'une terre composée de la poussière des morts et des débris des empires. Souvent, dans une grande plaine, j'ai cru voir de riches moissons : je m'en approchais : des herbes flétries avaient trompé mon œil. Parfois, sous ces moissons stériles, vous distinguez les traces d'une ancienne culture. Point d'oiseaux, point de laboureurs, point de mouvements champêtres, point de mugissements de troupeaux, point de villages. Un petit nombre de fermes délabrées se montrent sur la nudité des champs ; les fenêtres et les portes en sont fermées ; il n'en sort ni fumée, ni bruit, ni habitants.

« Une espèce de sauvage presque nu, pâle et miné par la fièvre, garde ces tristes chaumières, comme les spectres qui, dans nos histoires gothiques, défendent l'entrée des châteaux abandonnés. Enfin l'on dirait qu'aucune nation n'a osé succéder aux maîtres du monde dans leur terre natale, et que ces champs sont tels que les a laissés le soc de Cincinnatus, ou la dernière charrue romaine.

« C'est du milieu de ce terrain inculte que domine et qu'attriste encore un monument appelé par la voix populaire *le tombeau de Néron* que s'élève la grande ombre de la ville éternelle.

« Déchue de sa puissance terrestre, elle semble, dans son orgueil, avoir voulu s'isoler : elle s'est séparée des autres cités de la terre ; et, comme une reine tombée du trône, elle a noblement caché ses malheurs dans la solitude.

« Il me serait impossible de dire ce qu'on éprouve, lorsque Rome vous apparaît tout à coup au milieu de ses royaumes vides, *inania regna*, et qu'elle a l'air de se lever pour vous de la tombe où elle était couchée. Tâchez de vous figurer ce trouble et cet étonnement qui saisissaient les prophètes, lorsque Dieu leur envoyait la vision de quelque cité à laquelle il avait attaché les destinées de son peuple : *Quasi aspectus splendoris*. La multitude des souvenirs, l'abondance des sentiments, vous oppressent ; votre âme est bouleversée à l'aspect de cette Rome qui a recueilli deux fois la succession du monde, comme héritière de Saturne et de Jacob. » (1)

Plus loin se trouve cette peinture qui, par la suavité et l'éclat des teintes, le dispute aux toiles les mieux réussies du Poussin :

« Rien n'est comparable pour la beauté aux lignes de l'horizon romain, à la douce inclination des plans, aux contours suaves et fuyants des montagnes qui le terminent. Souvent les vallées dans les campagnes prennent la forme d'une arène, d'un cirque, d'un hippodrome ; les coteaux sont taillés en terrasses, comme si la main puissante des romains avait remué

---

(1) *Lettre à M. de Fontanes*, œuvres, tome II, pages 289 et 290.

toute cette terre. Une vapeur particulière, répandue dans les lointains, arrondit les objets et dissimule ce qu'ils pourraient avoir de dur ou de heurté dans leurs formes. Les ombres ne sont jamais lourdes et noires ; il n'y a pas de masses si obscures de rochers et de feuillages, dans lesquelles il ne s'insinue toujours un peu de lumière. Une teinte singulièrement harmonieuse marie la terre, le ciel et les eaux ; toutes les surfaces, au moyen d'une gradation insensible de couleurs, s'unissent par leurs extrémités, sans qu'on puisse déterminer le point où une nuance finit et où l'autre commence. Vous avez sans doute admiré dans les paysages de Claude Lorrain cette lumière de Rome ! Je ne me lassais point de voir à la villa Borghèse le soleil se coucher sur les cyprès du mont Marius et sur les pins de la villa Pamphili, plantés par Lenôtre. J'ai souvent aussi remonté le Tibre à Ponte-Mole, pour jouir de cette scène de la fin du jour. Les sommets des montagnes de la Sabine apparaissent alors de lapis-lazuli et d'opale, tandis que leurs bases et leurs flancs sont noyés dans une vapeur d'une teinte violette et purpurine. Quelquefois de beaux nuages comme des chars légers, portés sur le vent du soir, avec une grâce inimitable, font comprendre l'apparition des habitants de l'Olympe sous ce ciel mythologique ; quelquefois l'antique Rome semble avoir étendu dans l'occident toute la pourpre de ses consuls et de ses césars, sous les derniers pas du dieu du jour. Cette riche décoration ne se retire pas aussi vite que dans nos climats : lorsque vous croyez que ses teintes vont s'effacer, elles se raniment sur quelque autre point de l'horizon, un crépuscule succède à un crépuscule, et la magie du couchant se prolonge. Il est vrai qu'à cette heure du repos des campagnes, l'air ne retentit plus de chants bucoliques ; les bergers n'y sont plus, *Dulcia linquimus arva !* mais on voit encore les grandes victimes du Clytumne, des bœufs blancs ou des troupeaux de cavales demi-sauvages qui descendent au bord du Tibre et viennent s'abreuver dans ses eaux. Vous vous croiriez transporté au temps des vieux Sabins ou au siècle de l'Arcadien Evandre, « ποιμένεσ λαῶν » alors que le Tibre s'appelait Albula, et que le pieux Enée remonta ses ondes inconnues. » (1)

En prose, remarque un critique, il n'y a rien au delà. Après de tels coups de talent, il n'y a plus que le vers qui puisse s'élever encore plus haut avec son aile. Comme paysagiste, M. de Chateaubriand est le premier; il est l'unique de son ordre en français.

M. de Chateaubriand suivit de près cette lettre éloquente. Quand il rentra en France, « Bonaparte marchait à l'empire. Son génie s'élevait à mesure que grandissaient les évènements ; il pouvait, comme la poudre en se dilatant, emporter le monde ; déjà immense, et cependant ne se sentant pas au sommet, ses forces le tourmentaient ; il tâtonnait, il semblait chercher son chemin ; il en était à Pichegru et à Moreau ; par une mesquine envie, il avait consenti à les admettre pour rivaux : Moreau, Pichegru et Georges Cadoudal, qui leur était fort supérieur, furent arrêtés.

« Ce trait vulgaire de conspirations, dit l'auteur du

---

(1) *Lettre à M. de Fontanes*, œuvres, tome II, page 291.

Génie, n'avait rien de ma nature; j'avais hâte de m'enfuir aux montagnes. »

Deux jours avant le 20 mars, il était aux Tuileries, pour prendre congé de Bonaparte. Il eut là comme un pressentiment de quelque évènement sinistre.

La galerie où le premier consul recevait était pleine ; Napoléon était accompagné de Murat et d'un premier aide-de-camp ; il passait presque sans s'arrêter. « A mesure qu'il approcha de moi, lit-on dans les *Mémoires,* je fus frappé de l'altération de son visage ; ses joues étaient dévalées et livides, ses yeux âpres, son teint pâle et brouillé, son air sombre et terrible. L'attrait qui m'avait précédemment poussé vers lui cessa ; au lieu de rester sur son passage, je fis un mouvement afin de l'éviter. Il me jeta un regard comme pour chercher à me reconnaître, dirigea quelques pas vers moi, puis se détourna et s'éloigna... »

Rentré à l'hôtel de France, M. de Chateaubriand dit à plusieurs de ses amis. « Il faut qu'il y ait quelque chose d'étrange que nous ne savons pas, car Bonaparte ne peut être changé à ce point, à moins d'être malade. »

Le lendemain, il apprit d'une manière certaine de quel mal souffrait le premier consul. Se trouvant entre onze heures et midi, près du pavillon de Marsan, il entendit un homme et une femme qui criaient une nouvelle officielle. Il s'approcha, et ces paroles parvinrent à ses oreilles : « Jugement de la commission militaire spéciale convoquée à Vincennes, qui condamne à la peine de mort le *nommé Louis-Antoine-Henri de Bourbon,* né le 17 août 1772, à Chantilly. »

Le *nommé Louis-Antoine-Henri de Bourbon,* ainsi qu'on le désignait avec un odieux dédain, était fils du duc de Bourbon, petit-fils du prince de Condé ; il avait été contre le droit des gens, arrêté à Attenheim, en pays allemand, amené à Vincennes et, après un jugement dérisoire, fusillé dans les fossés du château : c'était donc un véritable assassinat.

Le cri qui annonçait ce crime, tomba sur l'ancien soldat de l'armée de Condé, comme un coup de foudre. Revenu à lui et rentré à son hôtel, il prit la plume, et, par sa démission de ministre du Valais, il proclama sa rupture avec le premier consul.

Cet acte, le plus honorable de la vie politique de M. de Chateaubriand, n'était pas sans danger et tous ses amis tremblèrent, au premier moment, pour sa liberté et même pour sa vie. Quant à lui, il attendit de pied ferme et le front haut. Bonaparte fut plus modéré qu'on ne s'y attendait. En apprenant la démission du ministre du Valais, il se contenta de dire : «C'est bon !» mais il n'oublia jamais le blâme dont il venait d'être frappé, ni celui qui le lui avait infligé.

CHAPITRE XIII.

Bonaparte est proclamé empereur. — Isolement de M. de Chateaubriand. — Mme de Chateaubriand. — Lucile à Paris. — Voyage en Auvergne. — *Combien j'ai douce souvenance.* — Sur le mont Blanc. — M. et Mme de Chateaubriand chez M. Joubert. — Mort de Lucile. — Douleur de M de Chateaubriand. — *Retour à Paris.*

Mars 1804. — Juillet 1806.

Quelques mois plus tard, un cortège magnifique se rendait de Paris à Saint-Cloud, et était salué de distance en distance par la voix grandiôse du canon. C'était le sénat, ayant à sa tête le consul Cambacérès, qui allait offrir à Bonaparte le titre d'empereur.

« J'accepte, lui répondit le premier consul, le titre
« que vous croyez utile à la gloire de la nation. Je
« soumets à la sanction du peuple la loi de l'hérédité.
« J'espère que la France ne se repentira jamais
« des honneurs dont elle environnera ma famille.
« Dans tous les cas, mon esprit ne sera plus avec ma
« postérité, le jour où elle cesserait de mériter l'amour
« et la confiance de la grande nation. »

Les applaudissements répondirent à ces paroles, et trois millions cinq-cent-soixante-douze mille trois-cent-vingt-neuf voix contre deux mille cinq-cent-soixante-neuf acclamèrent Napoléon Ier.

Aussitôt la prose et la poësie firent monter vers son trône des louanges enthousiastes. Une voix manquait à ce concert ; c'était celle qui aurait pu le mieux, par la noblesse et la solennité de ses accents, célébrer celui que l'on se plaisait alors à appeler le nouveau Charlemagne, c'était la voix de l'auteur du *Génie*.

On assure cependant que des instances avaient été faites près de lui par M. de Fontanes, pour le décider à prendre la lyre. Cette assertion est probable, car M. de Fontanes désirait ardemment voir rentrer en grâce son illustre ami. Mais celui-ci résista, et l'on ne saurait s'en étonner : à travers l'éclat du manteau impérial apparaissait à ses yeux, comme une tache indélébile, le sang du duc d'Enghien.

Pendant que l'empereur se préparait à de nouveaux triomphes et recevait, dans les palais restaurés de l'ancienne monarchie, les hommages empressés d'une foule de courtisans, l'auteur du *Génie*, retiré de la vie active et installé dans un modeste appartement de la rue Miromesnil, voyait le vide se faire autour de lui. La disgrâce dont il était frappé, bien que glorieuse, rendait sa fréquentation compromettante. Il prit résolûment son parti, et, dédaignant les pusillanimes, il ne fréquenta, à cette époque, que quelques rares amis demeurés fidèles, un petit nombre d'anciens émigrés mécontents du pouvoir, et les membres de sa famille.

Madame de Chateaubriand, qui était jusque là demeurée, à cause de la difficulté des temps, séparée de son mari, venait de le rejoindre. C'était une femme d'une foi forte et à qui sa piété donnait une énergie qui étonnait dans une créature aussi frêle. Douée d'une grande bonté et d'une sensibilité exquise elle s'oubliait elle-même pour ne penser qu'aux autres. Dans les prisons de Rennes, où elle avait été jetée en 1793, elle s'était consacrée toute entière au soulagement de ses belles-sœurs et des autres compagnes de sa captivité. De retour près de M. de Chateaubriand, elle ne vécut que pour lui et sa vie ne fut qu'un long acte de dévouement.

Bien qu'elle fût une admiratrice enthousiaste de Napoléon et qu'elle eût été enchantée d'aller dans le Valais, elle avait applaudi à la démission du 20 mars. Toujours, par la suite, elle s'inspira de ce désintéressement, et lorsque les circonstances l'exigèrent, elle n'hésita jamais à sacrifier sa propre tranquillité à la dignité de son mari, préférant pour lui l'honneur aux honneurs. Son intelligence répondait, du reste, à la générosité de son cœur. Un esprit vif et original, une mémoire prompte et tenace s'alliaient en elle à une imagination ardente, mais qu'elle savait maîtriser. Elle avait acquis, par des études poursuivies à travers les circonstances les plus variées, une instruction étendue qui lui permettait de se mêler aux discussions les plus élevées. Dans les entretiens familiers elle brillait d'un tel éclat qu'elle éclipsait, par l'entrain de sa conversation, M. de Chateaubriand lui-même. « Je ne sais, a écrit ce dernier, s'il a jamais existé une intelligence plus fine que celle de ma femme ; elle devine la pensée et la parole à naître sur le front et sur les lèvres de la personne avec qui elle cause ; la tromper en rien est impossible. Ecrivant de la manière la plus piquante, racontant à merveille, madame de Chateaubriand m'admire sans avoir jamais lu deux lignes de mes ouvrages ; elle craindrait de rencontrer des idées qui ne sont pas les siennes ou de découvrir qu'on n'a pas assez d'enthousiasme pour ce que je vaux. Quoique juge passionné, elle est instruite et bon juge. »

Peu de temps après la réunion des deux époux, arriva Lucile, cette sœur mélancolique du grand poëte, dont il a été plusieurs fois parlé dans cette histoire.

Le malheur s'était acharné sur cette infortunée. Comme Mme de Chateaubriand, elle avait été jetée dans les cachots de la révolution. S'étant mariée par la suite à M. de Caud, elle avait perdu son mari après quinze mois de mariage. Elle aimait tendrement Mme de Farcy sa sœur : toujours près d'elle, elle possédait sans s'en douter, comme elle le dit, ce bien si doux de se sentir en société de pensées avec quelqu'un ; Mme de Farcy était morte peu de temps après M. de Caud. Une autre fatalité avait frappé Lucile, M. de Chênedollé, le poète, habitant auprès de Vire, l'était allé voir à Fougères ; bientôt il avait été question d'un mariage qui avait manqué. Tout lui échappant à la fois, elle était tombée dans une tristesse profonde, qui souvent lui arrachait ce cri déchirant. « Comment ce cœur, qui est
« un si petit espace, peut-il renfermer tant d'existence
« et tant de chagrins ! »

Lucile n'avait rien ; M. de Chateaubriand lui choisit un appartement, rue Caumartin, en la trompant sur le prix de la location et sur les arrangements qu'il lui fit prendre avec un restaurateur. Un peu plus tard, elle alla demeurer aux Dames de Saint-Michel, rue du faubourg Saint-Jacques.

Là recommença pour elle la vie solitaire de Combourg. Comme aux jours de son adolescence, elle composait, elle soumettait à l'auteur du *Génie* ses écrits, elle recevait ses encouragements. Parfois encore, elle s'enhardissait jusqu'à critiquer les ouvrages du grand écrivain. Elle allait même plus loin.

« Pourrais-tu penser, lui écrivait-elle un jour, que
« je m'occupe follement depuis hier à te corriger ? Les
« Blossac m'ont confié dans le plus grand secret une
« romance de toi. Comme je ne trouve pas que dans
« cette romance tu aies tiré parti de tes idées, je m'a-
« muse à essayer de les rendre dans toute leur valeur.
« Peut-on pousser l'audace plus loin ? Pardonnez,
« grand homme, et ressouvenez-vous que je suis ta
« sœur, et qu'il m'est un peu permis d'abuser de vos
« richesses. »

Mais, en même temps qu'elle essayait ainsi un triste sourire, elle s'appliquait ces paroles de Fénelon :

« Vous vous donnez des forces trompeuses telles que
« la fièvre ardente en donne au malade. On voit en
« vous, depuis quelques jours, un mouvement convul-
« sif pour montrer du courage et de la gaieté, avec
« un fonds d'agonie. »

Et en effet, la vie de Mme de Caud n'était qu'une lutte sans cesse renaissante contre un malaise d'esprit indéfinissable, qui devait finir par consumer sa vie. On sent, en lisant ce que M. de Chateaubriand a recueilli d'elle, qu'elle souffrait de ce mal inexplicable et terrible dont était tourmenté René.

« Je me demande souvent, lit-on dans sa correspon-
« dance, pourquoi j'apporte tant de soin à étayer ma
« santé. Je suis comme un insensé qui édifierait une
« forteresse dans un désert. »

M. de Chateaubriand lui faisait de fréquentes visites.

« Ma sœur, dit-il dans ses *Mémoires*, n'était point changée ; elle avait pris seulement l'expression fixe de ses maux. Sa tête était un peu baissée, comme une tête sur laquelle les heures ont pesé. Elle me rappelait mes parents ; ces premiers souvenirs de famille, évoqués de la tombe, m'entouraient comme des larves accourues pour se réchauffer, la nuit, à la flamme mourante d'un bûcher funèbre. En la contemplant, je croyais apercevoir dans Lucile toute mon enfance qui me regardait derrière ses yeux un peu égarés. »

Cet égarement des yeux était l'indice de l'altération qu'avait subie la raison de Mme de Caud, sous le poids du chagrin. En vain essayait-on de la consoler et de la distraire. Dans son infortune, elle se croyait abandonnée de tous. Elle en vint a douter même de l'affection de son frère.

« Mon frère, écrivait-elle à cette époque, ne te fati-
« gue ni de mes lettres, ni de ma présence, pense
« que bientôt tu seras pour toujours délivré de mes
« importunités. Ma vie jette sa dernière clarté, lampe
« qui s'est consumée dans les ténèbres d'une longue
« nuit, et qui voit naître l'aurore où elle va mourir...
« Quoi, mon frère, serais-je aussi pour toi un sujet
« d'éloignement et d'ennui ?

Sur ces entrefaites, Mme de Chateaubriand étant tombée malade, partit pour Vichy, afin d'y prendre les eaux, et M. de Chateaubriand se disposa à la suivre.

Il alla faire ses adieux à Lucile, qui lui témoigna le désir de prendre un logement isolé, du côté du Jardin des Plantes. Il l'invita à suivre son goût et lui donna un vieux domestique du nom de Saint-Germain, afin d'aider sa fille de chambre. Ce fut avec tristesse et non sans de profondes inquiétudes qu'il quitta cette sœur chérie.

« Avant de quitter Paris, a-t-il écrit, j'allai revoir Lucile. Elle était affectueuse ; elle me parla de ses petits ouvrages. J'encourageai au travail le grand poëte ; elle m'embrassa, me souhaita un bon voyage, me fit promettre de revenir vite. Elle me re-reconduisit sur le palier de l'escalier, s'appuya sur la rampe et me regarda tranquillement descendre. Quand je fus au bas, je m'arrêtai, et, levant la tête, je criai à l'infortunée qui me regardait toujours : « Adieu, chère sœur ! à bientôt ! »

Le soir, M. de Chateaubriand vit le bonhomme Saint-Germain, et lui donna des ordres et de l'argent pour qu'il baissât secrètement les prix de toutes les choses dont sa sœur pourrait avoir besoin. Il lui enjoignit de le tenir au courant de tout et de ne pas manquer de lui mander de revenir en cas de besoin. C'était quelque chose ; était-ce assez ? On ne peut s'empêcher de s'étonner qu'en l'état où était sa sœur, l'illustre écrivain ait cru devoir s'en tenir là. Quoiqu'il en soit, il partit. Il ne fit à Vichy qu'un court séjour : Mme de Chateaubriand, allant au devant de ses désirs, lui proposa de voyager. Où dirigera-t-il ses pas?

« Lorsque, dit-il, j'étais enfant dans les bruyères de ma Bretagne, et que j'entendais parler de l'Auvergne et des petits Auvergnats, je me figurais que l'Auvergne était un pays bien loin, où l'on voyait des choses étranges, où l'on ne pouvait aller qu'avec de grands périls, en cheminant sous la garde de la Mère de Dieu. » (1)

(1) *Voyage à Clermont*, œuvres, tome IX, page 139.

En souvenance des impressions de son enfance, il voulut avant de mourir, jeter un regard sur l'Auvergne.

M. de Chateaubriand nous a laissé de ce voyage une relation où il déploie une érudition merveilleuse. Dans ce morceau, qui compte quelques pages seulement, le grand écrivain a condensé la matière de plusieurs volumes, et l'on a pu dire avec raison, qu'il avait, pour le composer, puisé à toutes les sources et les avait épuisées toutes.

Ce n'est cependant pas ce qu'il a rapporté de mieux de son excursion. Un jour que, sur le versant du mont Dore, il se laissait aller à ses rêveries, il entendit tout à coup retentir, non loin de lui, un air vif et joyeux. Frappé de cet air, il le nota, et se plut à le répéter. De joyeux qu'il était, il le rendit mélancolique. Des paroles pleines de tristesse et de grâce jaillissant alors de son cœur vinrent d'elles-mêmes s'y adapter, et bientôt la France redit cette complainte que tout le monde connaît :

> Combien j'ai douce souvenance
> Du joli lieu de ma naissance !
> Ma sœur, qu'ils étaient beaux les jours
>   de France !
> O mon pays, sois mes amours
>   Toujours !

> Te souvient-il que notre mère,
> Au foyer de notre chaumière,
> Nous pressait sur son cœur joyeux,
>   Ma chère ;
> Et nous baisions ses blancs cheveux
>   Tous deux.

> Ma sœur, te souvient-il encore
> Du château que baignait la Dore,
> Et de cette tant vieille tour
>   Du Maure,
> Où l'airain sonnait le retour
>   Du jour ?
>
> Te souvient-il du lac tranquille
> Qu'effleurait l'hirondelle agile,
> Du vent qui courbait le roseau
>   Mobile,
> Et du soleil couchant sur l'eau
>   Si beau ?
>
> Oh ! qui me rendra mon Hélène,
> Et la montagne, et le grand chêne ?
> Leur souvenir fait tous les jours
>   Ma peine :
> Mon pays sera mes amours
>   Toujours !

Quelques jours plus tard, après une visite rendue à Mme de Staël, à Coppet près de Genève, le noble voyageur était sur les cimes du mont Blanc, auquel il cherche querelle, et qui lui fournit l'occasion d'une critique ingénieuse des montagnes.

M. de Chateaubriand ne partage point l'enthousiasme de plusieurs paysagistes pour ces grands monuments de la nature. Il les admet mais seulement comme arrière-plan dans un tableau. Leurs têtes chenues, leurs flancs décharnés, leurs membres gigantesques lui semblent admirables, lorsqu'au fond d'un horizon vaporeux, ils s'arrondissent et se colorent dans une lumière fluide et dorée, mais ils lui paraissent hideux quand il les contemple de trop près. Du reste, leurs masses lourdes n'étant point en harmonie avec les facultés de l'homme et la faiblesse de ses organes, ne peuvent, à son avis, présenter un séjour agréable que pour ceux qui y sont nés. Il combat, en outre, le sentiment de ceux qui prêtent aux montagnes le don de favoriser la rêverie et d'élever la pensée. Il termine par cet aperçu :

« Il n'y a qu'une seule circonstance où il soit vrai que les montagnes inspirent l'oubli des troubles de la terre : c'est lorsqu'on se retire loin du monde, pour se consacrer à la religion. Un anachorète qui se dévoue au service de l'humanité, un saint qui veut méditer les grandeurs de Dieu en silence, peuvent trouver la paix et la joie sur des roches désertes ; mais ce n'est point alors la tranquillité des lieux qui passe dans l'âme de ces solitaires, c'est au contraire leur âme qui répand sa sérénité dans la région des orages.

« L'instinct des hommes a toujours été d'adorer l'Eternel sur les lieux élevés ; plus près du ciel, il semble que la prière ait moins d'espace à franchir pour arriver au trône de Dieu. Il était resté dans le christianisme des traditions de ce culte antique : nos montagnes, et, à leur défaut, nos collines étaient chargées de monastères et de vieilles abbayes. Du milieu d'une ville corrompue, l'homme qui marchait peut-être à des crimes, ou du moins à des vanités, apercevait, en levant les yeux, des autels sur les coteaux voisins. La croix, déployant au loin l'étendard de la pauvreté aux yeux du luxe, rappelait le riche à des idées de souffrance et de commisération. Nos poëtes connaissaient bien peu leur art, lorsqu'ils se moquaient de ces monts de Calvaire, de ces missions, de ces retraites qui retraçaient parmi nous les sites de l'Orient, les mœurs des solitaires de la Thébaïde, les miracles d'une religion divine et le souvenir d'une antiquité qui n'est point effacé par celui d'Homère. » (1)

A son retour du mont Blanc, M. de Chateaubriand, séjourna quelques jours à Lyon et, après une course à la Grande-Chartreuse, il arriva à Villeneuve-sur-Yonne, chez M. Joubert. Là, il oublia bientôt le monde : les rêveries, l'étude, le travail, la conversation absorbèrent tout son temps :

« Je serais fort aise, écrivait M. Joubert à l'un de
« leurs communs amis, que vous le voyiez ici, pour
« juger de quelle incomparable bonté, de quelle par-
« faite innocence, de quelle simplicité de vie et de
« mœurs, et, au milieu de tout cela, de quelle
« inépuisable gaieté, de quelle paix, de quel bon-
« heur il est capable, quand il n'est soumis qu'aux
« influences des saisons et remué que par lui-même.
« Sa femme et lui me paraissent dans leur parfait
« élément. Quant à lui, sa vie est pour moi un
« spectacle, un sujet de contemplation. Elle m'offre
« vraiment un modèle ; et je vous assure qu'il ne
« s'en doute pas. »

C'est au milieu de cette paix qu'un terrible malheur vint le frapper. Depuis quelque temps il n'avait reçu aucune nouvelle de sa sœur. On lui

(1) *Voyage au mont Blanc*, œuvres, tome X, page 147.

apporta, un matin, une lettre du vieux Saint-Germain : il l'ouvrit, une ligne foudroyante lui apprenait la mort de Mme de Caud.

« La mort de Lucile, dit-il dans l'un de ses écrits, atteignit aux sources de mon âme : c'était mon enfance au milieu de ma famille, c'était les premiers vestiges de mon existence qui disparaissaient. Notre vie ressemble à ces bâtisses fragiles étayées dans le ciel par des arcs-boutants ; ils ne s'écroulent pas à la fois, mais se détachent successivement ; ils appuient encore quelque galerie, quand déjà ils manquent au sanctuaire, ou au berceau de l'édifice. »

Et il ajoute : « J'ai pris soin de beaucoup de tombeaux dans ma vie; il était de mon sort et de la destinée de ma sœur que ses cendres fussent jetées au ciel. Je n'étais point à Paris au moment de sa mort ; je n'y avais aucun parent ; retenu à Villeneuve par l'état périlleux de ma femme, je ne pus courir à des restes sacrés ; des ordres transmis de loin arrivèrent trop tard pour prévenir une inhumation commune. Lucile était ignorée et n'avait pas un ami ; elle n'était connue que du vieux serviteur de Mme de Beaumont. Il suivait seul le cercueil délaissé, et il était mort lui-même avant que les souffrances de Mme de Chateaubriand me permissent de la ramener à Paris.

« Ma sœur fut enterrée parmi les pauvres : dans quel cimetière fut-elle déposée ? dans quel flot immobile d'un océan de morts fut-elle engloutie ? dans quelle maison expira-t-elle au sortir de la communauté des Dames de Saint-Michel ? Quand, en faisant des recherches, quand, en compulsant les archives des municipalités, les registres des paroisses, je rencontrerais le nom de ma sœur, à quoi cela me servirait-il ? Retrouverais-je le même gardien de l'enclos funèbre ? retrouverais-je celui qui creusa une fosse demeurée sans nom et sans étiquette ? Les mains rudes qui touchèrent les dernières une argile si pure en auraient-elles gardé le souvenir ? Quel nomenclateur des ombres m'indiquerait la tombe effacée ? ne pourrait-il pas se tromper de poussière? Puisque le ciel l'a voulu, que Lucile soit à jamais perdue ! Je trouve dans cette absence de lieu une distinction d'avec les sépultures de mes autres amis. Ma devancière dans ce monde et dans l'autre prie pour moi le Rédempteur ; elle le prie du milieu des dépouilles indigentes parmi lesquelles les siennes sont confondues : ainsi repose égarée, parmi les préférés de Jésus-Christ, la mère de Lucile et la mienne. Dieu aura bien su reconnaître ma sœur ; et elle, qui tenait si peu à la terre, n'y devait point laisser de traces. Elle m'a quitté, cette sainte de génie. Je n'ai pas été un seul jour sans la pleurer. Lucile aimait à se cacher ; je lui ai fait une solitude dans mon cœur : elle n'en sortira que quand j'aurai cessé de vivre.

« Ce sont là les vrais, les seuls évènements de ma vie réelle ! Que m'importaient, au moment où je perdais ma sœur, les milliers de soldats qui tombaient sur les champs de bataille, l'écroulement des trônes et le changement de la face du monde ? » (1)

(1) *Mémoires d'outre-tombe*, tome II, pages 479 et 480.

CHAPITRE XIV.

M. de Chateaubriand part pour l'Orient. — Motifs de son départ. — Courte appréciation de l'*Itinéraire de Paris à Jérusalem*. — La *Méditerranée*. — M. de Chateaubriand aborde en Grèce. — Manière dont il voyage en ce pays. — *Les ruines de Sparte*. — Oppression des Grecs sous les Turcs. — *Athènes vue du Parthénon*. — Aimable rêve du voyageur. — *Au cap Sunium*. — M. de Chateaubriand quitte la Grèce. — Il traverse l'Archipel. — *A Smyrne*. — *Une caravane au repos*. — *Déception*. — *Alexandre*. — *Constantinople*.

1806.

« Voyez-vous toujours ce cerveau brûlé de « Chateaubriand? demandait, à quelque temps de là, « Napoléon à M. de Fontanes. — Oui, Sire, il m'a « fait l'honneur de dîner hier avec moi, avant son « départ pour l'Orient. — Ah! il part! » C'était-là une exclamation de soulagement plutôt que de surprise : le démissionnaire du 20 mars gênait l'empereur sur le sol de la France.

L'auteur du *Génie* partait donc, et il allait à Jérusalem. Dans l'accablement où l'avaient jeté la mort de sa sœur, et aussi peut-être le remords secret de l'avoir trop négligée, depuis qu'il était devenu le favori de la gloire et de la prospérité, il lui semblait qu'un pèlerinage à cette ville, si bien appelée la ville des grandes douleurs, lui procurerait des consolations. Mais ce n'était pas là l'unique cause de son départ. Le despotisme impérial commençait à lui peser, et il éprouvait le besoin de respirer un air plus libre. En outre, il travaillait, depuis quelque temps déjà, à une épopée qui devait offrir un tableau de la lutte et du triomphe de la religion chrétienne contre la religion païenne. Ne convenait-il pas qu'avant d'y mettre la dernière main, il allât charger ses pinceaux aux lieux témoins des évènements qu'il devait raconter ? Ainsi avaient fait les grands poëtes, ses devanciers.

Il sortit de Paris, au mois de juillet 1806, et, dès le jour même, il commença le journal de son voyage. Ces notes, qui n'étaient pas destinées à la publicité, sont devenues et demeurent, sous l'humble dénomination d'*Itinéraire de Paris à Jérusalem*, l'un de ses titres les plus sérieux à la gloire d'écrivain. Dans ces pages pleines de contrastes, où se trouvent à côté de récits d'aventures plaisantes, des scènes grandiôses, où l'on rencontre, après des portraits piquants, des aperçus neufs et élevés, des tableaux pleins de grâce après des appréciations historiques d'une remarquable supériorité, M. de Chateaubriand se montre tout entier. On l'y voit tour à tour poëte et paladin, rêveur et érudit, homme des anciens jours et homme de son temps. Peut-être, au point de vue de l'art, pourrait-on désirer une moins grande liberté d'allure, une étalage d'érudition plus modeste, des saillies d'imagination et des sentences philosophiques plus rares, mais le naturel y perdrait et aussi le charme.

Le noble voyageur revit Milan et passa par Vérone, Vienne et Padoue qu'il ne connaissait pas encore. De Venise, il gagna Trieste, d'où il s'embarqua le 1er août.

Le voilà donc voguant sur la Méditerranée qui, « placée au centre des pays civilisés, semée d'îles riantes, baignant des côtes plantées de myrtes, de palmiers et d'oliviers, donne sur le champ l'idée de cette mer où naquirent Apollon, les Néréides et Vénus, tandis que l'Océan, livré aux tempêtes, environné de terres inconnues, devait être le berceau des fantômes de la Scandinavie, ou le domaine de ces peuples chrétiens qui se font une idée si imposante de la grandeur et de la toute puissance de Dieu. »

A la hauteur de Corfou, il salue la Grèce, et il débarque à Modon.

A peine a-t-il foulé le sol des Hellènes que les souvenirs glorieux ou riants de l'antiquité se présentent en foule à lui et viennent le distraire des tristesses du présent, car, en 1806, on le sait, la Grèce n'était plus qu'un amas de ruines, le séjour de la misère et un repaire de brigands : l'on ne pouvait s'y aventurer qu'armé de pied en cap. Si l'on veut, du reste, savoir la manière dont il fallait voyager dans le pays d'Alcibiade et d'Aspasie, lui-même va nous l'apprendre ; « A notre tête, a-t-il écrit, paraissait le guide ou le postillon grec à cheval, tenant un autre cheval en laisse : ce cheval devait servir de remonte en cas qu'il arrivât quelque accident aux chevaux des voyageurs. Venait ensuite le janissaire, le turban en tête, deux pistolets et un poignard à la ceinture, un sabre au côté, et un fouet à la main pour faire avancer les chevaux du guide. Je suivais, à peu près armé comme le janissaire, portant de plus un fusil de chasse ; Joseph fermait la marche. Ce milanais était un petit homme blond à gros ventre, le teint fleuri, l'air affable ; il était habillé de velours bleu ; deux longs pistolets d'arçon passés dans une étroite ceinture, relevaient sa veste d'une manière si grotesque, que le janissaire ne pouvait jamais le regarder sans rire. Mon équipage consistait en un tapis pour m'asseoir, une pipe, un poêlon à café et quelques schalls pour m'envelopper la tête pendant la nuit. Nous partions au signal donné par le guide ; nous grimpions au grand trot les montagnes, et nous les descendions au galop à travers les précipices : il faut prendre son parti ; les Turcs militaires ne connaissent point d'autre manière d'aller ; et le moindre signe de frayeur, ou même de prudence, vous exposerait à leur mépris. Vous êtes assis d'ailleurs sur des selles de mameloucks dont les étriers larges et courts vous plient les jambes, vous rompent les pieds, et déchirent les flancs de votre cheval. Au moindre faux mouvement, le pommeau élevé de la selle vous crève la poitrine, et si vous vous renversez en arrière, le haut rebord de la selle vous brise les reins. Les courses sont de huit à dix lieues avec les mêmes chevaux : on leur laisse prendre haleine sans manger à peu près à moitié chemin ; on remonte ensuite et l'on continue sa route. Le soir, on arrive quelquefois à un kan, masure abandonnée où l'on dort parmi toutes sortes d'insectes et de reptiles sur un plancher vermoulu. On ne vend rien dans ce kan lorsque vous n'avez pas de firman de poste : c'est à vous de vous procurer des vivres comme vous pouvez. Mon janissaire allait à la chasse dans les villages ; il rapportait quelquefois des poulets que je m'obstinais à payer ; nous les faisions rôtir sur des branches vertes d'oliviers, ou bouillir avec du riz pour en faire un pilau. Assis à terre autour de ce festin, nous le déchirions avec nos doigts ; le repas fini, nous allions nous laver la barbe et les mains au premier ruisseau. » (1)

De Modon, le poëte-voyageur, saluant par tout ce qu'il savait de plus beaux vers à leur louange, les lieux fameux qu'il rencontrait sur son passage, se dirigea vers Coron ; remontant alors vers Tripolizza, afin d'obtenir du pacha de la Morée le firman nécessaire pour passer l'isthme, il descendit vers Sparte. Rien de plus dramatique et de plus poétique que la reconnaissance de cette ville :

« Comme j'arrivais au sommet de la citadelle, le soleil se levait derrière les monts Ménélaïons. Quel beau spectacle ! mais qu'il était triste. L'Eurotas coulant solitaire sous les débris du pont Babyx ; des ruines de toutes parts, et pas un homme parmi ces ruines ! Je restai immobile, dans une espèce de stupeur, à contempler cette scène. Un mélange d'admiration et de douleur arrêtait mes pas et ma pensée : le silence était profond autour de moi : je voulus du moins faire parler l'écho dans les lieux où la voix humaine ne se

---

(1) *Itinéraire de Paris à Jérusalem*, œuvres, tome III, pages 86 et 87.

faisait plus entendre et je criai de toute ma force : Léonidas ! aucune ruine ne répéta ce grand nom, et Sparte même sembla l'avoir oublié. »

Et reconstituant, à l'aide de ses souvenirs, cette ville fameuse, il ajoute :

« Tout cet emplacement de Lacédémone est inculte : le soleil l'embrase en silence et dévore incessamment le marbre des tombeaux. Quand je vis ce désert, aucune plante n'en décorait les débris, aucun oiseau, aucun insecte ne les animait, hors des millions de lézards qui montaient et descendaient sans bruit le long des murs brûlants. Une douzaine de chevaux à demi-sauvages paissaient çà et là une herbe flétrie, un pâtre cultivait dans un coin du thé et quelques pastèques, et à Magoula, qui donne son triste nom à Lacédémone, on remarquait un petit bois de cyprès. »

« Si, remarque-t-il, des ruines où s'attachent des souvenirs illustres font bien voir la vanité de tout ici-bas, il faut pourtant convenir que les noms qui survivent à des empires et qui immortalisent des temps et des lieux sont quelque chose. Après tout, ne dédaignons pas trop la gloire ; rien n'est plus beau qu'elle, si ce n'est la vertu. Le comble du bonheur serait de réunir l'une à l'autre dans cette vie; et c'était l'objet de l'unique prière que les Spartiates adressaient aux dieux : « *Ut pulchra bonis adderent !* »

De Sparte, M. de Chateaubriand prit, par la montagne, le chemin d'Argos, de Mycènes, de Corinthe qu'il visita successivement.

Les Turcs avaient établi un poste militaire au pied du mont Onéïus, à peu près au milieu de l'isthme, pour être à portée des deux mers : le ressort de la Morée finissait là, et l'on ne pouvait passer la grand'garde sans montrer un ordre exprès du pacha.

« Un mur de six milles de longueur, souvent relevé et abattu, fermait l'isthme dans un endroit qui prit le nom d'*Hexamillia* : c'est là, dit l'auteur de l'*Itinéraire*, que nous commençâmes à gravir la montagne. J'arrêtais souvent mon cheval au milieu des pins, des lauriers et des myrtes, pour regarder en arrière. Je contemplais tristement les deux mers, surtout celle qui s'étendait au couchant, et qui semblait me tenter par les souvenirs de la France. Cette mer était si tranquille ! le chemin était si court ! Je ramenais mes regards sur le Péloponèse, sur Corinthe, sur l'isthme, sur l'endroit où se célébraient les jeux : quel désert ! quel silence ! infortuné pays ! malheureux Grecs ! »

Il eut bientôt l'occasion de constater jusqu'où allait la dureté de l'oppression, sous laquelle gémissaient ces Grecs infortunés :

« Nous nous enfonçâmes dans les défilés du mont Onëius, perdant de vue et retrouvant tour à tour la mer Saronique et Corinthe. Du plus haut de ce mont, qui prend le nom de Macriplaysi, nous descendîmes au Dervène, autrement à la grand'garde. Je ne sais si c'est là qu'il faut placer Crommyon ; mais certes, je n'y trouvai pas des hommes plus humains que Pytiocamptès. Je montrai mon ordre du pacha. Le commandant m'invita à fumer la pipe et à boire le café dans sa baraque. C'était un gros homme d'une figure calme et apathique, ne pouvant faire un mouvement sur sa natte sans soupirer, comme s'il éprouvait une douleur : il examina mes armes, me fit remarquer les siennes, surtout une longue carabine qui portait, disait-il, fort loin. Les gardes aperçurent un paysan qui gravissait la montagne hors du chemin ; ils lui crièrent de descendre ; celui-ci n'entendit pas la voix. Alors le commandant se leva avec effort, prit sa carabine, ajusta longtemps entre les sapins le paysan, et lui lâcha son coup de fusil. Le turc revint, après cette expédition, se rasseoir sur sa natte, aussi tranquille, aussi bonhomme qu'auparavant. Le paysan descendit à la garde, blessé en toute apparence, car il pleurait en montrant son sang. On lui donna cinquante coups de bâton pour le guérir. » (1)

Cet acte de cruauté fit bondir d'indignation le noble voyageur. Il s'éloigna, en prononçant pour adieux des paroles que Joseph, son domestique et son interprète, trouva, non sans raison, prudent de ne point traduire.

Son indignation se calma peu à peu en s'approchant d'Athènes.

C'est le 23 août, à trois heures du matin, après avoir traversé Mégare et Eleusis, qu'il fit son entrée dans cette ville : jamais l'initié le plus dévot à Cérès, n'éprouva un transport aussi vif que le sien. C'est au point que la joie qu'il ressentait lui ôtait le pouvoir de la réflexion ; non qu'il éprouvât quelque chose de semblable à ce qu'il avait senti à la vue de Lacédémone. « Sparte et Athènes, dit-il, ont conservé jusque dans leurs ruines leurs différents caractères : celles de la première sont tristes, graves et solitaires ; celles de la seconde sont riantes, légères, habitées. A l'aspect de la patrie de Lycurgue, toutes les pensées deviennent

(1) *Itinéraire*, œuvres, tome III, page 125.

sérieuses, mâles et profondes ; l'âme fortifiée semble s'élever et s'agrandir ; devant la ville de Solon, on est comme enchanté par les prestiges du génie ; on a l'idée de la perfection de l'homme considéré comme un être intelligent et immortel. Les hauts sentiments de la nature humaine prenaient à Athènes quelque chose d'élégant qu'ils n'avaient point à Sparte. L'amour de la patrie et de la liberté n'était point pour les Athéniens un instinct aveugle, mais un sentiment éclairé, fondé sur ce goût du beau dans tous les genres que le ciel leur avait si libéralement départi ; enfin en passant des ruines de Lacédémone aux ruines d'Athènes, je sentis que j'aurais voulu mourir avec Léonidas et vivre avec Périclès. » (1)

Cet amour du poëte pour Athènes se fait sentir dans la splendide description qu'il nous a laissée de cette ville, vue du Parthénon au lever de l'aurore. Là, dit un critique, sont réunies toutes les conditions favorables et chères au talent de M. de Chateaubriand ; aussi est-ce son triomphe :

« La première chose qui vous frappe dans les monuments d'Athènes, c'est la belle couleur de ces monuments. Dans nos climats, sous une atmosphère chargée de fumée et de pluie, la pierre du blanc le plus pur devient bientôt noire ou verdâtre. Le ciel clair et le soleil brillant de la Grèce répandent seulement sur le marbre de Paros et du Pentélique une teinte dorée semblable à celle des épis murs ou des feuilles en automne.

« La justesse, l'harmonie et la simplicité des propor-

(1) *Itinéraire*, œuvres, tome III, page 132.

tions attirent ensuite votre admiration... J'ai vu du haut de l'Acropolis le soleil se lever entre les deux cimes du mont Hymette; les corneilles qui nichent autour de la citadelle, mais qui ne franchissent jamais son sommet, planaient au-dessus de nous ; leurs ailes noires étaient glacées de rose par les premiers reflets du jour ; des colonnes de fumée bleue et légère montaient dans l'ombre, le long des flancs de l'Hymette, et annonçaient les parcs ou les chalets des abeilles ; Athènes, l'Acropolis et les débris du Parthénon se coloraient des plus belles teintes de la fleur du pêcher ; les sculptures de Phidias, frappées horizontalement d'un rayon d'or, s'animaient et semblaient se mouvoir sur le marbre par la mobilité des ombres du relief; au loin, la mer et le Pirée étaient tout blancs de lumière et la citadelle de Corinthe, renvoyant l'éclat du jour nouveau, brillait sur l'horizon du couchant, comme un rocher de pourpre et de feu.

« Du lieu où nous étions placés, nous aurions pu voir, dans les beaux jours d'Athènes, les flottes sortir du Pirée pour combattre l'ennemi ou pour se rendre aux fêtes de Délos ; nous aurions pu entendre éclater au théâtre de Bacchus les douleurs d'Œdipe, de Philoctète, et d'Hécube ; nous aurions pu ouïr les applaudissements des citoyens aux discours de Démosthènes. » (1)

En sortant d'Athènes M. de Chateaubriand se laissa bercer par le plus aimable songe qui se puisse imaginer. Ecoutez plutôt :

« Je me figurais qu'on m'avait donné l'Attique en sou-

(1) *Itinéraire*, œuvres, tome III, page 144.

veraineté. Je faisais publier dans toute l'Europe, que quiconque était fatigué des révolutions et désirait trouver la paix, vint se consoler sur les ruines d'Athènes, où je promettais repos et sûreté; j'ouvrais des chemins, je bâtissais des auberges, je préparais toutes sortes de commodités pour les voyageurs ; j'achetais un port sur le golfe de Lépante, afin de rendre la traversée d'Otrante à Athènes plus courte et plus facile. On sent bien que je ne négligeais pas les monuments : les chefs-d'œuvre de la citadelle étaient relevés sur leurs plans d'après leurs ruines ; la ville, entourée de bons murs, était à l'abri du pillage des Turcs.

« Je fondais une Université, où les enfants de toute l'Europe venaient apprendre le grec littéral et le grec vulgaire. J'invitais les Hydriottes à s'établir au Pirée, et j'avais une marine. Les montagnes nues se couvraient de pins pour redonner des eaux à mes fleuves; j'encourageais l'agriculture ; une foule de Suisses et d'Allemands se mêlaient à mes Albanais ; chaque jour on faisait de nouvelles découvertes, et Athènes sortait du tombeau. En arrivant à Kératia, je sortis de mon songe, et je me retrouvai Gros-Jean comme devant. »

Une fièvre prise au marais de Lerne, et qui devint plus sérieuse à Mégare où mourut Virgile, l'obligea de s'arrêter au pied du Laurium. Il se mit, par une forte dose de quinquina, en état de continuer sa route, et nous le trouvons bientôt, au cap Sunium, enveloppé dans son manteau et assis contre une colonne, méditant, à la lueur des étoiles, sur les destinées de la Grèce.

Ce fut avec regret qu'il s'éloigna de ce pays des merveilles et des songes.

Il traversa, en quelques jours, les îles de l'Archipel qui étaient, dans l'antiquité, une espèce de pont jeté sur la mer pour joindre la Grèce d'Asie à la véritable Grèce, et, le 2 septembre, il abordait à Smyrne.

Son séjour dans cette ville le força à une nouvelle métamorphose ; il fut obligé de recevoir et de rendre des visites. « Les négociants, dit-il, qui me firent l'honneur de me venir voir étaient riches ; et quand j'allai les saluer à mon tour, je trouvai chez eux des femmes élégantes qui semblaient avoir reçu le matin leurs modes de chez Leroi. Placé entre les ruines d'Athènes et les débris de Jérusalem, cet autre Paris, où j'étais arrivé sur un bateau grec, et d'où j'allais sortir avec une caravane turque, coupait d'une manière piquante les scènes de mon voyage, c'était une espèce d'oasis civilisée, une Palmyre au milieu des déserts et de la barbarie. J'avoue néanmoins que, naturellement un peu sauvage, ce n'était pas ce qu'on appelle la société que j'étais venu chercher en Orient : il me tardait de voir des chameaux, et d'entendre le cri du cornac. » (1)

Dès le 5 septembre, il eut cette satisfaction :

« Il était minuit quand nous arrivâmes au kan de Méhémen. J'aperçus de loin une multitude de lumières éparses : c'était le repos d'une caravane. En approchant, je distinguai les chameaux, les uns couchés, les autres debout, ceux-ci chargés de leurs fardeaux, ceux-là débarrassés de leurs bagages. Des chevaux et des ânes mangeaient l'orge dans des seaux de cuir, quelques cavaliers se tenaient encore à cheval, et les femmes

---

(1) *Itinéraire de Paris à Jérusalem*, œuvres, tome III, page 175.

voilées n'étaient point descendues de leurs dromadaires.

« Assis les jambes croisées sur des tapis, des marchands turcs étaient groupés autour des feux qui servaient aux esclaves à préparer le pilau ; d'autres voyageurs fumaient leurs pipes à la porte du kan, mâchaient de l'opium, écoutaient des histoires. On brûlait le café dans les poêlons ; des vivandières allaient de feux en feux, proposant des gâteaux de blé grué, des fruits et de la volaille ; des chanteurs amusaient la foule ; des imans faisaient des ablutions, se prosternaient ; se relevaient, invoquaient le prophète ; des chameliers dormaient étendus sur la terre. Le sol était jonché de ballots, de sacs de coton, de couffes de ris. Tous ces objets, tantôt distincts et vivement éclairés, tantôt confus et plongés dans une demi-ombre, selon la couleur et le mouvement des feux, offraient une véritable scène des *Mille et une Nuits*. Il n'y manquait que le calife Aroun-al-Raschild, le visir Giaffar, et Mesrour, chef des eunuques. » (1)

M. de Chateaubriand avait, pour se rendre de Smyrne à Constantinople, pris la voie de terre de préférence à la voie de mer, afin de pouvoir visiter les plaines de Troie. On lui avait bien représenté que les défilés du Gargare, par où il devait passer, étaient infestés de brigands et occupés par des agas plus dangereux encore que les brigands, ces dangers, loin de le faire reculer, n'avaient fait que l'affermir dans sa résolution.

Un guide avait consenti à l'accompagner et à fournir les chevaux nécessaires, moyennant une somme assez

---

(1) *Itinéraire,* œuvres, tome III, page 176.

considérable. Le consul de Smyrne lui avait procuré un interprète.

Il s'avançait, contemplant les cotonniers verts, le chaume jaunissant les blés, l'écorce variée des pastèques qui diapraient agréablement la campagne, et il repassait dans sa mémoire les grandes scènes de l'Iliade : son imagination aidant, déjà il entendait le sifflement des roues d'airain, les chocs des boucliers des héros célébrés par Homère, quand il s'aperçut que son guide l'avait égaré. Une scène violente s'ensuivit et une explication eut lieu devant le commandant de Kirkagah. Le descendant des croisés soutint noblement l'honneur du nom français :

« Je me rendis, raconte-t-il, au tribunal de son Excellence ; j'étais précédé du drogman et du janissaire. L'aga était à demi couché dans l'angle d'un sopha, au fond d'une grande salle assez belle dont le plancher était couvert de tapis. C'était un jeune homme d'une famille de visirs. Il avait des armes suspendues au-dessus de sa tête ; un de ses officiers était assis près de lui : il fumait d'une air dédaigneux une grande pipe persane et poussait de temps en temps des éclats de rire immodérés en nous regardant. Le guide, le janissaire et le drogman ôtèrent leurs sandales à la porte, selon la coutume; ils allèrent baiser le bas de la robe de l'aga et revinrent ensuite s'asseoir à la porte.

« La chose ne se passa pas si tranquillement à mon égard : j'étais complètement armé, botté, éperonné ; j'avais un fouet à la main. Les esclaves voulurent m'obliger à quitter mes bottes, mon fouet et mes armes. Je leur fis dire par le drogman qu'un français suivait partout l'usage de son pays. Je m'avançai brusquement dans la chambre. Un spahi me saisit par le bras gauche, et me tira de force en arrière. Je lui sanglai à travers le visage un coup de fouet qui l'obligea de lâcher prise. Il mit la main sur les pistolets qu'il portait à la ceinture : sans prendre garde à sa menace, j'allai m'asseoir à côté de l'aga dont l'étonnement était risible. Je lui parlai français ; je me plaignis de l'insolence de ses gens ; je lui dis que ce n'était que par respect pour lui que je n'avais point tué son janissaire, qu'il devait savoir que les Français étaient les premiers et les alliés du Grand Seigneur, que la gloire de leurs armes était assez répandue dans l'Orient, pour qu'on apprît à respecter leurs chapeaux, de même qu'ils honoraient les turbans sans les craindre ; que j'avais bu le café des pachas qui m'avaient traité comme leur fils, que je n'étais pas venu à Kirkagah pour qu'un esclave m'apprît à vivre et fût assez téméraire pour toucher la basque de mon habit.

« L'aga ébahi m'écoutait comme s'il m'eût entendu : le drogman lui traduisit mon discours.

« Il répondit qu'il n'avait jamais vu de Français ; qu'il m'avait pris pour un Franc, et que très certainement il allait me rendre justice : il me fit apporter le café.

« Rien n'était curieux à observer comme l'air stupéfait et la figure allongée des esclaves qui me voyaient assis avec mes bottes poudreuses sur le divan, auprès de leur maître. La tranquillité étant rétablie, on expliqua mon affaire. Après avoir entendu les deux parties, l'aga rendit un arrêt auquel je ne m'attendais point du tout. Il condamna le guide à me rendre la moitié de son argent ; mais il déclara que les chevaux étant fatigués, cinq hommes seuls ne pouvaient se hasarder dans le passage des montagnes ; qu'en conséquence je devais, selon lui, prendre tranquillement la route de Constantinople.

« Il y avait là dedans un certain bon sens turc assez remarquable, surtout lorsqu'on considérait la jeunesse et le peu d'expérience du juge. Je fis dire à son Excellence que son arrêt, d'ailleurs très juste, péchait par deux raisons : premièrement, parce que cinq hommes bien armés passaient partout ; secondement, parce que le guide aurait dû faire ses réflexions à Smyrne, et ne pas prendre un engagement qu'il n'avait pas le courage de remplir.

« L'aga convint que ma dernière remarque était raisonnable, mais que, les chevaux étant fatigués pour faire une aussi longue route, la *fatalité* m'obligeait de prendre un autre chemin.

« Il eut été inutile de résister à la *fatalité* : tout était secrètement contre moi, le juge, le drogman et mon janissaire. Le guide voulut faire des difficultés pour l'argent ; mais on lui déclara que cent coups de baton l'attendaient à la porte, s'il ne restituait pas une partie de la somme qu'il avait reçue. Il la tira avec une grande douleur du fond d'un petit sac de cuir, et s'approcha pour me la remettre ; je la pris et la lui rendis en lui reprochant son manque de bonne foi et de loyauté. L'intérêt est le grand vice des Musulmans, et la libéralité est la vertu qu'ils estiment davantage. Mon action leur parut sublime : on n'entendait qu'*Allah ! Allah !* Je fus reconduit par tous les esclaves et même par le spahi que j'avais frappé ; ils s'attendaient à ce qu'ils appellent le régal.

« Je donnai deux pièces d'or au musulman battu ;

quant au reste de la troupe, on lui déclara de ma part
qu'un Français ne faisait ni recevait de présents.

« Voilà les soins que me coûtaient Ilion et la gloire
d'Homère. » (1)

Le 10, après 6 heures de marche, les voyageurs arrivèrent pour déjeuner au joli village de Souséverlé.
C'est le Sousonghirli de Spon. A cinq cents pas du village
coule une rivière, et de l'autre côté de cette rivière
s'étend une belle et vaste plaine.

« Quelle est donc, s'écrie ici l'auteur de l'*Itinéraire*,
quelle est donc la magie de la gloire. Un voyageur va
traverser un fleuve qui n'a rien de remarquable :
on lui dit que ce fleuve se nomme Sousonghirli ; il
passe et continue sa route ; mais si quelqu'un lui crie:
C'est le Granique ! il recule, ouvre des yeux étonnés,
demeure les regards attachés sur le cours de l'eau,
comme si cette eau avait un pouvoir magique, ou comme si quelque voix extraordinaire se faisait entendre
sur la rive. Et c'est un seul homme qui immortalise
ainsi un petit fleuve dans un désert ! Ici tombe un
empire immense ; ici s'élève un empire encore
plus grand ; l'Océan indien entend la chute du
trône qui s'écroule près des mers de la Propontide ;
le Gange voit accourir le Léopard aux quatre ailes,
qui triomphe au bord du Granique ; Babylone que le
roi bâtit dans l'éclat de sa puissance, ouvre ses portes
pour recevoir un nouveau maître ; Tyr, reine des
vaisseaux, s'abaisse, et sa rivale sort des sables
d'Alexandrie.

« Alexandre commit des crimes : sa tête n'avait pu

(1) *Itinéraire*, œuvres, tome III, page 181.

résister à l'enivrement de ses succès ; mais par quelle magnanimité ne racheta-t-il pas les erreurs de sa vie ! ses crimes furent toujours expiés par ses pleurs : tout, chez Alexandre, sortait des entrailles. Il finit et commença sa carrière par deux mots sublimes. Partant pour combattre Darius, il distribue ses états à ses capitaines : « Que vous réservez-vous donc ? » s'écrient ceux-ci étonnés. « L'espérance ! » — « A qui laissez-vous l'empire ? » lui disent les mêmes capitaines, comme il expirait. — « Au plus digne. » Plaçons entre ces deux mots la conquête du monde achevée avec trente cinq mille hommes en moins de dix ans, et convenons que si quelque homme a ressemblé à un dieu parmi les hommes, c'était Alexandre. Sa mort prématurée ajoute même quelque chose de divin à sa mémoire, car nous le voyons toujours jeune, beau, triomphant, sans aucune de ces infirmités de corps, sans aucun de ces revers de fortune, que l'âge et le temps amènent. Cette divinité s'évanouit et les mortels ne peuvent plus soutenir le poids de son ouvrage. « Son empire, dit le prophète, est donné aux quatre vents du ciel. » (1)

A Mikalitza, M. de Chateaubriand congédia son fripon de guide et, s'embarquant sur la rivière à laquelle cette ville donne son nom et qui est probablement le Rhyndaque, autrefois le Lycus, il descendit vers la mer de Marmara au bout de laquelle apparurent à ses yeux trois villes que nous connaissons sous le nom collectif de Constantinople.

Quand la barque rasa la pointe d'Europe, Cons-

---

1) *Itinéraire*, œuvres, tome III, page 183.

ntinople et surtout la côte d'Asie étaient noyés ns le brouillard. Les cyprès et les minarets qu'on ercevait à travers cette vapeur, présentaient l'asct d'une forêt dépouillée. Comme l'on approchait la pointe du sérail, le vent du Nord se leva, et laya en moins de quelques minutes la brume répane sur le tableau : « Je me trouvai tout à coup, lit- dans l'*Itinéraire*, au milieu du palais du commanur des croyants : ce fut le coup de baguette d'un nie. Devant moi le canal de la mer Noire serpenit entre des collines riantes, ainsi qu'un fleuve surbe : j'avais à droite la terre d'Asie et la ville de utari ; la terre d'Europe était à ma gauche ; elle forait, en se creusant, une large baie pleine de grands avires à l'ancre, et traversée par d'innombrables pes bateaux. Cette baie, renfermée entre deux coteaux, ésentait en regard et en amphithéâtre Constantinople Galata. L'immensité de ces trois villes étagées, alata, Constantinople et Scutari ; les cyprès, les inarets, les mâts des vaisseaux qui s'élevaient et se onfondaient de toutes parts ; la verdure des arbres, couleur des maisons blanches et rouges ; la mer qui tendait sous ces objets sa nappe bleue et le ciel qui éroulait un autre champ d'azur : voilà ce que j'adirais. On exagère point quand on dit que Constantiople offre le plus beau point de vue de l'univers. » (1)

En débarquant à Galata, le voyageur remarua le mouvement des quais, et la foule des porurs, des marchands et des mariniers ; ceux-ci nnonçaient par la couleur diverse de leurs visages,

(1) *Itinéraire*, œuvres, tome III, page 186.

par la différence de leur langage, de leurs habits, de leurs robes, de leurs chapeaux, de leurs bonnets, de leurs turbans, qu'ils étaient venus de toutes les parties de l'Europe et de l'Asie habiter cette frontière des deux mondes. Lorsqu'il s'avança dans la ville, il fut frappé de son aspect étrange, et il trouve pour le peindre d'admirables couleurs :

« L'absence presque totale des femmes, dit-il, le manque des voitures à roues, et les meutes de chiens sans maîtres furent les trois caractères distinctifs qui me frappèrent d'abord dans l'intérieur de cette ville extraordinaire. Comme on ne marche guère qu'en babouches, qu'on n'entend point de bruit de carosses et de charrettes, qu'il n'y a point de cloches, ni presque point de métier à marteau, le silence est continuel. Vous voyez autour de vous une foule muette qui semble vouloir passer sans être aperçue et qui a toujours l'air de se dérober aux regards du maître. Vous arrivez sans cesse d'un bazar à un cimetière, comme si les Turcs n'étaient là que pour acheter, vendre et mourir. Les cimetières sans murs, et placés au milieu des rues, sont des bois magnifiques de cyprès : les colombes font leur nid dans ces cyprès et partagent la paix des morts. On découvre çà et là quelques monuments antiques qui n'ont de rapport ni avec les hommes modernes, ni avec les monuments nouveaux dont ils sont environnés ; on dirait qu'ils ont été transportés dans cette ville orientale par l'effet d'un talisman. Aucun signe de joie, aucune apparence de bonheur ne se montre à vos yeux ; ce qu'on voit n'est pas un peuple, mais un troupeau qu'un iman conduit et qu'un janissaire égorge. Il n'y a d'autre plaisir que la débauche, d'autre peine que la mort. Les tristes sons d'une mandoline sortent quelquefois d'un café, et vous apercevez d'infâmes enfants qui exécutent des danses honteuses devant des espèces de singes assis en rond sur de petites tables. Au milieu des prisons et des bagnes s'élève un sérail, capitole de la servitude : c'est là qu'un gardien sacré conserve soigneusement les germes de la peste et les lois primitives de la tyrannie. De pâles adorateurs rôdent sans cesse autour du temple, et viennent apporter leur tête à l'idole. Rien ne peut les soustraire au sacrifice ; ils sont entrainés par un pouvoir fatal : les yeux du despote attirent les esclaves, comme les regards du serpent fascinent les oiseaux dont il fait sa proie. » (1)

(1) *Itinéraire*, œuvres, tome III, page 186.

CHAPITRE XV.

Séjour de M. de Chateaubriand à Constantinople. — Il s'embarque sur un bâtiment qui portait des pèlerins grecs en Syrie. — Rhodes. — En vue du *Carmel*. — Débarquement à Jaffa. — De Jaffa à Saint-Jérémie — En avant, marche ! — De Saint-Jérémie à Jérusalem. — *Aspect de cette ville.* — Les *Religieux au Saint-Sépulcre*. — Le *peuple Juif*. — Excursion à la *mer Morte*. — Retour à Jérusalem. — Une lacune dans l'*Itinéraire*. — M. de Chateaubriand est armé chevalier de l'ordre du Saint-Sépulcre. — Départ pour Jaffa. — Il s'embarque pour Alexandrie. — En Egypte. — D'Alexandrie à Tunis. — M. de Chateaubriand aux ruines de Carthage. — Retour en France.

1806 — 1807.

Monsieur de Chateaubriand fut accueilli à Constantinople par l'ambassadeur français Sébastiani. C'était un jeune et brillant officier, d'un caractère résolu, d'un esprit élevé et qui aimait les lettres avec passion. Chaque jour il invita le voyageur à sa table, le combla de politesses, mais, malgré l'amabilité de son hôte, il tardait à l'auteur du *Génie* de sortir de la capitale de la Turquie.

Les sentiments qu'il éprouvait malgré lui dans cette ville gâtaient sa beauté. «Quand on songe, dit-il, que ces campagnes n'ont été habitées autrefois que par des Grecs du Bas-Empire, et qu'elles sont occupées aujourd'hui par des Turcs, on est choqué du contraste entre ces peuples et ces lieux ; il semble que des esclaves aussi vils et des tyrans aussi cruels n'auraient jamais dû déshonorer un séjour aussi magnifique. »

Il s'embarqua, le 18 septembre, et, le jour même, le vaisseau leva l'ancre, la voile se déploya au vent du Nord, et l'on vogua vers Jérusalem, sous la bannière de la croix, qui flottait au mât du vaisseau.

« Nous étions sur le vaisseau, dit l'auteur de l'*Itinéraire*, à peu près deux cents passagers, hommes, femmes, enfants et vieillards. On voyait autant de nattes rangées en ordre des deux côtés de l'entre-pont. Dans cette espèce de république, chacun faisait son ménage à volonté ; les femmes soignaient leurs enfants, les hommes fumaient ou préparaient leur dîner, les papas causaient ensemble. On entendait de tous côtés le son des mandolines, des violons et des lyres. On chantait, on dansait, on riait, on priait. Tout le monde était dans la joie. On me disait : « Jérusalem !» et je répondais : « Jérusalem ! » Et enfin sans la peur nous eussions été les plus heureuses gens du monde ; mais au moindre vent, les matelots pliaient les voiles, les pèlerins criaient : *Christos, kyrie eleison !* l'orage passé, nous reprenions notre audace. » (1)

Le vaisseau toucha Rhodes, petite France au milieu de la Grèce, où le descendant des chevaliers admira les monuments de la Commanderie et les maisons go-

(1) *Itinéraire*, œuvres, tome III, page 189.

thiques toutes parsemées de devises gauloises et des armoiries de nos familles historiques.

S'étant remis en mer, les passagers furent arrêtés par un calme plat sous le continent d'Asie presque en face de l'ancien cap Chelidonia. Pendant deux jours, ils furent sans savoir où ils étaient.

Le temps était si beau et l'air si doux, que tous demeuraient pendant la nuit sur le pont. « J'avais, dit M. de Chateaubriand, disputé un point du gaillard d'arrière à deux gros caloyers qui ne me l'avaient cédé qu'en grommelant. C'était là que je dormais le 30 de septembre, à six heures du matin, lorsque je fus éveillé par un bruit confus de voix : j'ouvris les yeux et j'aperçus les pèlerins qui regardaient vers la proue du vaisseau. Je demandai ce que c'était ; on me cria : *Signor, il Carmelo* ! Le Carmel ! Le vent s'était levé la veille à huit heures du soir, et dans la nuit, nous étions arrivés à la vue des côtes de Syrie. Comme j'étais couché tout habillé, je fus bientôt debout, m'enquérant de la montagne sacrée. Chacun s'empressait de la montrer de la main, mais je n'apercevais rien, à cause du soleil qui commençait à se lever en face de nous.

« Ce moment avait quelque chose de religieux et d'auguste, tous les pèlerins, le chapelet à la main, étaient restés en silence dans la même attitude, attendant l'apparition de la Terre-Sainte ; le chef des papas priait à haute voix : on n'entendait que cette prière et le bruit de la course du vaisseau que le vent le plus favorable poussait sur une mer brillante. De temps en temps un cri s'élevait sur la proue quand on revoyait le Carmel. J'aperçus enfin, moi-même, cette montagne comme une tache ronde au-dessous des rayons du soleil. Je me mis alors à genoux à la manière des latins. Je ne sentis point cette espèce de trouble que j'éprouvais en découvrant les côtes de la Grèce : mais la vue du berceau des Israëlites et de la patrie des chrétiens me remplit de joie et de respect. J'allais descendre sur la terre des prodiges, aux sources de la plus étonnante poësie, aux lieux où, même humainement parlant, s'est passé le plus grand événement qui ait jamais changé la face du monde. » (1)

On prit terre à Jaffa. Trois religieux, venus à la rencontre de l'auteur du *Génie*, l'emmenèrent à leur hospice, où ils lui donnèrent une hospitalité tout à la fois simple et cordiale.

Dès le 3 octobre, il se dirigea vers Jérusalem. Sur l'avis des pères, il avait, afin de ne point tenter la cupidité des Arabes, organisé sa petite caravane, d'une façon on ne peut plus modeste. Ses domestiques étaient armés sous leurs sayons de poils de chèvre ; lui-même avait mis par-dessous son habit une robe semblable à la leur. Tous étaient montés sur de petits chevaux ; des bâts leur servait de selle ; ils avaient les pieds passés dans des cordes en guise d'étriers. Le président de l'hospice marchait à leur tête, comme un simple père. Un arabe presque nu leur montrait le chemin, et un autre arabe les suivait, chassant devant lui un âne chargé de ses bagages

Les pèlerins s'avancèrent dans la plaine de Saron, dont l'Ecriture loue la beauté, et ils descendirent à Rama, l'ancienne Arimathie, patrie de l'homme juste

(1) *Itinéraire*, œuvres. tome III, page 203.

qui eut la gloire d'ensevelir le Sauveur. Là ils trouvèrent un drogman du couvent de Jérusalem, que le gardien du couvent avait envoyé à leur rencontre. Un chef arabe Abou-Gosh, averti par les pères, et qui devait servir d'escorte aux voyageurs, rôdait dans la campagne à quelque distance, car l'aga ne permettait pas aux Bédouins d'entrer dans la ville. La petite troupe, augmentée du chef arabe et diminuée du père président, continua sa course vers la vallée de Jérémie.

Soudain un cri retentit : « En avant, marche ! » M. de Chateaubriand tourna vivement la tête. Il aperçut une troupe de petits arabes qui faisaient l'exercice avec des bâtons de palmiers : « Je ne sais, dit-il, quel vieux souvenir de ma première vie me tourmente ; et, quand on me parle d'un soldat français, le cœur me bat : mais voir de petits Bédouins dans les montagnes de la Judée imiter nos exercices militaires et garder le souvenir de notre valeur ; les entendre prononcer ces mots qui sont, pour ainsi dire, les mots d'ordre de nos armées, et les seuls que sachent nos grenadiers, il y aurait eu de quoi toucher un homme moins amoureux que moi de la gloire de sa patrie. Je ne fus pas si effrayé que Robinson quand il entendit parler son perroquet, mais je ne fus pas moins charmé que ce fameux voyageur. » Je donnai quelques médins au petit bataillon, en lui disant : « En avant, marche ! » Et afin de ne rien oublier ; je lui dis : « Dieu le veut ! Dieu le veut ! » comme les compagnons de Godefroy et de saint Louis. »

De la vallée de Jérémie, les pèlerins descendirent dans celle de Térébinthe. Ils arrivèrent au torrent où David enfant pris les cinq pierres dont il frappa le géant Goliath. Ils passèrent ce torrent sur un pont de pierres, le seul qu'on rencontre dans ces contrées, et ils continuèrent à s'enfoncer dans un désert, où des figuiers sauvages clair-semés étalaient au vent du midi leurs feuilles noircies.

« La terre, qui jusqu'alors avait conservé quelque verdure, se dépouilla, les flancs des montagnes s'élargirent, et prirent à la fois un air plus grand et plus stérile. Bientôt toute végétation cessa ; les mousses même disparurent. L'amphithéâtre des montagnes se teignit d'une couleur rouge et ardente. Nous gravîmes pendant une heure ces régions attristées pour atteindre un col élevé que nous voyions devant nous. Parvenus à ce passage nous cheminâmes pendant une autre heure sur un plateau nu, semé de pierres roulantes. Tout à coup à l'extrémité de ce plateau, j'aperçus une ligne de murs gothiques flanqués de tours carrées, et derrière lesquels s'élevaient quelques pointes d'édifices. Au pied de ces murs paraissait un camp de cavalerie turque dans toute la pompe orientale. Le guide s'écria : *El-cods !* La sainte (Jérusalem) ! et il s'enfuit au grand galop, » afin de se soustraire à la bastonnade des soldats du pacha de Damas dont on apercevait le camp.

« Je conçois maintenant, continue-t-il, ce que les historiens et les voyageurs rapportent de la surprise des croisés à la première vue de Jérusalem. Je puis assurer que quiconque a eu, comme moi, la patience de lire à peu près deux cents relations modernes de la Terre-Sainte, les compilations rabbiniques et les passages des anciens sur la Judée, ne connaît rien du tout encore. Je restai les yeux fixés sur Jérusalem, mesurant la hauteur de ses murs, recevant à la fois tous les souvenirs de l'histoire depuis Abraham jusqu'à Godefroy de Bouillon, pensant au monde entier changé par la mission du Fils de l'homme, et cherchant vainement ce temple dont il ne reste pas pierre sur pierre. Quand je vivrais mille ans, jamais je n'oublierais ce désert qui semble respirer encore la grandeur de Jéhovah, et les épouvantements de la mort. »

« Les maisons de Jérusalem, dit-il ailleurs, sont de lourdes masses carrées, fort basses, sans cheminées et sans fenêtres. La ville toute entière serait à l'œil d'un niveau égal, si les clochers des églises, les minarets des mosquées, les cimes de quelques cyprès et les buissons de nopals ne rompaient l'uniformité du plan. A la vue de ces maisons de pierres, renfermés dans un paysage de pierres, on se demande si ce ne sont pas là les monuments confus d'un cimetière au milieu d'un désert.

« Entrez dans la ville, rien ne vous consolera de la tristesse extérieure : vous vous égarez dans de petites rues non pavées, qui montent et descendent sur un sol inégal, et vous marchez dans des flots de poussière ou parmi des cailloux roulants. Des toiles jetées d'une maison à l'autre augmentent l'obscurité de ce labyrinthe : des bazars voûtés et infects achèvent d'ôter la lumière à la ville désolée ; quelques chétives boutiques n'étalent aux yeux que la misère ; et souvent ces boutiques mêmes sont fermées dans la crainte du passage d'un cadi. Personne dans les rues ; personne aux portes de la ville ; quelquefois seulement un paysan se glisse dans l'ombre, cachant sous ses habits les fruits de son labeur, dans la crainte d'être dépouillé par le soldat ; dans un coin à l'écart, le boucher arabe écorche quelque bête suspendue par les pieds à un mur en ruine : à l'air hagard et féroce de cet homme, à ses bras ensanglantés, vous croiriez qu'il vient plutôt de tuer son semblable que d'immoler un agneau. Pour tout bruit, dans la cité déicide, on entend par intervalles le galop de la cavale du désert : c'est le janissaire qui apporte la tête du Bédouin, ou qui va piller le fellah.

« Au milieu de cette désolation extraordinaire, il faut s'arrêter un moment pour contempler des choses plus extraordinaires encore. Parmi les ruines de Jérusalem, deux espèces de peuples indépendants trouvent dans leur foi de quoi surmonter tant d'horreurs et de misères. Là vivent des religieux chrétiens que rien ne peut forcer à abandonner le tombeau de Jésus-Christ, ni spoliations, ni mauvais traitements, ni menaces de la mort. Leurs cantiques retentissent nuit et jour autour du Saint-Sépulcre. Dépouillé le matin par un gouverneur turc, le soir les retrouve au pied du Calvaire, priant au lieu où Jésus-Christ souffrit pour le salut des hommes. Leur front est serein, leur bouche est riante. Ils reçoivent l'étranger avec joie. Sans force et sans soldats, ils protègent des villages entiers contre l'iniquité. Pressés par le bâton et par le sabre, les femmes, les enfants, les troupeaux se réfugient dans les cloîtres de ces solitaires. Qui empêche le méchant armé de poursuivre sa proie, et de renverser d'aussi faibles remparts ? la charité des moines ; ils se privent des dernières ressources de la vie pour racheter leurs suppliants. Turcs, Arabes, Grecs, Chrétiens, Schismatiques, tous se jettent sous la protection de quelques pauvres religieux, qui ne peuvent se défendre eux-mêmes. C'est ici qu'il faut reconnaître avec Bossuet, « que des mains levées vers le ciel enfoncent plus de « bataillons que des mains armées de javelots. »

« Tandis que la nouvelle Jérusalem sort ainsi du désert, brillante de clarté, jetez les yeux entre la montagne de Sion et le temple ; voyez cet autre petit peuple qui vit séparé du reste des habitants de la cité, objet particulier de tous les mépris, et baisse la tête sans se plaindre ; il souffre toutes les avanies sans demander justice, il se laisse accabler de coups sans soupirer ; on lui demande sa tête, il la présente au cimeterre. Si quelque membre de cette société proscrite vient à mourir, son compagnon ira, pendant la nuit, l'enterrer furtivement dans la vallée de Josaphat, à l'ombre du temple de Salomon. Pénétrez dans la demeure de ce peuple, vous le trouverez dans une affreuse misère, faisant lire un livre mystérieux à des enfants qui, à leur tour, le feront lire à leurs enfants ; ce qu'il faisait il y a cinq mille ans, ce peuple le fait encore.

« Il a assisté dix-sept fois à la ruine de Jérusalem, et rien ne peut l'empêcher de tourner ses regards vers Sion. Quand on voit les juifs dispersés sur la terre, selon la parole de Dieu, on est surpris, sans doute ; mais, pour être frappé d'un étonnement surnaturel, il faut les retrouver à Jérusalem ; il faut voir ces légitimes maîtres de la Judée esclaves et étrangers dans leur propre pays : il faut les voir attendant, sous toutes les oppressions, un roi qui doit les délivrer. Ecrasés par la croix qui les condamne, et qui est plantée sur leurs têtes, cachés près du temple, dont il ne reste pas pierre sur pierre, ils demeurent dans leur déplorable aveuglement. Les Perses, les Grecs, les Romains ont disparu de la terre ; et un petit peuple, dont l'origine précéda celle de ces grands peuples, existe encore sans mélange dans les décombres de sa patrie. Si quelque chose, parmi les nations, porte le caractère du miracle, nous pensons que ce caractère est ici. Et qu'y a-t-il de plus merveilleux, même aux yeux du philosophe, que cette rencontre de l'antique et de la nouvelle Jérusalem au pied du Calvaire. La première s'affligeant à l'aspect du sépulcre de Jésus-Christ ressuscité ; la seconde se consolant auprès du seul tombeau qui n'aura rien à rendre à la fin des siècles ? » (1)

M. de Chateaubriand ne séjourna cette fois que quelques heures à Jérusalem.

Remis en route avant d'avoir pris un repos nécessaire, Bethléem que bâtit Abraham, qui fut la patrie de David et de Booz, Bethléem, où naquit le Messie, lui apparut encadrée dans des rochers brûlés. Il s'agenouilla à la place où la Vierge enfanta le Rédempteur des hommes, à celle où Marie était assise lorsqu'elle présenta l'enfant des douleurs aux adorations des Mages, à celle où les Innocents reçurent la sépulture ; puis, escorté par six Bethléémites à pied et armés de poignards et de longs fusils à mèche, il se dirigea vers le couvent de Saint-Saba, dont il dépeint, avec une vérité saisissante, le site sauvage.

En quittant le couvent, les voyageurs remontèrent le torrent de Cédron, traversèrent la ravine, et

---

(1) *Itinéraire,* œuvres, tome IV, pages 15, 16 et 17.

reprirent leur route vers le levant. Ils découvrirent Jérusalem par une ouverture des montagnes. «L'approche subite de cette cité, au milieu d'une solitude désolée avait quelque chose d'effrayant ; c'était véritablement la reine des déserts. »

Cependant l'aspect des montagnes était toujours le même, c'est-à-dire, blanc, poudreux, sans ombre, sans arbre, sans herbe et sans mousse. Ils parvinrent enfin au dernier rang des monts qui bordent à l'occident la vallée du Jourdain et les eaux de la mer Morte. Le soleil était près de se coucher : ils mirent pied à terre pour laisser reposer les chevaux. M. de Chateaubriand contempla à loisir le lac, la vallée et le fleuve :

« Quand on parle d'une vallée, on se représente une vallée cultivée ou inculte ; cultivée, elle est couverte de moissons, de vignes, de villages, de troupeaux ; inculte, elle offre des herbages ou des forêts ; si elle est arrosée par un fleuve, ce fleuve a des replis ; les collines qui forment cette vallée ont elles-mêmes des sinuosités dont les perspectives attirent agréablement les regards. »

Ici, rien de tout cela ; qu'on se figure deux longues chaînes de montagnes, courant parallèlement du septentrion au midi sans détours, sans sinuosités.

« La vallée comprise entre ces deux chaînes de montagnes offre un sol semblable au fond d'une mer depuis longtemps retirée ; des plages de sel, une vase desséchée, des sables mouvants et comme sillonnés par les flots Çà et là des arbustes chétifs croissent péniblement sur cette terre privée de vie ; leurs feuilles sont couvertes du sel qui les a nourris, et leur écorce a le goût et l'odeur de la fumée. Au lieu de villages, on aperçoit les ruines de quelques tours. Au milieu de la vallée passe un fleuve décoloré ; il se traîne à regret vers le lac empesté qui l'engloutit. On ne distingue son cours au milieu de l'arène que par les saules et les roseaux qui le bordent : l'Arabe se cache dans ces roseaux pour attaquer le voyageur et dépouiller le pèlerin.

« Tels sont ces lieux fameux par les bénédictions et les malédictions du ciel : ce fleuve est le Jourdain ; ce lac est la mer Morte ; elle paraît brillante, mais les villes coupables qu'elle cache dans son sein semblent avoir empoisonné ses flots. Ses abîmes solitaires ne peuvent nourrir aucun être vivant ; jamais vaisseau n'a pressé ses ondes ; ses grèves sont sans oiseaux, sans arbres, sans verdure ; et son eau, d'une amertume affreuse, est si pesante, que les vents les plus impétueux peuvent à peine la soulever.

« Quand on voyage dans la Judée, remarque ici l'auteur de l'*Itinéraire*, d'abord un grand ennui saisit le cœur : mais lorsque passant de solitude en solitude, l'espace s'étend sans bornes devant vous, peu à peu l'ennui se dissipe, on éprouve une terreur secrète qui loin d'abaisser l'âme, donne du courage et élève le génie. Des aspects extraordinaires décèlent de toutes parts une terre travaillée par des miracles : le soleil brûlant, l'aigle impétueux, le figuier stérile, toute la poésie, tous les tableaux de l'Écriture sont là. Chaque nom renferme un mystère ; chaque grotte déclare l'avenir ; chaque sommet retentit des accents d'un prophète. Dieu même a parlé sur ces bords : les torrents desséchés, les rochers fendus, les tombeaux entr'ouverts attestent le prodige : le désert paraît encore muet de terreur, et l'on dirait qu'il n'a osé rompre le silence depuis qu'il a entendu la voix de l'Eternel. » (1)

Les voyageurs passèrent la nuit au bord de la mer Morte, et le lendemain, se remettant en marche, ils regagnèrent Jérusalem, en passant par Jéricho.

De retour à la Ville-Sainte, M. de Chateaubriand la visita dans tous ses détails. La description qu'il en trace est l'histoire évangélique même, expliquée par les monuments, et l'on peut dire que tout le Nouveau Testament revit dans ces pages. Il ne s'en tient pas là ; il passe en revue l'histoire de Jérusalem, et ici, il est permis d'exprimer un regret. C'est que l'auteur de l'*Itinéraire,* qui, à l'occasion de la plus petite ville de Grèce ou de l'Ionie, fait appel aux merveilleux trésors de son érudition, se montre si sobre, en ce qui concerne Jérusalem, avant la venue du Messie. Il s'étend davantage sur la Jérusalem des Croisades. Poëte et français, il est séduit et retenu comme malgré lui, par les hauts faits des croisés, et la *Jérusalem délivrée* du Tasse semble l'avoir charmé autant et peut-être plus que l'Ancien et le Nouveau Testament.

M. de Chateaubriand, ayant achevé ses pieuses explorations, se disposa au départ.

Il avait, pendant son court séjour dans la Ville-Sainte, rendu quelques services aux religieux chez qui il recevait l'hospitalité. Le gardien du couvent le pria d'accepter, comme témoignage de sa reconnaissance, l'ordre du Saint-Sépulcre, que seul il a le droit de conférer.

---

(1) *Itinéraire,* œuvres, tome III, page 223.

C'est muni de son diplôme de chevalier et de sa patente de pèlerin que, le 12 octobre, il reprit la route de Jaffa et de la France. Le 16, il voguait de nouveau sur les flots. « Il y a dans la vie du marin, fait-il observer à cette occasion, quelque chose d'aventureux qui plaît et qui attache. Ce passage continuel du calme à l'orage, ce changement rapide des terres et des cieux, tiennent éveillée l'imagination du navigateur. Il est lui-même, dans ses destinées, l'image de l'homme ici-bas : toujours se promettant de rester au port, et toujours déployant ses voiles ; cherchant des îles enchantées où il n'arrive jamais, et dans lesquelles il s'ennuie s'il y touche ; ne parlant que de repos, et n'aimant que les tempêtes ; périssant au milieu d'un naufrage, ou mourant vieux nocher sur la rive, inconnu des jeunes navigateurs dont il regrette de ne pouvoir suivre le vaisseau. » (1)

Le soir du 19, quelques palmiers apparurent à l'horizon. Ils annonçaient au voyageur un quatrième continent.

Le séjour de M. de Chateaubriand en Egypte fut de près d'un mois. Il visita Alexandrie, fit une excursion sur le Nil, parcourut Rosette, salua de loin les pyramides, et, le 23 novembre, il s'embarquait sur un bâtiment autrichien en destination de Tunis.

La traversée ne fut qu'une série de tempêtes, dont la dernière, décrite de main de maître, faillit se terminer par un naufrage :

« Je n'oublierais de ma vie la journée du 28. Nous étions en vue de la Santaléré, un calme profond sur-

(1) *Itinéraire de Paris à Jérusalem*, œuvres, tome IV, page 20.

vint tout à coup à midi ; le ciel, éclairé d'un lumière blafarde, était menaçant ; vers le coucher du soleil, une nuit si profonde tomba du ciel, qu'elle justifia à mes yeux la belle expression de Virgile : *Ponto nox incubat atra*. Nous entendîmes ensuite un bruit affreux, un ouragan fondit sur le navire, et le fit pirouetter comme une plume sur un bassin d'eau. Dans un instant la mer fut bouleversée de telle sorte que sa surface n'offrait qu'une nappe d'écume. Le vaisseau qui n'obéissait plus au gouvernail, était comme un point ténébreux au milieu de cette terrible blancheur ; le tourbillon semblait nous soulever et nous arracher des flots ; nous tournions en tout sens, plongeant tour à tour la poupe et la proue dans les vagues. Le retour de la lumière nous montra notre danger. Nous touchions presqu'à l'île de Lampedouse. »

La Providence les sauva et bientôt ils purent jeter l'ancre devant les îles Kerkeni. C'est là que l'auteur de l'*Itinéraire* vit commencer l'année 1807.

Sur la terre d'Afrique, où il aborda bientôt, M. de Chateaubriand parvint à reconnaître la situation du port du Carthage.

Les ruines de cette ville célèbre le virent, ainsi que l'avaient vu tant d'autres ruines, plongé dans de profondes méditations. « Environné, dit-il, des plus grands et des plus touchants souvenirs, Je pensais à Didon, à Sophonisbe, à la noble épouse d'Asdrubal ; Je contemplais les vastes plaines où sont ensevelies les légions d'Annibal, de Scipion et de César ; mes yeux voulaient reconnaitre l'emplacement du palais d'Utique. Hélas ! les débris de Tibère existent encore à Caprée, et l'on cherche en vain à Utique, la place de la maison de Caton ! Enfin les terribles Vandales, les légers Maures, passaient tour à tour devant ma mémoire, qui m'offrait, pour dernier tableau, saint Louis expirant sur les ruines de Carthage. » C'est par ce tableau, en tout digne d'un français et d'un chrétien, que se termine l'*Itinéraire*. Le 3 mars, l'auteur de ce livre se remettait en mer, pour regagner sa patrie.

CHAPITRE XVI.

Une lettre de Mme de Chateaubriand. — M. de Chateaubriand chez M. Joubert. — Retour à Paris. — Il devient propriétaire du *Mercure*, et publie un article foudroyant contre l'empereur. — Suppression du *Mercure*. — M. de Chateaubriand découragé songe à partir aux États-Unis. — Il en est dissuadé par M. de Fontanes. — Il achète la vallée au Loup. — Maladie.

1807-1809

Au commencement du mois de septembre de l'année 1806, M. Joubert reçut la lettre suivante :

« Mardi, 30 août.

« Ecoutez la triste aventure, bien triste en effet,
« puisqu'elle me retient à Paris. Hier à quatre heures,
« le matin, je partais gaiement pour Villeneuve, lors-
« qu'à Charenton je me suis aperçue que l'on avait
« volé ma malle. Je ne pouvais décemment arriver
« chez vous sans chemises. Il a donc fallu revenir à
« Paris, où tout le jour je n'ai fait autre chose que
« courir de chez le commissaire de police à la grande
« police, de la grande police à la petite, et de la petite

« police je ne sais où. Enfin, on voulait ce matin me
« faire courir encore et me faire sortir de ma chère
« paresse ; il faut être pire que les voleurs pour cela :

« *Lorsque tant de biens qui pouvaient nous flatter,*
« *C'est le seul qui nous reste et qu'on veut nous l'ôter.*

« Mais il n'en sera pas ainsi, je ne l'abandonnerai
« que pour reprendre la route de Villeneuve, qui est
« cependant une chienne de route, quoiqu'elle conduise
« en paradis. Julie jette les hauts cris ; elle regrette
« surtout une chanson qui était dans la poche de son
« tablier noir, elle a donné cela comme renseignement
« au commissaire de police. Il faut que je reste ici
« pour rhabiller cette princesse, qui a perdu beau-
« coup plus de choses qu'elle n'en possédait, et pour
« m'acheter des chemises. Ainsi, je ne sais plus quand
« je vous reverrai ; mais j'espère que ce sera à la fin
« de la semaine, si messieurs les voleurs veulent le
« permettre. »

Cette lettre était de Mme de Chateaubriand, qui arriva peu de temps après à Villeneuve. Elle n'y devait passer que quelques mois, mais sa santé l'y retint, et elle y était encore lorsque M. de Chateaubriand revint en France. C'est là qu'il la retrouva, au mois de mai de l'année 1807, après avoir traversé l'Espagne par Cordoue, Grenade et Madrid et cueilli, au pays du *Cid*, une dernière fleur qui s'épanouira plus tard dans une production charmante : *Les Aventures du dernier Abencerrage.*

Le futur auteur des *Martyrs* séjourna quelques semaines en Bourgogne, près de M. Joubert, qu'il enchanta par ses récits et à qui il communiqua l'ébauche du poëme qu'il préparait.

Lorsqu'en juin, il rentra à Paris, la capitale célébrait le vainqueur d'Eylau. L'astre de Bonaparte n'avait cessé de monter, et l'enthousiasme des populations, que les bulletins échauffaient, était à son comble. La gloire des batailles avaient fait de l'empereur une sorte de divinité, vers laquelle montait sans interruption et de toutes parts l'encens des plus basses adulations.

A ce spectacle, le démissionnaire du 20 mars frémit. Sa colère s'exaltant par degré, il en vint à trouver des rapprochements entre ce qu'il avait sous les yeux et ce qu'avait flétri Tacite. Un nouveau Germanicus était gisant dans les fossés de Vincennes. Des Narcisses et des Pallas, entourés de comparses plus vils qu'eux, étaient agenouillés devant un nouveau Néron. Voilà ce que lui représentait son imagination et ce qu'il brûlait de dénoncer à l'indignation publique. L'occasion d'exhaler son dégoût et sa haine ne se présentant pas assez vite, il la fit naître. Il était devenu propriétaire du *Mercure*, que lui avait cédé M. de Fontanes. A propos d'un ouvrage de M. de Laborde, intitulé : *Voyage pittoresque en Espagne,* lequel ne comportait certainement pas un semblable préambule, il lança ces lignes foudroyantes :

« Lorsque dans le silence de l'abjection, l'on n'entend plus retentir que la chaîne de l'esclave et la voix du délateur ; lorsque tout tremble devant le tyran, et qu'il est aussi dangereux d'encourir sa faveur que de mériter sa disgrâce, l'historien paraît chargé de la vengeance des peuples.

« C'est en vain, que Néron prospère, Tacite est déjà né dans l'empire ; il croît inconnu auprès des cendres de Germanicus, et déjà l'intègre Providence livre à un enfant obscur la gloire du maître du monde.

« Bientôt toutes ses fausses vertus seront démasquées par l'auteur des *Annales* ; bientôt il ne fera voir dans le tyran déïfié, que l'histrion, que l'incendiaire et le parricide : semblable à ces premiers chrétiens d'Egypte, qui, au péril de leurs jours, pénétraient dans les temples de l'idôlâtrie, saisissaient, au fond d'un sanctuaire ténébreux, la divinité que le crime offrait à l'encens de la peur, et traînaient à la lumière du soleil, au lieu d'un dieu, quelque monstre horrible.

« Mais si le rôle d'historien est beau, il est souvent dangereux ! Il ne suffit pas toujours, pour peindre les actions des hommes, de se sentir une âme élevée, une imagination forte, un esprit fin et juste, un cœur compatissant et sincère : il faut encore trouver en soi un caractère intrépide ; il faut être préparé à tous les malheurs, et avoir fait d'avance le sacrifice de son repos et de sa vie. (1)

« Il y a des autels, disait-il plus loin, comme celui de l'honneur, qui, bien qu'abandonnés, réclament encore des sacrifices. Le Dieu n'est pas anéanti, quoique le temple soit désert.

« Après tout qu'importent les revers si notre nom, prononcé dans la postérité, va faire battre un cœur généreux deux mille ans après notre mort ? Nous ne doutons pas que, du temps de Sertorius, les âmes pusillanimes, qui prennent leur bassesse pour de la

---

(1) *Œuvres*, tome XV, pages 244 et 245.

raison, ne trouvassent ridicule qu'un citoyen obscur osât lutter seul contre toute la puissance de Sylla. »

Là ne s'arrêtait pas la courageuse imprudence de l'écrivain. Il se plaisait à rappeler le souvenir des filles de France, mortes sur la terre étrangère ; et, après s'être écrié : « En quel lieu du monde nos tempêtes n'ont-elles pas jeté les enfants de saint Louis ! » Chateaubriand ajoutait : « Il nous était réservé de retrouver au fond de la mer Adriatique, le tombeau de deux filles de rois dont nous avions entendu prononcer l'oraison funèbre à Londres. Oh ! du moins, la tombe qui renferme les nobles dames aura vu une fois interrompre son silence ; le bruit des pas d'un Français aura fait tressaillir deux Françaises dans leur cercueil. Les respects d'un pauvre gentilhomme à Versailles, n'auraient rien été pour des princesses ; la prière d'un chrétien en terre étrangère aura peut-être été agréable à des saintes. »

Cet article, dont l'effet peut être comparé à celui du cri aigu du sifflet au milieu d'un concert, eut un immense retentissement.

On en répandit d'innombrables copies à la main ; plusieurs abonnés le détachèrent du *Mercure* et le firent relier à part ; on le lut dans les salons ; dans les quartiers aristocratiques, on le colporta d'hôtel en hôtel. Il arriva aux Tuileries.

Peut-être eût-il été plus habile, de la part de l'empereur de paraître ne pas comprendre, mais pris à l'improviste, il ne put maîtriser son indignation. « Chateaubriand, s'écria-t-il s'adressant à M. de Fontanes devant le grand maréchal Duroc, croit-il que je suis un imbécile et que je ne le comprends pas ! Je le ferai sabrer sur les marches de mon palais. » M. de Fontanes baissa la tête sous la foudre, mais bientôt se relevant : « Après tout, dit-il à Napoléon, son nom illustre votre règne ; il sera cité dans l'avenir au-dessous du vôtre. Quant à lui, il ne conspire pas, il ne peut rien contre vous, il n'a que son talent, mais à ce titre, il est immortel dans le siècle de Napoléon. Voulez-vous qu'on dise un jour que Napoléon l'a tué ou emprisonné pendant dix ans ? » Napoléon ne le voulut pas : toutefois, obéissant à son ressentiment, il supprima le *Mercure*, et laissa sous l'épée de Damoclès l'auteur de l'article, qui l'avait si vivement blessé.

M. de Chateaubriand se retira à la vallée au Loup.

Cette vallée au Loup était une petite maison de jardinier, entourée de quelques arpents de terre qu'il venait d'acheter. « J'ai vu cette vallée, écrivait à M. de Chênedollé M. Joubert ; cela forme un creux de taillis assez breton et même assez périgourdin. Un poëte normand pourra aussi s'y plaire. Le nouveau possesseur en paraît enchanté, et, au fond, il n'y a pas de retraite au monde où l'on puisse mieux pratiquer le précepte de Pythagore : « Quand il tonne, adorez « l'écho. »

M. de Chateaubriand fit quelques additions à sa chaumière ; il embellit sa muraille de briques d'un portique soutenu par deux colonnes de marbre noir et de deux cariatides de femme de marbre blanc, en souvenir de son passage à Athènes ; il figura des créneaux sur le mur qui le séparait du chemin, précédant ainsi la manie du moyen-âge qui devait un peu plus tard faire invasion en France. Muni d'une paire de sabots, il se mit ensuite à planter, tout autour de sa demeure, des pins, des mélèzes, des cèdres. Il se plaisait à passer et à repasser dans ses allées, à voir et à revoir tous les petits coins, à se cacher partout où il y avait une broussaille, à se représenter ce que serait son parc dans l'avenir. C'était un véritable enchantement.

Cet enchantement ne fut pas de longue durée.

Les dépenses qu'avait faites l'auteur du *Génie* pour son voyage à Jérusalem, la suppression du *Mercure*, l'achat de sa vallée l'avaient réduit à une gêne voisine de la pauvreté. En outre, il se sentait bâillonné, surveillé, menacé.

Le découragement finit par le gagner, et il eut alors la pensée de se retirer aux États-Unis. M. de Fontanes, qui venait de défendre avec tant de générosité son illustre ami, s'empressa d'accourir près de lui.

« Quoi, lui dit-il, ne voyez-vous de place au monde pour vous, que dans cette colonie anglaise, mercantile, plus rude, plus insouciante des arts que sa métropole ? Songez à votre livre. Vous ne pouvez le faire et le publier qu'ici. Votre livre et le bruit qu'il fera, c'est là votre patrie, votre avenir, votre refuge. Tâchons qu'il puisse paraître seulement... Point de petites allusions quand on écrit pour l'immortalité. Ce serait encore l'affaire du *Mercure*. Il ne faut point agacer les dents du lion. »

Une circonstance vint seconder l'effet que ces paroles, sorties d'une bouche amie, devaient produire sur le grand écrivain. Le peintre Girodet avait terminé un portrait qui représentait le futur auteur des *Martyrs,* noir comme il était alors, mais qui était tout rempli de son génie.

Après avoir été fort admiré pendant quelques mois, ce portrait avait été envoyé à l'exposition de 1808. Le directeur, M. Denon, l'avait reçu, puis, en courtisan prudent, il l'avait mis à l'écart. Bonaparte passa en revue la galerie. Après avoir regardé les tableaux, il demanda où était le portrait de Chateaubriand. Il savait qu'il devait y être. On fut obligé de tirer le proscrit de sa cachette. Bonaparte, le regardant dit : « Il a l'air d'un conspirateur qui descend par la cheminée. »

L'empereur, malgré cette boutade, n'en avait pas moins, par le reproche fait au directeur, témoigné l'estime où il avait l'auteur du *Génie*.

Celui-ci se remit à l'œuvre avec un redoublement d'ardeur. Il recevait fréquemment les visites de M. de Fontanes, et de longues heures s'écoulaient entre les deux amis, à revoir, à discuter, à corriger quelques pages. M. de Chateaubriand, dit un historien, travaillait extrêmement ses écrits, avec un violent effort et une opiniâtre constance. Chose remarquable ! Cette imagination ardente ne s'allumait que par degrés. Son premier feu ne jetait pas, comme on aurait pu le croire, une surabondance de flammes qu'il fallût éteindre et calmer. Ses refontes enchérissaient souvent sur la première empreinte ; et l'or semblait à la fois s'affiner et resplendir à mesure que s'embrasait la forge. « Je l'excite plus que je ne le retiens, disait un « jour M. de Fontanes ; il a peur de son audace. Je le « ramène à la charge ; et il ne se montre tout ce qu'il « est qu'au dernier assaut. »

L'excès du travail, les fatigues de son voyage, les émotions de sa lutte contre le pouvoir, déterminèrent une maladie qui obligea le futur auteur des *Martyrs* à revenir à Paris. Les médecins rendirent la maladie dangereuse. « Du vivant d'Hippocrate, il y avait disette de morts aux enfers remarque-t-il : grâces à nos Hippocrates modernes, il y a aujourd'hui abondance. » « C'est peut-être, continue-t-il, le seul moment où près de mourir, j'aie eu envie de vivre. Quand je me sentais tomber en faiblesse, ce qui m'arrivait souvent, je disais à Mme de Chateaubriand : « Soyez tran-« quille ; je vais revenir. » Je perdais connaissance, mais avec une grande impatience intérieure, car je tenais, Dieu sait à quoi. J'avais aussi la passion d'achever ce que je croyais et ce que je crois encore être mon ouvrage le plus correct. » (1)

(1) *Mémoires d'outre-tombe*, tome II, pages 528 et 529.

CHAPITRE XVII.

Apparition des *Martyrs*. — Origine et but de ce poëme. — Démodocus, prêtre du temple d'Homère. — Éducation qu'il donne à sa fille Cymodocée. — Il la consacre aux Muses. — Rencontre de Cymodocée et d'*Eudore*. — Démodocus chez Lasthénès. — Mœurs chrétiennes. — Arrivée de Cyrille, évêque de Lacédémone. — Repas du soir — Songe de Cyrille. — Prière du saint évêque.

1809

Au printemps de l'année 1809, parurent les *Martyrs*.

Dans le *Génie du Christianisme*, M. de Chateaubriand avait annoncé que la religion chrétienne lui semblait plus favorable que le paganisme au développement des caractères et au jeu des passions dans l'épopée. Il avait dit encore que le *merveilleux* de cette religion pouvait lutter contre le merveilleux emprunté à la mythologie. Ce sont ces opinions, plus ou moins combattues, qu'il cherche à appuyer par un exemple.

Le sujet des *Martyrs* renferme, en effet, dans un même cadre le tableau des deux religions, la morale, les sacrifices, les pompes des deux cultes, et l'on y entend tour à tour le langage de la *Bible* et celui de l'*Iliade* et l'*Odyssée*. L'analyse de ce poëme mettra en relief cette opposition.

Après avoir invoqué la muse du Thabor et celle du Pinde, le poëte raconte, avec un charme tout homérique, la naissance de Cymodocée, la mort d'Epicharis sa mère et la désolation de Démodocus son père. Celui-ci fut, dès le lendemain de la mort de son épouse, demandé par les habitants de la Messénie pour être le grand prêtre d'un temple qu'ils venaient d'élever à la mémoire d'Homère. Il accepta avec allégresse; il fit un sacrifice aux mânes d'Epicharis, et, emportant ses pénates, il partit avec sa fille. Les Messéniens, le reçurent comme le descendant d'un dieu, et le conduisirent en triomphe au sanctuaire consacré à son aïeul, « On y voyait le poëte représenté sous la figure d'un grand fleuve, où d'autres fleuves venaient remplir leurs urnes. Le temple dominait la ville d'Epaminondas ; il était bâti dans un vieux bois d'oliviers, sur le mont Ithome, qui s'élève isolé, comme un vase d'azur, au milieu des champs de la Messénie. »

Démodocus vivait, depuis quinze années, paisiblement retiré à l'autel d'Homère, lorsque Cymodocée eut le malheur d'inspirer un funeste amour à Hiéroclès, proconsul d'Achaie et favori de Galérius. Afin de soustraire sa fille aux poursuites de ce romain impie, le prêtre d'Homère la consacra aux Muses, et l'instruisit de tous les usages des sacrifices. « Il lui montrait à choisir la génisse sans tache, à couper le poil sur le front des taureaux, à le jeter dans le feu, à répandre l'orge sacrée ; il lui apprenait surtout à toucher la lyre, charme des infortunés mortels. Souvent assis avec cette fille chérie sur un rocher élevé, au bord de la mer, ils chantaient quelques morceaux choisis de l'*Iliade* et de l'*Odyssée*. »

« Consommé du reste dans la sagesse, il cherchait à tempérer cette éducation toute divine, en inspirant à sa fille le goût d'une aimable simplicité. Il aimait à la voir quitter son luth pour aller remplir une urne à la fontaine ou laver les voiles du temple au courant d'un fleuve. Pendant les jours de l'hiver, lorsque, adossée contre une colonne, elle tournait ses fuseaux à la lueur d'une flamme éclatante, il lui disait :

« Cymodocée, j'ai cherché dès ton enfance à t'enri-
« chir des vertus et de tous les dons des Muses, car il
« faut traiter notre âme, à son arrivée dans notre corps,
« comme un céleste étranger que l'on reçoit avec des
« parfums et des couronnes. Mais, ô fille d'Epicharis,
« craignons l'exagération, qui détruit le bon sens :
« prions Minerve de nous accorder la raison qui pro-
« duira dans notre naturel cette modération, sœur de
« la vérité, sans laquelle tout est mensonge. »

« Ainsi, de belles images et de sages propos charmaient et instruisaient Cymodocée. Quelque chose des Muses auxquelles elle était consacrée avait passé sur le visage de la jeune fille, dans sa voix et dans son cœur. Quand elle baissait ses longues paupières, dont l'ombre se dessinait sur la blancheur de ses joues, on eût cru voir la sérieuse Melpomène ; mais, quand elle levait les yeux, vous l'eussiez prise pour la riante Thalie. Ses cheveux noirs ressemblaient à la fleur d'hyacinthe, et sa taille au palmier de Délos. Un jour elle était allée cueillir le dictame avec son père. Pour découvrir cette plante précieuse, ils avaient suivi une biche blessée par un archer d'Achalie ; on les aperçut sur le sommet des montagnes. Le bruit se répandit aussitôt que Nestor et la plus jeune de ses filles, la belle Polycaste, étaient apparus à des chasseurs dans les bois d'Ira. » (1)

A l'occasion de la fête de Diane-Limnatide, Cymodocée fut choisie des vieillards pour conduire le chœur des jeunes filles qui devaient présenter des offrandes à la chaste sœur d'Apollon. Elle s'y rendit avec sa nourrice Euryméduse.

A son retour, elle prit un sentier qui devait la ramener chez son père, se trouva séparée de sa nourrice et s'égara.

« C'était une de ces nuits dont les ombres transparentes semble craindre de cacher le beau ciel de la Grèce. Ce n'était point les ténèbres, c'était seulement l'absence du jour. L'air était doux comme le lait et le miel, et l'on sentait à le respirer un charme inexprimable. Les sommets du Taygète, les promontoires opposés de Colonides et d'Acritas, la mer de Messénie, brillaient de la plus tendre lumière ; une flotte immense baissait ses voiles pour entrer au port de Coronée, comme une troupe de colombes passagères ploie ses ailes pour se reposer sur un rivage hospitalier ; Alcyon gémissait doucement sur son nid, et le vent de la nuit apportait à Cymodocée les parfums du dictame et la voix lointaine de Neptune ; assis dans la vallée, le berger contemplait la lune au milieu du brillant cortége des étoiles, et il se réjouissait dans son cœur. » (2)

(1) *Les Martyrs,* œuvres, tome V. page 13.
(2) *Les Martyrs,* œuvres, tome V, pages 14 et 15.

« Une source d'eau vive, environnée de hauts peupliers, tombait à grands flots d'une roche élevée. Au-dessus de cette roche, on voyait un autel, dédié aux nymphes, où les voyageurs offraient des vœux et des sacrifices. Cymodocée allait embrasser l'autel et supplier la divinité de ce lieu de calmer les inquiétudes de son père, lorsqu'elle aperçut un jeune homme qui dormait appuyé contre un rocher. Sa tête inclinée sur sa poitrine, et penchée sur son épaule gauche, était un peu soutenue par le bois d'une lance ; sa main, jetée négligemment sur cette lance, tenait à peine la laisse d'un chien qui semblait prêter l'oreille à quelque bruit ; la lumière de l'astre de la nuit, passant entre les branches de deux cyprès, éclairait le visage du chasseur : tel un successeur d'Apelles a représenté le sommeil d'Eudymion. » (1)

« Après un moment de silence, la prêtresse des Muses dit au chasseur :

« Si tu n'es pas un dieu caché sous la forme d'un
« mortel, tu es sans doute un étranger que les satyres
« ont égaré comme moi dans les bois. Dans quel port
« est entré ton vaisseau ? Viens-tu de Tyr, si célèbre
« par la richesse de ses marchands ? Viens-tu de la
« charmante Corinthe, où tes hôtes t'auront fait de riches
« présents ? Es-tu de ceux qui trafiquent sur les mers
« jusqu'aux colonnes d'Hercule ? Suis-tu le cruel Mars
« dans les combats, ou plutôt n'es-tu pas le fils d'un de
« ces mortels jadis décoré du sceptre, qui régnaient
« sur un pays fertile et chéri des dieux ? »

« L'étranger répondit :

---

(1) *Les Martyrs*, œuvres, tome V, page 15.

« Il n'y a qu'un Dieu, maître de l'univers, et je ne suis
« qu'un homme plein de trouble et de faiblesse. Je m'ap-
« pelle Eudore. Je suis fils de Lasthénès. Je revenais de
« Thalames, je retournais chez mon père ; la nuit m'a
« surpris : je me suis endormi au bord de cette fontai-
« ne. Mais vous, comment êtes-vous seule ici ? Que le
« ciel vous conserve la pudeur, la plus belle des crain-
« tes après celle de Dieu ! »

« Le langage de cet homme confondait Cymodocée ; elle sentait devant lui un mélange d'amour et de respect, de confiance et de frayeur. La gravité de sa parole et la grâce de sa personne formaient à ses yeux un contraste extraordinaire.

« Elle entrevoyait comme une nouvelle espèce d'hommes, plus noble et plus sérieuse que celle qu'elle avait connue jusqu'alors. Croyant augmenter l'intérêt qu'Eudore paraissait prendre à son malheur, elle lui dit :

« Je suis fille d'Homère aux chants immortels ! »

« L'étranger se contenta de répliquer :

« Je connais un livre plus beau que le sien. »

« Déconcertée par la brièveté de cette réponse, Cymodocée dit en elle-même :

« Ce jeune homme est de Sparte. »

« Puis elle raconta son histoire. Le fils de Lasthénès dit :

« Je vais vous reconduire chez votre père. »

« Et il se mit à marcher devant elle.

« La fille de Démodocus le suivait ; on entendait le frémissement de son haleine, car elle tremblait. Pour se rassurer un peu, elle essaya de parler : elle hasarda quelques mots sur le charme de la nuit sacrée. Mais son guide l'interrompant :

« Je ne vois que des astres qui racontent la gloire du Très-Haut. »

« Ces paroles jetèrent de nouveau la confusion dans le cœur de la prêtresse des Muses. Elle ne savait plus que penser de cet inconnu. Son étonnement n'eut plus de bornes lorsqu'elle vit son guide s'incliner devant un esclave délaissé qu'ils trouvèrent au bord d'un chemin, l'appeler son frère et lui donner son manteau pour couvrir sa nudité.

« Etranger, dit la fille de Démodocus, tu as sans doute
« cru que cet esclave était quelque dieu caché sous la
« figure d'un mendiant pour éprouver le cœur des
« mortels ! »

« Non, répondit Eudore, j'ai cru que c'était un homme. » (1)

Euryméduse cependant, à la recherche de Cymodocée, ne tarda pas à paraître.

« Fille de Démodocus, dit alors le jeune homme,
« voilà votre nourrice ; l'habitation de votre père n'est
« pas éloignée. Que Dieu ait pitié de votre âme ! »

Le prêtre d'Homère, ayant appris le service que le fils de Lasthénès avait rendu à sa fille, résolut de l'aller remercier. Il monte donc sur son char, avec Cymodocée, et, après un voyage dont la description semble détachée d'un chant de l'*Iliade,* tous deux arrivent en Arcadie.

Ils rencontrent, au tombeau d'Aglaüs de Psaphis, un vieillard, dont la robe ne différait de celle des philosophes grecs que parce qu'elle était d'une étoffe blanche commune. Ce vieillard avait l'air d'attendre les

---

(1) *Les Martyrs,* œuvres, tome V, page 16.

voyageurs, mais il ne paraissait ni curieux ni empressé.

« Lorsqu'il vit le char s'arrêter, il se leva et, s'adressant à Démodocus :

« Voyageur, dit-il, demandez-vous votre chemin,
« ou venez-vous visiter Lasthénès ? Si vous voulez re-
« poser chez lui, il en éprouvera beaucoup de joie.»

« Étranger, répondit Démodocus, Mercure ne vint
« pas plus heureusement à la rencontre de Priam,
« lorsque le père d'Hector se rendait au camp des
« Grecs. Ta robe annonce un sage, et tes propos sont
« courts, mais pleins de sens. Je te dirai la vérité :
« nous cherchons le riche Lasthénès, que ses grands
« biens font passer pour un homme très heureux. Il
« habite sans doute ce palais que j'aperçois au bord du
« Ladon, et qu'on prendrait pour le temple du dieu de
« Cyllène ? »

« Ce palais, répondit l'inconnu, appartient à Hiéroclès
« proconsul d'Achaïe, vous êtes arrivés à l'enclos de
« l'hôte que vous cherchez, et le toit de chaume que
« vous entrevoyez sur la croupe de la montagne est la
« demeure de Lasthénès. »

« En achevant ces mots l'étranger ouvrit une barrière, prit les mules par le frein, et fit entrer le char dans l'enclos.

« Seigneur, dit-il alors à Démodocus, on fait aujour-
« d'hui la moisson; si votre serviteur peut conduire
« vos mules à l'habitation prochaine, je vous mon-
« trerai le champ, où vous trouverez la famille de
« Lasthénès. »

« Démodocus et Cymodocée descendirent du char et marchèrent avec l'étranger. Ils suivirent quelque temps un sentier tracé au milieu des vignes, sur un terrain penchant où croissaient çà et là quelques hêtres d'une grosseur démesurée. Ils aperçurent bientôt un champ hérissé de faisceaux de gerbes, et couvert d'hommes et de femmes qui s'empressaient, les uns à charger des chariots, les autres à couper et à lier des épis. En arrivant au milieu des moissonneurs, l'inconnu s'écria :

« Le Seigneur soit avec vous ! »

« Et les moissonneurs répondirent :

« Dieu vous donne sa bénédiction ! »

« Et ils chantaient, en travaillant, un cantique sur un air grave. Des glaneuses les suivaient en cueillant les nombreux épis qu'ils laissaient exprès derrière eux ; leur maître l'avait ordonné ainsi, afin que ces pauvres femmes pussent ramasser un peu de blé sans honte. Cymodocée reconnut de loin le jeune homme de la forêt ; il était assis avec sa mère et ses sœurs, sur des gerbes à l'ombre d'un andrachné, la famille se leva et s'avança vers les étrangers.

« Séphora, dit le guide de Démodocus, ma chère « épouse, remercions la Providence qui nous envoie « des voyageurs. »

« Comment ! s'écria le père de Cymodocée, c'était-là « le riche Lasthénès, et je ne l'ai pas reconnu ! Ah ! « combien les dieux se jouent du discernement des « hommes ! Je t'ai pris pour l'esclave chargé par « son maître d'exercer les devoirs de l'hospitalité. »

« Lasthénès s'inclina.

« Eudore, les yeux baissés, et donnant sa main à la plus jeune de ses sœurs, se tenait respectueusement derrière sa mère.

« Mon hôte, dit Démodocus, et vous, sage épouse
« de Lasthénès, semblable à la mère de Télémaque,
« votre fils vous a sans doute appris ce qu'il a fait pour
« ma fille, que les faunes avaient égarée dans les bois,
« montrez-moi le noble Eudore, que je l'embrasse
« comme mon fils ! »

« Voilà Eudore, derrière sa mère, répondit Lasthé-
« nès. J'ignore ce qu'il a fait pour vous : il ne nous en
« a pas parlé. »

« Démodocus resta confondu.

« Quoi, pensait-il en lui-même, ce simple pasteur
« est le guerrier qui triompha de Carausius, le tribun
« de la légion germanique, l'ami du prince Constan-
« tin ! »

« Le jour n'étant pas encore à sa fin, la famille invita les deux étrangers à se reposer avec elle au bord
d'une source. Les sœurs d'Eudore, assises aux pieds
de leurs parents, tressaient des couronnes de fleurs
rouges et bleues pour une fête prochaine. On voyait
un peu plus loin des urnes et les coupes des moissonneurs, et, à l'ombre de quelques gerbes plantées debout, un enfant était endormi dans un berceau.

« Mon hôte, dit Démodocus à Lasthénès, tu me sem-
« bles mener ici la vie du divin Nestor. Je ne me sou-
« viens pas d'avoir vu une scène pareille, si ce n'est
« sur le bouclier d'Achille. Vulcain y avait gravé un
« roi au milieu des moissonneurs ; ce pasteur des peu-
« ples, plein de joie, tenait en silence son sceptre levé
« au milieu des sillons. Il ne manque ici que le sacri-
« fice du taureau sous le chêne de Jupiter. Quelle abon-
« dante moisson ! que d'esclaves laborieux et fidèles ! »

« Ces moissonneurs ne sont plus mes esclaves, ré-

« pliqua Lasthénès ; ma religion me défend d'en avoir ;
« je leur ai donné la liberté. »

« Lasthénès, dit alors Démodocus, je commence à
« comprendre que la renommée, cette voix de Jupiter,
« m'avait appris la vérité: tu auras sans doute embrassé
« cette secte nouvelle qui adore un Dieu inconnu à nos
« ancêtres, »

« Lasthénès répondit :
« Je suis chrétien. »

« Comme Lasthénès achevait de prononcer ces paroles, le soleil descendit sur les sommets du Pholoé vers l'horizon éclatant d'Olympie ; l'astre agrandi parut un moment immobile, suspendu au-dessus de la montagne, comme un large bouclier d'or. Les bois de l'Alphée et du Ladon, les neiges lointaines du Telphusse et du Lycée se couvrirent de roses ; les vents tombèrent, et les vallées de l'Arcadie demeurèrent dans un repos universel. Les moissonneurs quittèrent alors leur ouvrage : la famille, accompagnée des étrangers, reprit le chemin de la maison. Les maîtres et les serviteurs marchaient pêle-mêle, portant les divers instruments du labourage ; ils étaient suivis de mulets au pied sûr, chargés de bois coupés sur les hauteurs, et de bœufs traînant lentement les équipages champêtres renversés, ou les chariots tremblants sous le poids des gerbes. »

En arrivant à la maison, on entendit le son d'une cloche. Elle appelait à la prière toute la famille de Lasthénès.

« Quand la prière fut faite, on entra dans la salle où était préparé le repas du soir. Au moment où les convives allaient s'approcher de la mense hospitalière, une servante vint dire qu'un vieillard, monté sur un âne, et tout semblable à l'époux de Marie, s'avançait par l'avenue des cèdres. On vit bientôt entrer un homme d'un visage vénérable, portant, sous un manteau blanc, un habit de pasteur. Il n'était pas naturellement chauve ; mais sa tête avait été jadis dépouillée par la flamme, et son front montrait encore les cicatrices du martyre qu'il avait éprouvé sous Valérien. Une barbe blanche lui descendait jusqu'à la ceinture. Il s'appuyait sur un bâton en forme de houlette, que lui avait envoyé l'évêque de Jérusalem : simple présent que se faisaient les premiers Pères de l'Église, comme l'emblème de leur fonction pastorale et du pèlerinage de l'homme ici-bas.

« C'était Cyrille, évêque de Lacédémone : laissé pour mort par les bourreaux dans une persécution contre les chrétiens, il avait été élevé malgré lui au sacerdoce. Il se cacha longtemps pour se dérober à la dignité épiscopale ; mais son humilité lui fut inutile : Dieu révéla aux fidèles la retraite de son serviteur. Lasthénès et sa famille le reçurent avec les marques du plus profond respect. Ils se prosternèrent devant lui, baisèrent ses pieds sacrés, chantèrent Hosanna, et le saluèrent du nom de très saint, de très cher à Dieu. »

« Vous savez, dit alors Cyrille se tournant vers
« Lasthénès, vous savez le sujet qui m'amène. La péni-
« tence publique de notre Eudore remplit nos frères
« d'admiration ; chacun en veut pénétrer la cause Il
« m'a promis de me raconter son histoire ; et, dans
« les deux journées que je viens passer avec vous,
« j'espère qu'il voudra me satisfaire. »

Les serviteurs ayant approché les sièges de la table, le prêtre d'Homère prit sa place à côté du prêtre du Dieu de Jacob. Le repas fut cordial. Lorsqu'il fut terminé, Eudore et Cymodocée firent entendre tour à tour leurs voix. Leurs chants s'inspirèrent de leurs religions : la fille d'Homère célébra les dieux du paganisme, Eudore redit Jéhovah et les mystères des chrétiens.

La nuit cependant avait passé le milieu de son cours ; l'évêque de Lacédémone invita ses hôtes à la retraite.

« Démodocus fut conduit par un serviteur au lieu qu'on avait préparé pour lui, non loin de l'appartement de Cymodocée. Cyrille, après avoir médité la parole de vie, se jeta sur une couche de roseaux. A peine avait-il fermé les yeux, qu'il eut un songe : il lui sembla que les blessures de son ancien martyre se rouvraient, et qu'avec un plaisir ineffable il sentait de nouveau son sang couler pour Jésus-Christ. En même temps il vit une jeune femme et un jeune homme resplendissants de lumière, monter de la terre aux cieux : avec la palme qu'ils tenaient à la main, ils lui faisaient signe de les suivre ; mais il ne put distinguer leur visage, parce que leur tête était voilée. Il se réveilla plein d'une sainte agitation ; il crut reconnaître dans ce songe quelque avertissement pour les chrétiens. Il se mit à prier avec abondance de larmes, et on l'entendit plusieurs fois s'écrier dans le silence de la nuit :

« O mon Dieu s'il faut encore des victimes, prenez-moi pour le salut de votre peuple !

« Les dernières paroles de Cyrille montent au trône de l'Éternel. Le Tout-Puissant agrée le sacrifice, mais l'évêque de Lacédémone n'est point la victime que Dieu, dans sa colère et dans sa miséricorde, a choisie pour expier les fautes des chrétiens. »

Et ici le poëte nous transporte au séjour du Tout-Puissant. Il ouvre devant nous les portes du ciel, afin de nous en révéler les splendeurs ; mais, malgré les prodiges de son imagination, c'est le lieu de répéter avec l'apôtre saint Paul : « L'œil de l'homme n'a point vu, son oreille n'a point entendu, son cœur n'a jamais compris ce que Dieu a préparé à ceux qui l'aiment. »

CHAPITRE XVIII.

Les Martyrs (suite). — Récit d'Eudore. — Origine de la famille de Lasthénès. — Eudore à Rome. — *Son séjour à Naples.* — Il est banni de la cour et envoyé à l'armée de Constance. — *Bataille contre les Francs.* — Eudore prisonnier de Mérovée. — Il recouvre la liberté. — Il est nommé commandant de l'Armorique. — Épisode de Velléda. — Conversion d'Eudore.

1809.

Une petite île marque le confluent du Ladon et de l'Alphée. C'est là que se réunirent, pour entendre Eudore, les membres de la famille de Lasthénès, l'évêque Cyrille, Démodocus et sa fille.

Le jeune chrétien commence à la manière de Plutarque : « J'eus, dit-il, pour ancêtre paternel Philopœmen. Vous savez qu'il osa seul s'opposer aux Romains, quand ce peuple libre ravit la liberté à la Grèce. Mon aïeul succomba dans sa noble entreprise. »

Étant l'aîné de sa famille, Eudore devait, dès l'âge de seize ans, être envoyé comme otage à Rome, pour s'y façonner aux habitudes des maîtres de son pays. Il quitte donc sa patrie ; il s'embarque et vogue vers la ville des Césars; une tempête le rejette sur les côtes de l'Asie et de la Troade, en vue du tombeau d'Achille. Au retour, il contemple les îles de l'Archipel qu'il décrit avec une incomparable poésie.

Après avoir revu, de son navire, les montagnes du Péloponèse, salué de loin sa terre natale, il débarque à Brindes et, suivant la voie Appienne, il se dirige vers Rome. Son arrivée dans cette métropole de l'Univers, les impressions qu'il éprouve à la vue de ses monuments et de la foule variée, qui se pressait sur ses places et dans ses rues, sont merveilleusement racontées.

Le Rhéteur Eumènes tenait, à Rome, une chaire d'éloquence. Tout ce qu'il y avait de jeunes gens illustres fréquentait alors son école.

Eudore suivit les leçons de ce maître habile, et ne tarda pas à former des liaisons avec les compagnons de ses études. Trois d'entre-eux, dont il nous esquisse les portraits, s'attachèrent à lui par une agréable et sincère amitié : Augustin, Jérôme, et le fils du César Constance, le prince Constantin.

Ce dernier l'introduisit à la cour. Dioclétien régnait alors : Maximien, sous le titre d'Auguste ; Galérius et Constance, sous celui de Césars, lui étaient associés. Galérius avait pour favori le sophiste Hiéroclès, apostat du nom chrétien.

Le séjour de Rome, alors vieille et dépravée, ne tarda pas à faire oublier au fils de Lasthénès sa religion, et il se livra à des désordres qui lui attirèrent, de la part du pape Marcellin, d'abord de sévères remontrances et ensuite l'excommunication.

L'impression très vive de ce châtiment fut promptement effacée. La cour qui, dans ce moment, se transporta de Rome à Baïes, en l'arrachant au théâtre de ses erreurs, l'enleva au souvenir de leur punition, et, se croyant perdu sans retour, il ne songea plus qu'à s'abandonner aux plaisirs, auxquels le conviaient les sociétés qu'il fréquentait et jusqu'au climat du pays où il se trouvait.

« J'habitais, dit-il, avec Augustin et Jérôme, la villa de Constantin, bâtie sur le penchant du mont Pausilippe. Chaque matin, aussitôt que l'aurore commençait à paraître, je me rendais sous un portique qui s'étendait le long de la mer. Le soleil se levait devant moi sur le Vésuve : il illuminait de ses feux les plus doux la chaîne des montagnes de Salerne, l'azur de la mer parsemée des voiles blanches des pêcheurs, les îles de Caprée, d'Œnaria et de Prochyta, la mer, le cap Misène, et Baïes avec tous ses enchantements.

« Des fleurs et des fruits humides de rosée sont moins suaves et moins frais que le paysage de Naples sortant des ombres de la nuit. J'étais toujours surpris en arrivant au portique de me trouver au bord de la mer ; car les vagues dans cet endroit faisaient à peine entendre le léger murmure d'une fontaine. En extase devant ce tableau, je m'appuyais contre une colonne, et sans pensée, sans désir, sans projet, je restais des heures entières à respirer un air délicieux.

« Peut-être, ajoute-t-il après avoir déploré les désordres de sa vie, est-il des climats dangereux à la vertu par leur extrême volupté. Et n'est-ce point ce que voulut enseigner une fable ingénieuse, en racontant que Parthénope fut bâtie sur le tombeau d'une sirène ? L'éclat velouté de la campagne, la tiède température de l'air, les contours arrondis des montagnes, les molles inflexions des fleuves et des vallées, sont à

Naples autant de séductions pour les sens que tout repose, et que rien ne blesse.

« Le Napolitain demi-nu, content de se sentir vivre sous les influences d'un ciel propice, refuse de travailler aussitôt qu'il a gagné l'obole qui suffit au pain du jour. Il passe la moitié de sa vie immobile aux rayons du soleil, et l'autre à se faire traîner dans un char, en poussant des cris de joie ; la nuit, il se jette sur les marches d'un temple, et dort sans souci de l'avenir aux pieds des statues de ses dieux. » (1)

Cependant, au milieu de leur oisiveté et de leurs plaisirs, Eudore et ses amis n'étaient point heureux. Or, un jour que, dans une excursion aux environs de Baïes, ils se trouvaient près de Literne, le tombeau de Scipion l'africain frappa tout à coup leurs regards. Ils s'approchèrent avec respect. Pendant qu'ils se livraient aux graves réflexions que leur inspirait ce monument, un ermite en sortit, et se mêlant à leur conversation, il leur fit conclure, par sa propre expérience, que la religion était le seul remède aux inquiétudes dont ils étaient tourmentés.

Jérôme partit bientôt pour voyager, laissant pressentir qu'il passerait ses derniers jours à Bethléem. Augustin rejoignit sa mère à Carthage. La cour quitta Baïes ; Eudore la suivit à Rome.

Privé de ses amis, il faisait fréquemment autour de Rome des promenades solitaires. Un soir, il s'égara dans la campagne, et, suivant plusieurs personnes qui le précédaient, il se trouva engagé dans des souterrains qui le conduisirent aux catacombes. L'impératrice et

---

(1) *Les Martyrs*, œuvres, tome V, pages 56 et 57.

sa fille se trouvaient parmi les fidèles. A peine les
eut-il entrevues que les lampes s'éteignirent. Lui-même
avait été reconnu et les prêtres avaient cru qu'il était
là dans la vue de pénétrer un secret qu'il importait à
l'église de cacher.

Galérius faisait surveiller l'impératrice, dont on
soupçonnait le penchant à la nouvelle religion. Des
émissaires, envoyés par Hiéroclès, avaient suivi les
princesses jusqu'aux catacombes, d'où ils virent le fils
de Lasthénès sortir avec elles. Le sophiste n'eut pas
plutôt entendu les espions qu'il courut en instruire
Galérius. Galérius vole chez Dioclétien, accuse Eudore
d'avoir converti à la secte nouvelle l'impératrice et sa
fille, et demande que l'on s'empare de lui. L'empereur
eut recours à un moyen qui peint admirablement son
génie politique. Il déclara que les bruits répandus
dans Rome n'étaient qu'un mensonge ; que les princesses n'étaient pas sorties du palais, la nuit même où
on prétendait les avoir vues aux catacombes ; que
Prisca et Valérie, loin d'être chrétiennes, venaient de
sacrifier aux dieux de l'empire ; qu'enfin il punirait
sévèrement les auteurs de ces faux rapports, et qu'il
défendait de parler plus longtemps d'une histoire aussi
ridicule que scandaleuse. Mais, comme il fallait bien
qu'un seul fût sacrifié pour tous, selon l'usage des
cours, Eudore reçut ordre de quitter Rome, et de se
rendre à l'armée de Constance, campée sur les bords
du Rhin.

Quand il y arriva, les Francs et les Romains étaient
sur le point d'en venir aux mains. Écoutons le
narrateur :

« Les Francs avaient été surpris par Constance, ils

évitèrent d'abord le combat ; mais aussitôt qu'ils eurent rassemblés leurs guerriers, ils vinrent audacieusement au-devant de nous, et nous offrirent la bataille sur le rivage de la mer. On passa la nuit à se préparer de part et d'autre, et le lendemain au lever du jour les armées se trouvèrent en présence.

« La légion de Fer et la Foudroyante occupaient le centre de l'armée de Constance.

« En avant de la première ligne paraissait les vexillaires, distingués par une peau de lion qui leur couvrait la tête et les épaules. Ils tenaient levés les signes militaires des cohortes, l'aigle, le dragon, le loup, le minotaure. Ces signes étaient parfumés et ornés de branches de pin, au défaut de fleurs.

« Les hastati, chargés de lances et de boucliers, formaient la première ligne après les vexillaires.

« Les princes, armés de l'épée, occupaient le second rang, et les triarii venaient au troisième. Ceux-ci balançaient le pilum de la main gauche ; leurs boucliers étaient suspendus à leurs piques plantés devant eux, et ils tenaient le genou droit en terre, en attendant le signal du combat.

« Des intervalles ménagés dans la ligne des légions étaient remplis par des machines de guerre.

« A l'aile gauche de ces légions, la cavalerie des alliés déployait son rideau mobile. Sur des coursiers tachetés comme des tigres, et prompts comme des aigles, se balançaient avec grâce les cavaliers de Numance, de Sagonte et des bords enchantés du Bétis. Un léger chapeau de plumes ombrageaient leurs fronts ; un petit manteau de laine noire flottait sur leurs épaules, une épée recourbée retentissait à leur côté. La tête penchée sur le cou de leurs chevaux, les rênes entre les dents, deux courts javelots à la main, ils volaient à l'ennemi Le jeune Viriate entraînait la fureur de ces cavaliers rapides. Des germains d'une taille gigantesque étaient entremêlés çà et là, comme des tours, dans le brillant escadron. Ces barbares avaient la tête enveloppée d'un bonnet ; ils maniaient d'une main une massue de chêne, et montaient à cru des étalons sauvages. Auprès d'eux quelques cavaliers numides, n'ayant pour toute arme qu'un arc, pour tout vêtement qu'une chlamyde, frissonnaient sous un ciel rigoureux.

« A l'aile opposée de l'armée se tenait immobile la troupe superbe des chevaliers romains : leur casque était d'argent, surmonté d'une louve de vermeil ; leur cuirasse étincelait d'or, et un large baudrier d'azur suspendait à leur flanc une lourde épée ibérienne. Sous leurs selles ornées d'ivoire s'étendait une housse de pourpre, et leurs mains, couvertes de gantelets, tenaient les rênes de soie qui leur servait à guider de hautes cavales plus noires que la nuit.

« Les archers crétois, les vélites romains et les différents corps des Gaulois étaient répandus sur le front de l'armée. L'instinct de la guerre est si naturel chez ces derniers, que souvent, dans la mêlée, les soldats deviennent des généraux, rallient leurs compagnons dispersés, ouvrent un avis salutaire, indiquent le poste qu'il faut prendre. Rien n'égale l'impétuosité de leurs attaques ; tandis que le Germain délibère, ils ont franchi les torrents et les monts : vous les croyez au pied de la citadelle, et ils sont au haut du retranchement emporté. En vain les cavaliers les plus légers voudraient les devancer à la charge, les Gaulois rient de leurs efforts, voltigent à la tête des chevaux, et semblent leur dire : « Vous saisiriez plutôt les vents « sur la plaine, ou des oiseaux dans les airs. »

« Tous ces Barbares avaient la tête élevée, les couleurs vives, les yeux bleus, le regard farouche et menaçant ; ils portaient de larges braies, et leur tunique était chamarrée de morceaux de pourpre ; un ceinturon de cuir pressait à leur côté leur fidèle épée. L'épée du Gaulois ne le quitte jamais ; mariée, pour ainsi dire, à son maître, elle l'accompagne pendant la vie, elle le suit sur le bûcher funèbre, et descend avec lui au tombeau Tel était le sort qu'avaient jadis les épouses dans les Gaules, tel est aussi celui qu'elles ont encore au rivage de l'Indus.

« Enfin, arrêtée comme un nuage menaçant sur le penchant d'une colline, une légion chrétienne, surnommée la Pudique, formait derrière l'armée le corps de réserve et la garde de César. Elle remplaçait auprès de Constance la légion thébaine égorgée par Maximien. Victor, illustre guerrier de Marseille, conduisait au combat les milices de cette religion, qui porte aussi noblement la casaque du vétéran que le cilice de l'anachorète.

« Cependant l'œil était frappé d'un mouvement universel : on voyait les signaux du porte-étendard qui plantait le jalon des lignes, la course impétueuse du cavalier, les ondulations des soldats qui se nivelaient sous le cep du centurion. On entendait de toutes parts les grêles hennissements des coursiers, le cliquetis des chaînes, les sourds roulements des balistes et des catapultes, les pas réguliers de l'infanterie, la voix des chefs qui répétaient l'ordre, le bruit des piques qui s'élevaient et s'abaissaient au commandement des tribuns. Les romains se formaient en bataille aux éclats de la trompette, de la corne et du lituus ; et nous, Crétois, fidèles à la Grèce au milieu de ces peuples barbares, nous prenions nos rangs au son de la lyre.

« Mais tout l'appareil de l'armée romaine ne servait qu'à rendre l'armée des ennemis plus formidable, par le contraste d'une sauvage simplicité.

« Parés de la dépouille des ours, des veaux marins, des urochs et des sangliers, les Francs se montraient de loin comme un troupeau de bêtes féroces Une tunique courte et serrée laissait voir toute la hauteur de leur taille, et ne leur cachait pas le genou. Les yeux de ces Barbares ont la couleur d'une mer orageuse ; leur chevelure blonde, ramenée en avant sur leur poitrine, et teinte d'une liqueur rouge, est semblable à du sang et à du feu. La plupart ne laisse croitre leur barbe qu'au-dessus de la bouche, afin de donner à leur lèvres plus de ressemblance avec le mufle des dogues et des loups. Les uns chargent leur main droite d'une longue framée, et leur main gauche d'un bouclier qu'ils tournent comme une roue rapide ; d'autres, au lieu de ce bouclier, tiennent une espèce de javelot, nommé angon, où s'enfoncent deux fers recourbés ; mais tous ont à la ceinture la redoutable francisque, espèce de hâche à deux tranchants, dont le manche est recouvert d'un dur acier ; arme funeste que le Franc jette en poussant un cri de mort, et qui manque rarement de frapper le but qu'un œil intrépide a marqué.

« Ces Barbares, fidèles aux usages des anciens Germains s'étaient formés en coin, leur ordre accoutumé de bataille. Le formidable triangle, où l'on ne distinguait qu'une forêt de framées, des peaux de bêtes et des corps demi-nus, s'avançait avec impétuosité, mais d'un mouvement égal, pour percer la ligne romaine. A la pointe de ce triangle étaient placés des braves qui conservaient une barbe longue et hérissée, et qui portaient au bras un anneau de fer. Ils avaient juré de ne quitter ces marques de servitude qu'après avoir sacrifié un romain. Chaque chef, dans ce vaste corps, était environné des guerriers de sa famille, afin que, plus ferme dans le choc, il remportât la victoire ou mourût avec ses amis. Chaque tribu se ralliait sous un symbole : la plus noble d'entre elles se distinguait par des abeilles ou trois fers de lance. Le vieux roi des Sicambres, Pharamond, conduisait l'armée entière, et laissait une partie du commandement à son petit-fils Mérovée. Les cavaliers francs, en face de la cavalerie romaine, couvraient les deux côtés de leur infanterie : à leurs casques en forme de gueules ouvertes, ombragées de deux ailes de vautour, à leurs corselets de fer, à leurs boucliers blancs, on les eût pris pour des fantômes ou pour ces figures bizarres qu'on aperçoit au milieu des nuages pendant une tempête. Clodion, fils de Pharamond et père de Mérovée, brillait à la tête de ces cavaliers menaçants.

« Sur une grève, derrière cet essaim d'ennemis, on apercevait leur camp, semblable à un marché de laboureurs et de pêcheurs; il était rempli de femmes et d'enfants, et retranché avec des bateaux de cuir et de chariots attelés de grands bœufs. Non loin de ce camp champêtre, trois sorcières en lambeaux faisaient sortir de jeunes poulains d'un bois sacré, afin de découvrir par leur course à quel parti Tuiston promettait la victoire. La mer d'un côté, les forêts de l'autre, formaient le cadre de ce grand tableau.

« Le soleil du matin, s'échappant des replis d'un nuage d'or, verse tout à coup sa lumière sur les bois, l'Océan et les armées. La terre paraît embrasée du feu des casques et des lances, les instruments guerriers sonnent l'air antique de Jules César partant pour les Gaules. La rage s'empare de tous les cœurs, les yeux roulent du sang, la main frémit sur l'épée, les chevaux se cabrent, creusent l'arène, secouent leur crinière, frappent de leur bouche écumante leur poitrine enflammée, ou lèvent vers le ciel leurs naseaux brûlants, pour respirer les sons belliqueux. Les Romains commencent le chant de Probus :

« Quand nous aurons vaincu mille guerriers Francs, combien ne vaincrons-nous pas de millions de Perses ! »

« Les Grecs répètent en chœur le Pœan, et les Gaulois l'hymne des Druides. Les Francs répondent à ces cantiques de mort ; ils serrent leurs boucliers contre leur bouche, et font entendre un gémissement semblable au bruit de la mer que le vent brise contre un rocher ; puis, tout à coup poussant un cri aigu, ils entonnent le bardit à la louange de leurs héros :

« Pharamond ! Pharamond ! nous avons combattu avec l'épée.

« Nous avons lancé la francisque à deux tranchants ;
« la sueur tombait du front des guerriers et ruisselait
« le long de leurs bras. Les aigles et les oiseaux aux
« pieds jaunes poussaient des cris de joie ; le corbeau
« nageait dans le sang des morts ; tout l'Océan n'était
« qu'une plaie : les Vierges ont pleuré longtemps !

« Pharamond ! Pharamond ! nous avons combattu avec l'épée.

« Nos pères sont morts dans les batailles, tous les « vautours en ont gémi ; nos pères les rassasiaient de « carnage ! Choisissons des épouses dont le lait soit du « sang, et qui remplissent de valeur le cœur de nos « fils. Pharamond, le bardit est achevé, les heures de « la vie s'écoulent, nous sourirons quand il faudra « mourir ! »

« Ainsi chantaient quarante mille Barbares. Leurs cavaliers haussaient et baissaient leurs boucliers en cadence ; et à chaque refrain, ils frappaient du fer d'un javelot leur poitrine couverte de fer.

« Déjà les Francs sont à la portée de nos troupes légères. Les deux armées s'arrêtent. Il se fait un profond silence. César, du milieu de la légion chrétienne, ordonne d'élever la cotte d'armes de pourpre, signal du combat, les archers tendent leurs arcs, les fantassins baissent leurs piques, les cavaliers tirent tous à la fois leurs épées, dont les éclairs se croisent dans les airs. Un cri s'élève du fond des légions : « Victoire à « l'empereur ! »

« Les Barbares repoussent ce cri par un affreux rugissement : la foudre éclate avec moins de rage sur les sommets de l'Apennin ; l'Etna gronde avec moins de violence lorsqu'il verse au sein des mers des torrents de feu, l'Océan bat ses rivages avec moins de fracas quand un tourbillon, descendu par l'ordre de l'Eternel, a déchaîné les cataractes de l'abîme.

« Les Gaulois lancent les premiers leurs javelots contre les Francs, mettant l'épée à la main et courent à l'ennemi. L'ennemi les reçoit avec intrépidité. Trois fois ils retournent à la charge ; trois fois ils viennent se briser contre ce vaste corps qui les repousse : tel un grand vaisseau, voguant par un vent contraire, rejette de ses deux bords les vagues qui fuient et murmurent le long de ses flancs. Non moins braves et plus habiles que les Gaulois, les Grecs font pleuvoir sur les Sicambres une grêle de flèches ; et reculant peu à peu, sans rompre nos rangs, nous fatiguons les deux lignes du triangle de l'ennemi. Comme un taureau vainqueur dans cent pâturages, fier de sa corne mutilée et des cicatrices de sa large poitrine, supporte avec impatience la piqûre du taon, sous les ardeurs du midi, ainsi les Francs, percés de nos dards, deviennent furieux à ces blessures sans vengeance et sans gloire. Transportés d'une aveugle rage, ils brisent le trait dans leur sein, se rouent par terre et se débattent dans les angoisses de la douleur.

« La cavalerie romaine s'ébranle pour enfoncer les barbares. Clodion se précipite à sa rencontre. Un combat violent s'engage entre les cavaliers sur les deux ailes des armées.

« Cependant la masse effrayante de l'infanterie des barbares vient toujours roulant vers les légions. Les légions s'ouvrent, changent leur front de bataille, attaquent à grands coups de piques les deux côtés du triangle de l'ennemi. Les Vélites, les Grecs et les Gaulois se portent sur le troisième côté. Les Francs sont assiégés comme une vaste forteresse. La mêlée s'échauffe ; un tourbillon de poussière rougie s'élève et s'arrête au milieu des combattants. Le sang coule comme les torrents grossis par les pluies de l'hiver, comme les flots de l'Euripe dans le détroit de l'Eubée.

Le Franc fier de ses larges blessures, qui paraissent avec plus d'éclat sur la blancheur d'un corps demi-nu, est un spectre déchaîné du monument, et rugissant au milieu des morts. Au brillant éclat des armes a succédé la sombre couleur de la poussière et du carnage Les casques sont brisés, les panaches abattus, les boucliers fendus, les cuirasses percées. L'haleine enflammée de cent mille combattants, le souffle épais des chevaux, la vapeur des sueurs et du sang, forment sur le champ de bataille une espèce de météore que traverse de temps en temps la lueur d'un glaive, comme le trait brillant du foudre dans la livide clarté d'un orage. Au milieu des cris, des insultes, des menaces, du bruit des épées, des coups de javelots, du sifflement des flèches et des dards, du gémissement des machines de guerre, on n'entend plus la voix des chefs. » (1)

Cependant la discipline romaine finit par triompher de la fougue des Barbares. La légion chrétienne ouvre une large brèche dans les rangs des Francs rompus.

« C'en était fait des peuples de Pharamond, si le ciel n'eût sauvé le reste de leurs guerriers. Un vent impétueux se lève entre le nord et le couchant; les flots s'avancent sur les grèves; on voit venir, écumante et limoneuse, une de ces marées de l'équinoxe, qui, dans ces climats, semblent jeter l'Océan tout entier hors de son lit. La mer, comme un puissant allié des Barbares, entre dans le camp des Francs pour en chasser les Romains. Les Romains reculent devant l'armée des flots; les Francs reprennent cou-

1) *Les Martyrs*, œuvres, tome V, page 75.

rage ; ils croient que le monstre marin, père de leur jeune prince, est sorti de ces grottes azurées pour les secourir. Ils profitent de notre désordre, ils nous repoussent, ils nous pressent, ils secondent les efforts de la mer. Une scène extraordinaire frappe les yeux de toutes parts : là, les bœufs épouvantés nagent avec les chariots qu'ils entraînent ; ils ne laissent voir au-dessus des vagues que leurs cornes recourbées, et ressemblent à une multitude de fleuves qui auraient apporté eux-mêmes leur tribut à l'Océan ; ici, les Saliens mettent à flot leurs bâteaux de cuir, et nous frappent à coups de rames et d'avirons. Mérovée s'était fait une nacelle d'un large bouclier d'osier : porté sur cette conque guerrière, il nous poursuivait escorté de ses pairs qui bondissaient autour de lui comme des tritons. Pleines d'une joie insensée, les femmes battaient des mains et bénissaient les flots libérateurs. Partout la lame croissante se brise et jaillit contre les armes : partout disparait le cavalier qui se noie, le fantassin qui n'a plus que son épée hors de l'eau ; des cadavres qui paraissent se ranimer roule avec les algues, le sable et le limon. » (1)

Eudore, séparé du reste des légions et réuni à quelques soldats, avait combattu longtemps une multitude ; mais enfin, accablé par le nombre, il était tombé percé de coups, au milieu de ses compagnons morts à ces côtés.

Il demeura plusieurs heures évanoui. Quand il rouvrit les yeux, il n'aperçut qu'une grève abandonnée par les flots, des corps noyés, à moitié ensevelis dans

(1) *Les Martyrs*, œuvres, tome V, page 78.

le sable, la mer retirée dans un lointain immense, et traçant à peine une ligne bleuâtre à l'horizon. Il voulut en vain se soulever ; il ne put y parvenir, et fut contraint de rester couché sur le dos, les regards attachés au ciel. Tandis que son âme flottait entre la mort et la vie, il entendit une voix prononcer en latin ces mots : « Si quelqu'un respire encore ici, qu'il parle. »

Eudore tourna la tête avec effort, et il entrevit un Franc, qu'il reconnut pour esclave à sa saye d'écorce de bouleau.

Cet esclave, nommé Zacharie, était chrétien, et attaché à Clotilde, épouse de Pharamond. Grâce à cette dernière, Eudore fut soigné, et devint l'esclave de Mérovée. Ayant accompagné son jeune maître à une chasse lointaine, il eut le bonheur de lui sauver la vie, et pour le récompenser, Mérovée lui obtint la liberté. Eudore s'empressa de retourner en Gaule, près de Constance.

Accueilli avec distinction à la cour de César, il partit avec lui pour combattre les Bretons. Une suite d'actions heureuses le conduisirent de grade en grade jusqu'au rang de premier tribun de la légion britannique. Bientôt il fut créé maître de cavalerie, et vainquit en cette qualité, l'invincible Carrausius. Constance envoya à l'empereur des lettres couronnés de lauriers ; il sollicita et obtint pour l'heureux soldat la statue et les honneurs qui avaient remplacé le triomphe. Peu de temps après, Eudore repassa avec Constance en Gaule, et César, voulant lui donner une nouvelle preuve de sa puissante amitié, le créa commandant des contrées armoricaines.

Il emploie plusieurs mois à parcourir les Gaules, et arrive enfin chez les Rhédons.

Averti d'un complot tramé par les prêtres gaulois et prêché par une jeune prêtresse nommée Velléda, il veut lui-même surprendre le secret de la conspiration.

« Vers le soir, raconte-t-il, je me revêtis de mes armes, que je recouvris d'une saye, et sortant secrètement du château, j'allais me placer sur le rivage du lac, dans l'endroit que les soldats m'avait indiqué.

« Caché parmi les rochers, j'attendis quelque temps sans rien voir paraître. Tout à coup mon oreille est frappée des sons que le vent m'apporte du milieu du lac. J'écoute et je distingue les accents d'une voix humaine ; en même temps je découvre un esquif suspendu au sommet d'une vague élevée ; il approche du rivage. Une femme le conduisait ! elle chantait en luttant contre la tempête, et semblait se jouer dans les vents ! on eût dit qu'ils étaient sous sa puissance, tant elle paraissait les braver. Je la voyais jeter tour à tour en sacrifice, dans le lac, des pièces de toile, des toisons de brebis, des pains de cire et de petites meules d'or et d'argent.

« Bientôt, elle touche à la rive, s'élance à terre, attache sa nacelle au tronc d'un saule, et s'enfonce dans le bois en s'appuyant sur la rame de peuplier qu'elle tenait à la main. »

Eudore la suit et assiste à la scène d'un complot dans la forêt. Il convoque alors les tribus gauloises au pied de la forteresse et il leur déclare qu'il sait tout. Les barbares sont saisis d'effroi et se jettent à genoux. Il exige des otages. Velléda et son père Ségenax lui sont livrés ; tout rentre dans l'ordre. Un amour insensé s'empare du cœur de la druidesse. Pour se soustraire au danger, le fils de Lasthénès rend en vain ses prisonniers à la liberté. Le vieux Ségenax soulève les Gaulois pour venger l'outrage fait à sa fille. Pendant qu'Eudore essaie de le sauver de la colère de ses soldats, le père de la prêtresse tombe atteint d'une javeline. »

« Dans ce moment, un char paraît à l'extrémité de la plaine. Penchée sur les coursiers, une femme échevelée excite leur ardeur, et semble vouloir leur donner des ailes. » C'est Velléda. La druidesse arrive dans la plaine où se donnait le combat fatal, pousse ses chevaux à travers les rangs, et découvre Eudore gémissant sur Ségenax étendu mort à ses pieds. « Transportée de douleur, elle arrête ses coursiers, et s'écrie du haut de son char :

« Gaulois, suspendez vos coups, c'est moi qui ai
« tué mon père. Cessez d'exposer vos jours pour une
« fille criminelle... Puisse ma mort rendre la paix à
« ma patrie ! »

« Alors, arrachant de son front sa couronne de verveine, et prenant à sa ceinture sa faucille d'or, comme si elle allait faire un sacrifice à ses dieux :

« Je ne souillerai plus, dit-elle, ces ornements d'une vestale ! »

« Aussitôt elle porte à sa gorge l'instrument sacré ; le sang jaillit. Comme une moissonneuse qui a fini son ouvrage, et qui s'endort fatiguée au bout du sillon, Velléda s'affaisse sur le char ; la faucille d'or échappe à sa main défaillante, et sa tête se penche doucement sur son épaule. » Un invincible sommeil vint bientôt fermer ses yeux.

Le malheur dont il a été la cause décide du repentir du fils de Lasthénès. Il se résout à quitter l'Armorique, à renoncer au monde, et à se retirer sous le toit de ses pères, pour pleurer ses erreurs. Il renvoie à Constance les marques de son pouvoir, et le prie de lui permettre d'abandonner le siècle et les armes. César essaie de le retenir; voyant que sa résolution est inébranlable, il lui ordonne d'aller vers Dioclétien, alors en Egypte. Eudore part, revoit Rome où Marcellin l'admet au repentir, puis passe en Orient, qu'il décrit avec un remarquable talent ; rencontre Dioclétien, qui lui rend sa liberté, et revient dans sa patrie, où nous nous retrouvons avec lui.

CHAPITRE XIX.

Les *Martyrs* (suite). — Commencement de la persécution. — Eudore part pour Rome et Cymodocée s'embarque pour la Palestine. — *L'ange des mers favorise leur navigation*. — Eudore est choisi pour défendre les chrétiens. — Il est jeté en prison. — Cymodocée et Démodocus à Rome. — *Le repas libre*. — *Mort d'Hiéroclès*. — L'ange de l'Espérance descend vers la fille d'Homère. — *Chant de Cymodocée*. — Dorothée enlève celle-ci de sa prison et la conduit chez Démodocus. — *L'amphithéâtre de Vespasien*. — *Martyre des deux époux*. — *Triomphe de la religion chrétienne*. — Accueil fait aux *Martyrs*. — Appréciation de ce poëme.

1809.

Cymodocée, en entendant le fils de Lasthénès raconter les vicissitudes de sa vie, avait appris à l'aimer, et Eudore, depuis sa rencontre avec la fille d'Homère, éprouvait pour elle une affection tendre et pure. Satan, attentif à cet amour naissant, avait conçu le dessein d'en profiter pour troubler l'Église, et tenu, au fond des abîmes, un conseil auquel avaient été appelées les puissances infernales. Une persécution nouvelle avait été résolue. C'est de cette persécution que le poëte va faire le récit :

Les esprits des ténèbres soufflent de toutes parts l'horreur du nom chrétien. Dioclétien, obsédé par

Galérius qu'excite Hiéroclès, ordonne de faire le dénombrement des fidèles. Précédé de la terreur, Hiéroclès arrive en Achaïe, au moment où Cymodocée renonce au culte d'Homère pour devenir la fiancée d'Eudore. Afin de la soustraire au proconsul, elle est envoyée à Jérusalem. Eudore part pour Rome. Et ici se trouve brodée sur un fond chrétien, avec des fils d'or et de pourpre, une fiction qui l'emporte, par la grâce, sur les plus grâcieuses inventions du paganisme. Ecoutons le poëte :

« Le vaisseau de Cymodocée prend sa course vers l'Orient, et celui du fils de Lasthénès tourne sa proue vers l'Italie.

« La divine mère du Sauveur veillait sur les jours de l'innocente pèlerine. Elle envoie Gabriel à l'ange des mers, afin de lui commander de ne laisser souffler que la plus douce haleine des vents. Aussitôt Gabriel, après avoir détaché de ses épaules ses ailes blanches, bordées d'or, se plonge du ciel dans les flots.

« Aux sources de l'océan, sous des grottes profondes, toujours retentissantes du bruit des vagues, habite l'ange sévère qui veille aux mouvements de l'abîme. Pour l'instruire de ses devoirs, la sagesse le prit avec elle, lorsqu'à la naissance des temps elle se promena sous la mer. Ce fut lui qui, par l'ordre de Dieu, ouvrit au déluge les cataractes du ciel ; c'est lui qui, dans les derniers jours du monde, doit une seconde fois rouler les flots sur le sommet des montagnes. Placé au berceau de tous les fleuves, il dirige leur cours, enfle ou fait décroître leurs ondes ; il repousse dans la nuit des pôles et retient sous des chaînes de glace les brouillards, les nuages et les tempêtes; il connaît les écueils les plus cachés, les détroits les plus déserts, les terres les plus lointaines, et les découvre tour à tour au génie de l'homme ; il voit d'un regard et les tristes régions du nord, et les brillants climats des tropiques : deux fois par jour il soulève les écluses de l'océan, et, rétablissant avec sa main l'équilibre du globe, à chaque équinoxe, il ramène la terre sous les feux obliques du soleil.

« Gabriel pénètre dans le sein des mers : des nations entières et des continents inconnus dorment engloutis dans le gouffre des ondes. Combien de monstres divers que ne verra jamais l'œil des mortels ! Quel puissant rayon de vie jusque dans ces profondeurs ténébreuses ! Mais aussi que de débris et de naufrages ! Gabriel plaint les hommes et admire la puissance divine. Bientôt il aperçoit l'ange des mers, attentif à quelques grandes révolutions des eaux : assis sur un trône de cristal, il tenait à la main un frein d'or ; sa chevelure verte descendait humide sur ses épaules, et une écharpe d'azur enveloppait ses formes divines. Gabriel le salue avec majesté.

« Esprit redoutable, lui dit-il, ô mon frère ! le pou-
« voir que l'Eternel vous a confié montre assez le
« haut rang que vous occupez dans les hiérarchies cé-
« lestes ! Quel monde nouveau ! Quelle intelligence su-
« blime ! Que vous êtes heureux de connaître ces
« merveilleux secrets ! »

« Divin messager, répondit l'ange des mers, quel
« que soit le sujet qui vous amène, je reçois avec joie
« un hôte tel que vous. Pour admirer la puissance de
« notre maître, il faudrait l'avoir vu, comme moi,
« poser les fondements de cet empire : j'étais présent

« quand il divisa en deux parts les eaux de l'abîme ;
« je le vis assujettir les flots aux mouvements des
« astres, et lier le destin de l'océan à celui de la lune
« et du soleil ; il couvrit Léviathan d'une cuirasse de
« fer, et l'envoya se jouer dans ces gouffres ; il planta
« des forêts de corail sous les ondes, il les peupla de
« poissons et d'oiseaux ; il fit sortir des îles riantes du
« sein d'un élément furieux ; il régla le cours des
« vents ; il soumit les orages à des lois ; et, s'arrêtant
« sur le rivage, il dit à la mer : tu n'iras pas plus loin,
« et tu briseras ici l'orgueil de tes flots. Illustre servi-
« teur de Marie, hâtez-vous de m'apprendre quel
« ordre souverain vous a fait descendre dans ces
« grottes mobiles. Les temps sont-ils accomplis ?
« Faut-il rassembler les nuages ? Faut-il rompre les
« digues de l'océan ? Abandonnant l'univers au chaos,
« dois-je remonter avec vous dans les cieux ? »

« Je vous apporte un message de paix, dit Gabriel
« avec un sourire : l'homme est toujours l'objet des
« complaisances de l'Éternel: la croix va triompher sur
« la terre ; Satan va rentrer dans l'enfer. Marie vous
« ordonne de conduire au port ces deux époux que
« vous voyez s'éloigner des bords de la Grèce. Ne lais-
« sez souffler sur les ondes que la plus douce haleine
« des vents. »

« Qu'il soit fait selon la volonté de l'Etoile des mers !
« dit en s'inclinant respectueusement l'ange qui gou-
« verne les tempêtes. Puisse Satan être bientôt renfer-
« mé dans les lieux de son supplice ! souvent il trou-
« ble mon repos et déchaîne malgré moi les orages. »

« En prononçant ces mots le puissant esprit choisit
les vents doux et parfumés qui caressent les rivages de

l'Inde et de l'océan Pacifique ; il les dirige dans les voiles d'Eudore et de Cymodocée, et fait avancer les deux galères, par un même souffle, à deux ports opposés.

« Favorisé de cette bénigne influence du ciel, Eudore touche bientôt au rivage d'Ostie. Il vole à Rome. Constantin l'embrasse avec tendresse, et lui fait le récit des malheurs de l'Eglise et des intrigues de la cour. » (1)

Rome était dans l'attente et la terreur. Dioclétien avait convoqué le sénat pour délibérer sur le sort des fidèles, mais, par un dernier acte de justice, il avait voulu que les chrétiens y fussent défendus par l'un des leurs. Le choix des prêtres les plus illustres de la capitale de l'empire tombe sur Eudore. Celui-ci aussitôt prévenu se prépare à remplir sa mission par des veilles, des prières et des larmes.

Le jour solennel arrive. Devant la cour se débat la plus grande cause qui fut jamais portée au tribunal des humains. Trois orateurs parlent tour à tour. Dans leurs discours, d'une éloquence variée, sont résumées et fondues avec un art merveilleux les accusations des persécuteurs et les réponses des apologistes.

La vérité apparaît en vain aux yeux de l'empereur fatigué par les obsessions de Galérius, il donne l'ordre de publier l'édit de persécution et, peu après, il est forcé d'abdiquer. Constantin s'enfuit de Rome ; Eudore est arrêté et jeté dans les cachots

Démodocus arrive à Rome, où il croit qu'Hiéroclès a fait conduire Cymodocée.

(1) *Les Martyrs*, œuvres, tome V, pages 165 et 166.

Celle-ci, dans ce moment-là même, est baptisée dans le Jourdain par saint Jérôme. Elle repart pour l'Achaïe, afin d'échapper aux émissaires dépêchés à Jérusalem pour s'emparer de sa personne; une tempête la fait aborder en Italie. Elle est saisie, conduite à Rome et amenée au palais d'Hiéroclès. Elle s'échappe et parvient à une colonnade qui donne sur la rue. Aux cris qu'elle pousse, la multitude accourt ; Démodocus paraît, réclamant sa fille ; la foule menace d'enfoncer les portes du palais et de mettre Hiéroclès en pièces, s'il ne rend à l'Homéride la prêtresse des muses ; Publius, préfet de Rome, et l'empereur Galérius sont attirés par le tumulte, qui va croissant. « Elle est chrétienne, hurle Hiéroclès, et par conséquent esclave. » Démodocus affirme que sa fille n'a point trahi les dieux de ses pères. Il faut que la prêtresse des muses parle elle-même. Cymodocée, levant les yeux au ciel, dit : « Je suis chrétienne ! »

Le peuple interdit demeure suspendu entre sa fureur contre les chrétiens, sa haine pour Hiéroclès et sa pitié pour Cymodocée ; puis, satisfaisant à la fois sa justice et ses passions :

« Cymodocée est chrétienne, dit-il ; qu'on la livre au
« préfet de Rome, et qu'elle subisse le sort des chré-
« tiens ; mais qu'on l'arrache à Hiéroclès, dont elle
« ne peut être l'esclave : Démodocus est citoyen
« romain. »

Auguste confirme cette espèce de sentence par un signe de tête, et Publius se hâte de l'exécuter.

Hiéroclès, dont la conduite a mécontenté l'empereur, est envoyé par lui en disgrâce en Egypte.

Tandis que cet impie hésite entre mille projets,

Eudore, instruit de l'arrivée de Cymodocée et des évènements du palais se laisse aller à une sainte joie. « Elle est chrétienne, redisait-il avec allégresse ; elle « a confessé Jésus-Christ devant le peuple romain : « je puis mourir en paix ; elle viendra me retrouver. »

Au moment même où il prononçait ces paroles, on vint lui annoncer qu'il était condamné à mourir le lendemain.

Sur le point de quitter la terre, le fils de Lasthénès se trouva tourmenté d'une vive et tendre inquiétude. Malgré la ferveur de sa foi et l'exaltation de son âme, le martyr ne pouvait songer sans frémir au destin de la fille d'Homère. Que deviendra cette victime ?...

« Il y avait à Rome un antique usage : la veille de l'exécution des criminels condamnés aux bêtes, on leur donnait à la porte de la prison un repas public, appelé le repas libre. Dans ce repas on leur prodiguait toutes les délicatesses d'un somptueux festin : raffinement barbare de la loi, ou brutale clémence de la religion : l'une, qui voulait faire regretter la vie à ceux qui l'allait perdre ; l'autre qui, ne considérant l'homme que dans les plaisirs, voulait du moins en combler l'homme expirant.

« Ce dernier repas était servi sur une table immense, dans le vestibule de la prison. Le peuple, curieux et cruel, était répandu à l'entour, et des soldats maintenaient l'ordre. Bientôt les martyrs sortent de leurs cachots, et viennent prendre leurs places autour du banquet funèbre : ils étaient tous enchaînés, mais de manière à pouvoir se servir de leurs mains. Ceux qui ne pouvaient marcher à cause de leurs blessures étaient portés par leurs frères. Eudore se traînait appuyé sur les épaules de deux évêques, et les autres confesseurs, par pitié et par respect, étendaient leurs manteaux sous ses pas. Quand il parut hors de la porte, la foule ne put s'empêcher de pousser un cri d'attendrissement, et les soldats donnèrent à leur ancien capitaine le salut des armes. Les prisonniers se rangèrent sur les lits en face de la foule : Eudore et Cyrille occupaient le centre de la table ; les deux chefs des martyrs unissaient sur leurs fronts ce que la jeunesse et la vieillesse ont de plus beau ; on eût cru voir Joseph et Jacob assis au banquet de Pharaon. Cyrille invita ses frères à distribuer au peuple ce repas fastueux, afin de le remplacer par une simple agape, composée d'un peu de pain et de vin pur : la multitude étonnée faisait silence ; elle écoutait avidement les paroles des confesseurs.

« Ce repas, disait Cyrille, est justement appelé le
« repas libre, puisqu'il nous délivre des chaînes du
« monde et des maux de l'humanité.

« Dieu n'a pas fait la mort, c'est l'homme qui l'a
« faite. L'homme nous donnera demain son ouvrage, et
« Dieu, qui est l'auteur de la vie, nous donnera la vie.

« Prions, mes frères, pour ce peuple : il semble
« aujourd'hui touché de notre destinée ; demain il
« battra des mains à notre mort ; il est bien à
« plaindre ; prions pour lui et Galérius, notre empe-
« reur. »

« Et les martyrs priaient pour le peuple et pour Galérius, leur empereur.

« Les païens, accoutumés à voir les criminels se réjouir follement dans l'orgie funèbre, ou se lamenter sur la perte de la vie, ne revenaient pas de leur étonnement. Les plus instruits disaient :

« Quelle est donc cette assemblée de Catons qui
« s'entretiennent paisiblement de la mort la veille de
« leur sacrifice ? Ne sont-ce point des philosophes, ces
« hommes qu'on nous représente comme les ennemis
« des dieux ? Quelle majesté sur leur front ! quelle
« simplicité dans leurs actions et dans leur langage ! »

« La foule disait :

« Quel est ce vieillard qui parle avec tant d'autorité,
« et qui enseigne des choses si innocentes et si
« douces ? Les chrétiens prient pour nous et pour
« l'empereur, ils nous plaignent, ils nous donnent
« leur repas, ils sont couverts de plaies, et ils ne
« disent rien contre nous ni contre les juges. Leur
« Dieu serait-il le véritable Dieu ? »

« Tels étaient les discours de la multitude. Parmi tant de malheureux idolâtres, quelques uns se retirèrent saisis de frayeur, quelques autres se mirent à pleurer, et criaient :

« Il est grand le Dieu des chrétiens ! Il est grand le
« Dieu des martyrs ! »

« Ils restèrent pour se faire instruire, et ils crurent en Jésus-Christ.

« Quel spectacle pour Rome païenne ! Quelle leçon ne lui donnait point cette communion des martyrs ! Ces hommes qui devaient bientôt abandonner la vie continuaient à tenir entre eux des discours pleins d'onction et de charité : lorsque de légères hirondelles se préparent à quitter nos climats, on les voit se réunir au bord d'un étang solitaire, ou sur la tour d'une église champêtre : tout retentit du doux chant du départ; aussitôt que l'aquilon se lève, elles prennent leur vol vers le ciel, et vont chercher un autre printemps et une terre plus heureuse.

« Au milieu de cette scène touchante, on voit accourir un esclave : il perce la foule ; il demande Eudore ; il lui remet une lettre de la part du juge. Eudore déroule la lettre : elle était conçue en ces mots :

« Festus juge, à Eudore chrétien, salut : Cymo« docée est condamnée aux lieux infâmes. Hiéroclès « l'y attend. Je t'en supplie par l'estime que tu m'as « inspirée, sacrifie aux dieux ; viens redemander ton « épouse : je jure de te la faire rendre pure et digne « de toi. »

« Eudore s'évanouit ; on s'empresse autour de lui. Les soldats qui l'environnent se saisissent de la lettre; le peuple la réclame ; un tribun en fait lecture à haute voix ; les évêques restent muets et consternés ; l'assemblée s'agite en tumulte. Eudore revient à la lumière ; les soldats étaient à ses genoux, et lui disaient :

« Compagnon, sacrifiez ! voilà nos aigles au défaut « d'autels. »

« Et ils lui présentaient une coupe pleine de vin pour la libation. Une tentation horrible s'empare du cœur d'Eudore. Cymodocée aux lieux infâmes ! La poitrine du martyr se soulève, l'appareil de ses plaies se brise, et son sang coule en abondance. Le peuple, saisi de pitié, tombe lui-même à genoux, et répète avec les soldats : « Sacrifiez ! sacrifiez ! »

« Alors Eudore d'une voix sourde :
« Où sont les aigles ? »

« Les soldats frappent leurs boucliers en signe de triomphe, et se hâtent d'apporter les enseignes. Eudore se lève ; les centurions le soutiennent ; il s'avance au pied des aigles ; le silence règne parmi la foule. Eudore prend la coupe, les évêques se voilent la tête de leurs robes, et les confesseurs poussent un cri : à ce cri, la coupe tombe des mains d'Eudore ; il renverse les aigles, et se tournant vers les martyrs, il dit :

« Je suis chrétien ! » (1)

Le contenu de la lettre de Festus n'était qu'un généreux mensonge fait par ce magistrat pour sauver Eudore.

Galérius cependant, instruit de la scène du banquet, casse les centurions qui ont montré quelque respect pour leur ancien général ; on éloigne de Rome, sous différents prétextes, les légions étrangères, et les prétoriens, gorgés de vin et d'or, ont seuls la garde de la ville.

Le nom de Cymodocée, d'Eudore et d'Hiéroclès, frappant de nouveau les oreilles de l'empereur, le plonge dans une violente colère : Galérius désigne particulièrement l'épouse d'Eudore pour le massacre du lendemain ; il ordonne que le fils de Lasthénès paraisse seul et le premier dans l'amphithéâtre, le privant ainsi du bonheur de mourir avec ses frères ; enfin, il commande de jeter Hiéroclès au fond d'un vaisseau, et de le conduire au lieu de son exil.

Cette sentence portée à Hiéroclès lui donne le coup de la mort. Frappé par l'ange exterminateur, ce

(1) *Les Martyrs*, œuvres, tome V, pages 238 et suivantes.

monstre voit en un instant une lèpre hideuse couvrir son corps, et bientôt il expire au milieu d'atroces souffrances.

L'Eternel, qui vient de punir le crime, songe à couronner l'innocence. Un faux rapport avait interrompu, pour quelques instants, les chagrins de Cymodocée : elle croyait Eudore délivré. « Le souvenir de son premier bonheur et du doux pays de la Grèce inspire la fille d'Homère. Elle s'assit devant la fenêtre de sa prison, et reposant sur sa main sa tête embellie du voile des martyrs, elle soupire ces paroles harmonieuses :

« Légers vaisseaux de l'Ausonie, fendez la mer
« calme et brillante ! Esclaves de Neptune, aban-
« donnez la voile au souffle amoureux des vents !
« Courbez-vous sur la rame agile ; reportez-moi, sous
« la garde de mon époux et de mon père, aux rives
« fortunées du Pamysus.

« Volez, oiseaux de Libye dont le cou flexible se
« courbe avec grâce, volez au sommet de l'Ithome et
« dites que la fille d'Homère va revoir les lauriers de la
« Messénie !

« Quand retrouverai-je mon lit d'ivoire, la lumière
« du jour si chère aux mortels, les prairies émaillées
« de fleurs qu'une eau pure arrose, que la pudeur
« embellit de son souffle ! » (1)

La nuit cependant enveloppait Rome entière.

(1) *Les Martyrs*, œuvres, tome V, page 245.

Tout à coup les portes de la prison s'ouvrent, et le centurion chargé de lire aux chrétiens la sentence de l'empereur paraît devant la jeune chrétienne. Il était accompagné de plusieurs soldats : quelques autres, arrêtés dans les cours extérieures, retenaient le gardien et lui prodiguaient le vin des idoles. O prodige ! La fille de Démodocus reconnaît, sous l'habit du centurion, l'un des amis de son fiancé. Dorothée (c'était son nom) lui apprend l'arrêt porté contre Eudore ; puis, lui faisant prendre un déguisement, il l'emmène et la conduit à son père.

Rien de plus attendrissant et de plus dramatique que l'entrevue du prêtre d'Homère et de sa fille. Le lendemain, l'heure de la séparation arrive...

« Un rayon de l'aurore parvient jusqu'à la jeune chrétienne, à travers le laurier de Virgile. Aussitôt elle se lève en silence, et reprend le vêtement du martyre, qu'elle avait eu soin de garder. Le prêtre d'Homère goûtait encore le sommeil qu'un ange avait répandu sur ses yeux.

« Cymodocée s'approche doucement, et se met à genoux au bord du lit de Démodocus. Elle contemple son père en versant des larmes muettes ; elle écoute la respiration paisible du vieillard ; elle songe à son affreux réveil ; elle peut à peine étouffer les sanglots de la piété filiale. Soudain elle rappelle son courage, ou plutôt son amour et sa foi ; elle s'échappe furtivement.

« Le peuple s'assemblait à l'amphithéâtre de Vespasien ; Rome entière était accourue pour boire le sang des martyrs. Cent mille spectateurs, les uns voilés d'un pan de leur robe, les autres portant sur la tête une ombrelle, étaient répandus sur les gradins. La foule, vomie par les portiques, descendait et montait le long des escaliers extérieurs, et prenait son rang sur les marches revêtues de marbre. Des grilles d'or défendaient le banc des sénateurs de l'attaque des bêtes féroces. Pour rafraîchir l'air, des machines ingénieuses faisaient monter des sources de vin et d'eau safranée, qui retombaient en rosée odoriférante. Trois mille statues de bronze, une multitude infinie de tableaux, des colonnes de jaspe et de porphyre, des balustres de cristal, des vases d'un travail précieux décoraient la scène. Dans un canal creusé autour de l'arène nageaient un hippopotame et des crocodiles ; cinq cents lions, quarante éléphants, des tigres, des panthères, des taureaux, des ours accoutumés à déchirer des hommes, rugissaient dans les cavernes de l'amphithéâtre... »

Cymodocée a rejoint Eudore pour mourir avec lui.

« Tout à coup retentit le bruit des armes: le pont qui conduisait du palais de l'empereur à l'amphithéâtre s'abaisse, et Galérius ne fait qu'un pas de son lit de douleur au carnage...

« Le son de la trompette se fait entendre : c'est l'annonce de l'apparition des bêtes féroces. Le chef des rétiaires traverse l'arène, et vient ouvrir la loge d'un tigre connu par sa férocité.

« La trompette sonne pour la seconde fois. On entend gémir la porte de fer de la caverne du tigre : le gladiateur qui l'avait ouverte s'enfuit effrayé. Eudore place Cymodocée derrière lui. On le voyait debout, uniquement attentif à la prière, les bras tendus en forme de croix, et les yeux levés vers le ciel.

« La trompette sonne pour la troisième fois.

« Les chaînes du tigre tombent, et l'animal furieux s'élance en rugissant dans l'arène : un mouvement involontaire fait tressaillir les spectateurs. Cymodocée, saisie d'effroi, s'écrie :

« Ah ! sauvez-moi ! »

« Et elle se jette dans les bras d'Eudore, qui se retourne vers elle. Il la serre contre sa poitrine, il aurait voulu la cacher dans son cœur. Le tigre arrive aux deux martyrs. Il se lève debout, et enfonçant ses ongles dans les flancs du fils de Lasthénès, il déchire avec ses dents les épaules du confesseur intrépide. Comme Cymodocée, toujours pressée dans le sein de son époux, ouvrait sur lui des yeux pleins d'amour et de frayeur, elle aperçoit la tête sanglante du tigre auprès de la tête d'Eudore. A l'instant la chaleur abandonne les membres de la vierge victorieuse ; ses paupières se ferment ; elle demeure suspendue aux bras de son époux, ainsi qu'un flocon de neige aux rameaux d'un pin du Ménale ou du Lycée. Les saintes martyres, Eulalie, Félicité, Perpétue, descendent pour chercher leur compagne : le tigre avait brisé le cou d'ivoire de la fille d'Homère. L'ange de la mort coupe en souriant le fil des jours de Cymodocée. Elle exhale son dernier soupir sans effort et sans douleur; elle rend au ciel un souffle divin qui semblait tenir à peine à ce corps formé par les Grâces : elle tombe comme une fleur que la faux du villageois vient d'abattre sur le gazon. Eudore la suit un moment après dans les éternelles demeures : on eût cru voir un de ces sacrifices de paix où les enfants d'Aaron offraient au Dieu d'Israël une colombe et un jeune taureau.

« Les époux martyrs avaient à peine reçu la palme que l'on aperçut au milieu des airs une croix de lumière, semblable à ce Labarum qui fit triompher Constantin. La foudre gronda sur le Vatican, colline alors déserte, mais souvent visitée par un esprit inconnu ; l'amphithéâtre fut ébranlé jusque dans ses fondements ; toutes les statues des idoles tombèrent, et l'on entendit, comme autrefois à Jérusalem, une voix qui disait :

« Les dieux s'en vont. »

« La foule éperdue quitte les jeux ; Galérius, rentré dans son palais, s'abandonne aux plus noires fureurs ; il ordonne qu'on livre au glaive les illustres compagnons d'Eudore. Constantin paraît aux portes de Rome. Galérius succombe aux horreurs de son mal : il expire en blasphémant l'Eternel. En vain un nouveau tyran s'empare du pouvoir suprême : Dieu tonne du haut du ciel ; le signe du salut brille ; Constantin frappe ; Maxence est précipité dans le Tibre. Le vainqueur entre dans la cité reine du monde ; les ennemis des chrétiens se dispersent: Le prince, ami d'Eudore, s'empresse alors de recueillir les derniers soupirs de Démodocus, que la douleur enlève à la terre, et qui demande le baptême pour aller rejoindre sa fille bien aimée. Constantin vole aux lieux où l'on avait entassé les corps des victimes : les deux époux conservaient toute leur beauté dans la mort. Par un miracle du ciel, leurs plaies se trouvaient fermées, et l'expression de la paix et du bonheur était empreinte sur leur front. Une fosse est creusée pour eux dans le cimetière où le fils de Lasthénès fut autrefois retranché du nombre des fidèles. Les légions des Gaules, jadis conduites à la victoire par Eudore, entourent le monument funèbre de leur ancien général. L'aigle guerrière de Romulus est décorée de la croix pacifique. Sur la tombe des jeunes martyrs, Constantin reçoit la couronne d'Auguste, et, sur cette même tombe, il proclame la religion chrétienne la religion de l'empire. » (1)

Tel est, dans ses principaux détails, le poëme des *Martyrs*.

M. de Chateaubriand n'avait rien négligé pour rendre cet important ouvrage digne du public. Il avait compulsé de nombreux volumes et entrepris un long et pénible voyage, afin de donner au temps et aux lieux où avait vécu son héros les couleurs qui leur convenaient ; allant bien au delà du conseil formulé par Boileau, cent et cent fois il avait fait, défait et refait la même page ; le livre terminé, il l'avait soumis à des critiques de goût et de savoir, et s'était soumis à leurs raisons : il croyait donc pouvoir nourrir quelque espérance de succès.

Cette espérance fut cruellement déçue : un *tolle* quasi général salua l'apparition des *Martyrs*. On ne doit pas trop s'en étonner. Les circonstances n'étaient plus celles où avait paru le *Génie du Christianisme*. La presse, qui, en 1802, jouissait encore d'une assez grande liberté, était, en 1809, tout entière placée sous la dépendance de Napoléon, et Napoléon n'avait ni pour l'auteur, ni pour les idées défendues par lui les mêmes sentiments que Bonaparte.

Mécontent, en outre, de plusieurs allusions qui lui

---

(1) *Les Martyrs*, œuvres, tome V, page 260 et suivantes.

furent signalées et se sentant, comme il le disait,
« égratigné sur la peau de Dioclétien, » l'empereur
donna l'ordre aux écrivains salariés par sa police
d'attaquer à fond le nouvel ouvrage.

Aux saltimbanques de la presse officielle s'adjoignirent d'eux-mêmes les disciples de Voltaire, charmés de poursuivre de leur persifflage un poëte chrétien. Hoffman, journaliste de talent, aussi caustique qu'érudit, très antipathique à M. de Chateaubriand, fut chargé de diriger et d'inspirer cette troupe. Ce fut pendant quelque temps un indécent charivari, formé d'épigrammes, de parodies et de critiques furibondes, en prose et en vers. L'exécution de l'un des cousins de l'illustre auteur, Armand de Chateaubriand, arrêté en Normandie, où il venait remplir une mission de la part des princes, loin d'interrompre cet odieux vacarme, ne fit qu'exciter l'ardeur de ceux qui y participaient. Mais soudain une voix s'éleva, et cette voix disait :

>   Chateaubriand, le sort du Tasse
>   Doit t'instruire et te consoler ;
>   Trop heureux qui, suivant sa trace
>   Au prix de la même disgrâce,
>   Dans l'avenir peut l'égaler !
>
>   Contre toi, du peuple critique
>   Que peut l'injuste opinion ?
>   Tu retrouvas la Muse antique
>   Sous la poussière poétique
>   Et de Solime et d'Ilion.

> Du grand peintre de l'Odyssée
> Tous les trésors te sont ouverts ;
> Et dans ta prose cadencée
> Les soupirs de Cymodocée
> Ont la douceur des plus beaux vers.
>
> Aux regrets d'Eudore coupable
> Je trouve un charme différent ;
> Et tu joins dans la même fable
> Ce qu'Athènes a de plus aimable,
> Ce que Sion a de plus grand.

On a reconnu la voix de M. de Fontanes. Ce critique si sûr, parlant des *Martyrs*, ne cessait de répéter: « Ils y reviendront. » C'était l'arrêt même de la postérité.

L'on est en effet revenu aux *Martyrs*, et c'est justice. Tandis que les Zoïles sont rentrés dans l'ombre, l'auteur de cet ouvrage, par la puissance de son imagination, la délicatesse de ses sentiments et la perfection de son style, a pris rang dans cette phalange immortelle, où dominent d'une taille de géant Homère, Virgile, Milton ; et, soit qu'il rassemble d'une main habile les fleurs des antiquités hébraïque, grecque et latine ; soit qu'il évoque, devant nous, avec la vérité de l'histoire et le charme de la fiction, les peuples disparus ; soit qu'il nous promène dans les contrées visitées par son héros, en rendant à chacune d'elle la physionomie qui lui est propre ; soit enfin qu'il déroule sous nos regards attendris les scènes pathétiques de son drame, l'on est forcé de saluer en lui un disciple souvent heureux et parfois même un émule de ces grands poëtes.

CHAPITRE XX.

Napoléon cherche à se rapprocher de M. de Chateaubriand. — Les prix décennaux. — L'intention de l'Empereur n'est pas comprise par l'Académie. — Pensum imposé au docte corps. — M. de Chateaubriand est nommé à l'Institut en remplacement de M. M.-J. Chénier. — Le discours qu'il doit prononcer est soumis à une commission et à Napoléon. — Extraits de ce discours : *Exorde ; mission de l'homme de lettres ; Delille, Chénier, la révolution et la liberté : péroraison.* — Colère de l'Empereur. — M. de Chateaubriand se retire à la Vallée-aux-Loups.

1809-1812.

Napoléon cependant, si absolu dans ses idées et dans sa conduite, n'en estimait pas moins chez les autres l'indépendance du caractère, et M. de Chateaubriand, qu'il venait de faire bafouer comme auteur des *Martyrs* et qu'il avait brisé comme rédacteur du *Mercure*, lui inspirait une véritable admiration. Il n'ignorait point, du reste, l'influence des lettres, et d'instinct il cherchait à se rapprocher de ceux qui possédaient une plume ayant quelque valeur.

Or, parmi les moyens mis en œuvre par l'empereur pour embrigader les lettrés de son temps, l'un de ceux auxquels il avait le plus de confiance consistait dans certains prix qu'il faisait décerner aux ouvrages qui avaient le don de lui plaire. Voulant faire acte de générosité vis-à-vis de l'auteur du *Génie du Christianisme*, il décréta, dans une disposition organique du 28 novembre 1809, « une récompense à l'auteur de l'ouvrage de littérature, ayant paru depuis dix ans, qui réunirait au plus haut degré la nouveauté des idées, le talent de la composition et l'élégance du style. » La classe de lettres de l'Institut était chargée de donner ce prix, et, comme on le voit, elle n'avait pas à se tromper. Elle se trompa néanmoins. La plupart de ses membres étaient aveuglés par la passion philosophique et révolutionnaire, et les autres se trouvaient sous la domination d'un servilisme aussi peu intelligent qu'il était effréné : ils ne devinèrent pas les intentions de l'empereur.

L'étonnement de celui-ci fut grand quand, aux propositions, il trouva, à la place du *Génie*, une œuvre indigeste de Saint-Lambert intitulée : *Catéchisme de morale*.

« Napoléon aimait, dit M. Nodier, qu'on fût ponctuel dans les détails, et il ne souffrait pas volontiers les restrictions dans l'obéissance. Il trouva piquant de donner un *pensum* à l'Académie, et d'en exiger, pour punition de sa réticence, deux volumineux appendices à son volumineux plaidoyer. »

La classe, invitée par lui à donner son opinion sur le *Génie*, chargea, par un scrutin, MM. Morellet, Arnault, Lacretelle, Daru et Sicard de rédiger, chacun en particulier, une appréciation motivée sur cet ouvrage. Les avis furent partagés. Des débats sortit, le 13 février, une déclaration mixte. La classe jugeait le

Génie du Christianisme défectueux quant au fond et au plan ; elle y reconnaissait, malgré cela, un talent très distingué de style, de nombreux morceaux remarquables par leur mérite, et, dans quelques parties, des beautés du premier ordre. L'effet du style et la beauté des détails n'auraient néanmoins pas suffi, suivant elle, pour assurer à l'ouvrage le succès qu'il avait obtenu ; et ce succès était dû aussi à l'esprit de parti et à des passions du moment qui s'en étaient emparées, soit pour l'exalter, soit pour le déprécier à l'excès. L'ouvrage, tel qu'il était, paraissait mériter une distinction de sa Majesté. Or, pendant que l'on procédait à l'examen dont nous venons de parler, un homme, plus célèbre par les malheurs et les fautes de sa vie que par son talent, M. Joseph Chénier, expirait à quarante-six ans. Cette mort laissait vacante une place à l'académie. Secrètement excité par plusieurs de ses amis, M. de Chateaubriand se présenta pour recueillir la succession de M. Chénier, et fut élu à la presque unanimité de vingt-cinq membres présents. (20 février 1811).

L'empereur informé approuva aussitôt l'élection par un décret, et ne dissimula pas sa joie. Le soir même, félicitant M. de Fontanes du choix de son nouveau collègue, il dit en souriant : « Eh bien ! vous éludez la question, Messieurs de l'académie ; vous avez joué de finesse avec moi ; vous prenez l'homme au lieu du livre. Je verrai s'il n'y a pas moyen de créer au nouvel élu quelque grande place littéraire, une direction générale des bibliothèques de l'Empire. » C'était suffisamment indiquer que le rapprochement entre l'illustre écrivain et lui était chose accomplie dans sa pensée. Restait une dernière épreuve.

Il est d'usage, on le sait, que le récipiendaire prononce, en entrant dans le docte corps, un discours, où il fait l'éloge de son prédécesseur. Il loue sa naissance, ses titres littéraires, et, quand il ne peut louer ni l'une ni l'autre de ces deux choses, l'usage demande que le défunt n'en soit pas moins trouvé digne de l'immortalité.

Or, les convenances de l'académie n'étaient, cette fois, que trop d'accord avec les désirs de l'empereur. Que va faire M. de Chateaubriand? Se soumettra-t-il aux usages et respectera-t-il la trêve silencieuse imposée par Napoléon aux hommes des camps opposés qui le suivent, ou obéira-t-il à la voix de sa conscience? Ayant à parler de M. J. Chénier, qui fut voltairien, révolutionnaire et régicide, va-t-il jeter un voile sur ses doctrines et ses crimes, ou juger sa vie, ses actes, ses écrits et son temps avec l'impartialité de l'historien? Voilà la question que l'on se posait.

Le discours étant prêt, l'auteur fut appelé à le lire devant une commission nommée pour l'entendre. L'ayant entendu, cette commission n'en jugea pas la lecture possible à l'académie, et le remit à l'empereur.

M. de Chateaubriand débutait par cet exorde éloquent et plein d'à-propos :

« Messieurs,

« Lorsque Milton publia le *Paradis perdu*, aucune voix ne s'éleva dans les trois royaumes de la Grande Bretagne pour louer un ouvrage qui, malgré ses nombreux défauts, n'en est pas moins un des plus beaux monuments de l'esprit humain.

« L'Homère anglais mourut oublié, et ses contemporains laissèrent à l'avenir le soin d'immortaliser le chantre d'*Eden*. Est-ce là une de ces grandes injustices littéraires dont presque tous les siècles offrent des exemples ? Non, Messieurs ; à peine échappés aux guerres civiles, les Anglais ne purent se résoudre à célébrer la mémoire d'un homme qui se fit remarquer par l'ardeur de ses opinions dans un temps de calamités. Que réserverons-nous, dirent-ils, à la tombe du citoyen qui se dévoue au salut de son pays, si nous prodiguons les honneurs aux cendres de celui qui peut, tout au plus, nous demander une généreuse indulgence ? La postérité rendra justice à la mémoire de Milton ; mais nous, nous devons une leçon à nos fils ; nous devons leur apprendre, par notre silence, que les talents sont un présent funeste quand ils s'allient aux passions, et qu'il vaut mieux se condamner à l'obscurité que de se rendre célèbre par les malheurs de sa patrie. » (1)

Après s'être demandé s'il doit imiter cet exemple mémorable, l'orateur continue :

« Il y a des personnes qui voudraient faire de la littérature une chose abstraite, et l'isoler au milieu des affaires humaines. Ces personnes me diront : Pourquoi garder le silence ? ne considérez les ouvrages de M. Chénier que sous les rapports littéraires. C'est-à-dire, Messieurs, qu'il faut que j'abuse de votre patience et de la mienne pour répéter des lieux communs que l'on trouve partout, et que vous connaissez mieux que moi. Autres temps, autres mœurs : héri-

(1) *Mémoires d'outre-tombe*, tome II, page 555.

tiers d'une longue suite d'années paisibles, nos devanciers pouvaient se livrer à des discussions purement académiques, qui prouvaient encore mieux leur talent que leur bonheur. Mais nous, restes infortunés d'un grand naufrage, nous n'avons plus ce qu'il faut pour goûter un calme si parfait. Nos idées, nos esprits, ont pris un cours différent. L'homme a remplacé en nous l'académicien ; en dépouillant les lettres de ce qu'elles peuvent avoir de futile, nous ne les voyons plus qu'à travers nos puissants souvenirs et l'expérience de notre adversité. Quoi ! après une révolution qui nous a fait parcourir en quelques années les évènements de plusieurs siècles, on interdira à l'écrivain toute considération élevée ! On lui refusera d'examiner le côté sérieux des objets ! Il passera une vie frivole à s'occuper de chicanes grammaticales, de règles de goût, de petites sentences littéraires ! Il vieillira enchaîné dans les langes de son berceau ! Il ne montrera pas sur la fin de ses jours un front sillonné par ses travaux, par ses graves pensées, et souvent ses mâles douleurs qui ajoutent à la grandeur de l'homme ! Quels soins importants auront donc blanchi ses cheveux ? Les misérables peines de l'amour-propre et les jeux puérils de l'esprit.

« Certes, Messieurs, ce serait nous traiter avec un mépris bien étrange ! Pour moi, je ne puis ainsi me rapetisser, ni me réduire à l'état d'enfance, dans l'âge de la force et de la raison. Je ne puis me renfermer dans ce cercle étroit qu'on voudrait tracer autour de l'écrivain. » (1)

(1) *Mémoires d'outre-tombe*, tome II, page 557.

Et alors passant en revue, dans une ingénieuse énumération, les membres les plus distingués de l'académie, il les couvre de fleurs et montre qu'il lui serait impossible, en parlant d'eux, de ne pas aborder les questions sociales et politiques. L'abbé Delille lui offrait l'occasion de déplorer le sort des serviteurs de l'ancienne monarchie ; il saisit cette occasion avec empressement, et dit :

« Si je voulais, Messieurs, vous entretenir du poëte célèbre qui chanta la nature d'une voix si brillante, pensez-vous que je me bornerais à vous faire remarquer l'admirable flexibilité d'un talent qui sut rendre avec un mérite égal les beautés régulières de Virgile et les beautés incorrectes de Milton ? Non : je vous montrerais aussi ce poëte ne voulant pas se séparer de ses infortunés compatriotes, les suivant avec sa lyre aux rives étrangères, chantant leurs douleurs pour les consoler ! illustre banni au milieu de cette foule d'exilés dont j'augmentais le nombre. Il est vrai que son âge et ses infirmités, ses talents et sa gloire, ne l'avaient pas mis dans sa patrie à l'abri des persécutions. On voulait lui faire acheter la paix par des vers indignes de sa muse, et sa muse ne put chanter que la redoutable immortalité du crime et la rassurante immortalité de la vertu : Rassurez-vous, vous êtes immortels. (1)

Arrivant à M. Chénier, il s'exprime ainsi :

« Si je parlais de la tragédie de *Charles IX*, pourrais-je m'empêcher de venger la mémoire du cardinal de Lorraine, et de discuter cette étrange leçon donnée

---

(1) *Mémoires d'outre-tombe*, tome II, page 559.

aux rois ? Caïus Gracchus, Calas, Henri VIII, Fénelon, m'offrent sur plusieurs points cette altération de l'histoire.......

« Si je relis ses satires, j'y trouve immolés des hommes qui sont placés au premier rang de cette assemblée ; toutefois ces satires, écrites d'un style élégant, pur et facile, rappellent l'agréable école de Voltaire ; et j'aurais d'autant plus de plaisir à les louer que mon nom n'a pas échappé à la malice de l'auteur. Mais laissons là ces ouvrages qui donneraient lieu à des récriminations pénibles : je ne troublerai point la mémoire d'un écrivain qui fut votre collègue, et qui compte encore parmi vous des admirateurs et des amis. Il devra à cette religion, qui lui parut si méprisable dans les écrits de ceux qui la défendent, la paix que je souhaite à sa tombe. Mais ici même, Messieurs, ne serais-je point assez malheureux pour trouver un écueil ! Car, en portant aux cendres de M. Chénier le tribut de respect que tous les morts réclament, je crains de rencontrer sous mes pas des cendres bien autrement illustres. Si des interprétations peu généreuses voulaient me faire un crime de cette émotion involontaire, je me réfugierais au pied de ces autels expiatoires qu'un puissant monarque élève aux mânes de nos rois et de leurs dynasties outragées.

« Ah ! qu'il eût été plus heureux pour M. Chénier de n'avoir point participé à ces calamités publiques qui retombèrent enfin sur sa tête ! Il a su comme moi ce que c'est que de perdre dans les orages populaires un frère tendrement chéri !

« Qu'auraient dit nos malheureux frères si Dieu les eût appelés le même jour à son tribunal ? S'ils s'étaient rencontrés au moment suprême, avant de confondre leur sang, ils nous auraient crié sans doute : « Cessez « vos guerres intestines, revenez à des sentiments « d'amour et de paix. La mort frappe également tous « les partis, et vos cruelles divisions nous coûtent la « jeunesse et la vie. » Tels auraient été leurs cris « fraternels.

« Si mon prédécesseur pouvait entendre ces paroles, qui ne consolent plus que son ombre, il serait sensible à l'hommage que je rends ici à son frère, car il était naturellement généreux. Ce fut cette même générosité de caractère qui l'entraîna vers des nouveautés bien séduisantes sans doute, puisqu'elles promettaient de nous rendre les vertus des Fabricius ; mais bientôt, trompé dans ses espérances, son humeur s'aigrit, son talent se dénatura. Transporté de la solitude du poète au milieu des factions, comment aurait-il pu se livrer à ces sentiments affectueux qui font le charme de la vie ? Heureux s'il n'eût vu d'autre ciel que le ciel de la Grèce sous lequel il était né, s'il n'eût contemplé d'autres ruines que celles de Sparte et d'Athènes ! Je l'aurais peut-être rencontré dans la belle patrie de sa mère, et nous nous serions juré amitié sur les bords du Permesse ; ou bien, puisqu'il devait revenir aux champs paternels, que ne me suivit-il dans les déserts où je fus jeté par nos tempêtes ? Le silence des forêts aurait calmé cette âme troublée, et les cabanes des sauvages l'eussent peut-être réconcilié avec les palais des rois. Vains souhaits ! M. Chénier resta sur le théâtre de nos agitations et de nos douleurs. Atteint, jeune encore, d'une maladie mortelle, vous le vîtes, Messieurs, s'incliner lentement vers le tombeau et quitter pour toujours... On ne m'a point raconté ses derniers moments.

Il ajoute :

« Nous tous, qui vécûmes dans les troubles et les agitations, nous n'échapperons pas aux regards de l'histoire. Qui peut se flatter d'être trouvé sans tache, dans un temps de délire où personne n'avait l'usage entier de sa raison ? Soyons donc pleins d'indulgence pour les autres ; excusons ce que nous ne pouvons approuver. Telle est la faiblesse humaine, que le talent, le génie, la vertu même peuvent quelquefois franchir les bornes du devoir. M. Chénier adora la liberté ; pourrait-on lui en faire un crime ? Les chevaliers eux-mêmes, s'ils sortaient de leurs tombeaux, suivraient la bannière de notre siècle. On verrait se former cette illustre alliance entre l'honneur et la liberté, comme sous le règne des Valois les créneaux gothiques couronnaient avec une grâce infinie dans nos monuments les ordres empruntés des Grecs. La liberté n'est-elle pas le plus grand des biens et le premier des besoins de l'homme ? Elle enflamme le génie, elle élève le cœur, elle est nécessaire à l'ami des muses comme l'air qu'il respire. Les arts peuvent, jusqu'à un certain point, vivre dans la dépendance, parce qu'ils se servent d'une langue à part et qui n'est pas entendu de la foule ; mais les lettres, qui parlent une langue universelle, languissent et meurent dans les fers. Comment tracera-t-on des pages dignes de l'avenir, s'il faut s'interdire, en écrivant, tout sentiment magnanime, toute pensée forte et grande ? La liberté est si naturellement l'amie des sciences et des lettres qu'elle se réfugie auprès d'elles lorsquelle est bannie du milieu des peuples ; et c'est nous, Messieurs, qu'elle charge d'écrire ses annales et de la venger de ses ennemis, de transmettre son nom et son culte à la dernière postérité. Pour qu'on ne se trompe pas dans l'interprétation de ma pensée, je déclare que je ne parle ici que de la liberté qui naît de l'ordre et enfante des lois, et non de cette liberté fille de la licence et mère de l'esclavage. Le tort de l'auteur de *Charles IX* ne fut donc pas d'avoir offert son encens à la première de ces divinités, mais d'avoir cru que les droits qu'elle nous donne sont incompatibles avec un gouvernement monarchique. C'est dans ses opinions qu'un français met cette indépendance que d'autres peuples placent dans leurs lois. La liberté est pour lui un sentiment plutôt qu'un principe, et il est citoyen par instinct et sujet par choix. Si l'écrivain dont vous déplorez la perte avait fait cette réflexion, il n'aurait pas embrassé dans un même amour la liberté qui fonde et la liberté qui détruit. » (1)

M. de Chateaubriand terminait par ces pompeuses paroles : « Voyageur solitaire, je méditais il y a quelques jours sur la ruine des empires détruits, et je vois s'élever un nouvel empire. Je quitte à peine ces tombeaux où dorment les nations ensevelies, et j'aperçois un berceau chargé des destinées de l'avenir. De toutes parts retentissent les acclamations du soldat. César monte au Capitole ; les peuples raconte les merveilles, les monuments élevés, les cités embellies,

---

(1) *Mémoires d'outre-tombe*, tome II, page 564 et suivantes.

les frontières de la patrie baignées par ces mers lointaines qui portaient les vaisseaux de Scipion, et par ces mers reculées que ne vit pas Germanicus.

« Tandis que le triomphateur s'avance entouré de ses légions, que feront les tranquilles enfants des muses ? Ils marcheront au-devant du char pour joindre l'olivier de la paix aux palmes de la victoire, pour présenter au vainqueur la troupe sacrée, pour mêler aux récits guerriers les touchantes images qui faisaient pleurer Paul-Emile sur les malheurs de Persée.

« Et vous, fille des Césars, sortez de votre palais avec votre jeune fils dans vos bras ; venez ajouter la grâce à la grandeur, venez attendrir la victoire et tempérer l'éclat des armes par la douce majesté d'une reine et d'une mère. » (1)

Cet éloge, que plusieurs ont reproché à M. de Chateaubriand, n'était au fond qu'un lieu commun : il ne put faire prendre le change à Napoléon sur la portée du reste du discours. La leçon indirecte donnée à celui qui ne voulait voir dans l'Académie qu'une *classe de grammaire*, la flétrissure dont le récipiendaire marquait les hommes de 93, la chaleureuse réclamation qu'il faisait entendre en faveur de la liberté, ses regrets sur la famille tombée des Bourbons, ses gémissements sur l'infortune des serviteurs fidèles de l'ancienne monarchie, exaspérèrent l'empereur. Il déclara, et très haut, que si le discours avait été prononcé, il aurait fait fermer les portes de l'Institut et jeter l'auteur dans un cul de basse-fosse pour le reste de sa vie. « Ne suis-je

---

(1) *Mémoires d'outre-tombe*, tome II, page 567 et suivantes.

donc qu'un usurpateur ? s'écriait-il en marchant à grands pas et en se frappant le front avec la main. Ah ! pauvre France ! que tu as longtemps encore besoin de tuteur !..... Non, je ne puis souffrir rien de tout cela, ni ces souvenirs imprudents du passé, ni ce blâme secret du présent, malgré quelques louanges. Je dirais à l'auteur, s'il était devant moi : Vous n'êtes pas de ce pays, Monsieur. Votre admiration, vos vœux sont ailleurs. Vous ne comprenez ni mes intentions ni mes actes. Eh bien ! si vous êtes mal à l'aise en France, sortez de France ; sortez, Monsieur, car nous ne nous entendons pas, et c'est moi qui suis le maître ici. Vous n'appréciez pas mon œuvre, et vous la gâteriez si je vous laissais faire. Sortez, Monsieur, passez la frontière, et laissez la France en paix et en en union, sous un pouvoir dont elle a besoin. »

Le nouvel académicien ne sortit pas de France ; il se retira dans la Vallée-aux-Loups ; et à quoi s'y occupa-t-il alors, Mme de Chateaubriand va nous le dire : « Le chat — c'est le nom que donnaient dans l'intimité à l'illustre écrivain MM. Joubert et de Fontanes, — le chat, écrivait-elle à l'un de ses amis, ramage des vers par le mauvais temps ; quand la pluie cesse, il vole à ses chers arbres, qu'il plante et déplante tant qu'il peut. »

Les vers que « ramageait » alors l'auteur des *Martyrs* étaient ceux d'une tragédie intitulée *Moïse*, qui ne devait jamais être jouée, bien que digne de l'être.

On peut, du reste, considérer cette pièce comme un adieu à la muse. De graves évènements se préparaient, une révolution allait en sortir, et donner à la vie et aux travaux du grand écrivain une direction nouvelle. Le pamphlétaire, le publiciste, l'homme d'état vont prendre en lui la place du poëte, et la scène politique est celle sur laquelle nous le verrons désormais agir et parler.

CHAPITRE XXI.

Napoléon à l'apogée de sa gloire. — Signes de décadence. — Paroles de M. de Chateaubriand au départ de l'empereur pour la Russie. — Retraite de Moscou, campagne de France et capitulation de Paris. — M. de Chateaubriand publie une brochure intitulée : De *Buonaparte et des Bourbons*. — Rentrée de Louis XVIII. — *Mémoire* de Carnot et *Réflexions politiques* de M. de Chateaubriand. — Ce dernier est nommé ambassadeur en Suède. — *Retour de l'île d'Elbe*. — M. de Chateaubriand ministre de Louis XVIII à Gand. — *Bataille de Waterloo*.

1812-1815.

« Bonaparte dans le cours de ses succès toujours croissants semblait appelé à changer les dynasties royales, à rendre la sienne la plus âgée de toutes. Il avait fait rois les électeurs de Bavière, de Wurtemberg et de Saxe ; il avait donné la couronne de Naples à Murat, celle d'Espagne à Joseph, celle de Hollande à Louis, celle de Westphalie à Jérôme : sa sœur, Elisa Bacciochi, était princesse à Lucques ; il était, pour son propre compte, empereur des Français, roi d'Italie, dans lequel royaume se trouvaient compris Venise, la Toscane, Parme et Plaisance, le Piémont étant réuni à la France ; il avait consenti à laisser régner en Suède un de ses capitaines, Bernadotte ; par le traité de la confédération du Rhin, il exerçait les droits de la maison d'Autriche sur l'Allemagne ; il s'était déclaré médiateur de la conférence helvétique, il avait jeté bas la Prusse ; sans posséder une barque, il avait déclaré les Iles Britanniques en état de blocus. L'Angleterre, malgré ses flottes, fut au moment de n'avoir pas un port en Europe pour y décharger un ballot de marchandises, ou pour y mettre une lettre à la poste.

« Les Etats du Pape faisaient partie de l'empire français ; le Tibre était un département de la France. On voyait dans les rues de Paris des cardinaux demi-prisonniers qui, passant la tête à la portière de leur fiacre, demandaient : « Est-ce ici que demeure le roi « de.... Non, répondait le commissionnaire interrogé, « c'est plus haut. » L'Autriche ne s'était rachetée qu'en livrant sa fille. » (1)

Mais déjà se révélaient les symptômes précurseurs de la chute du conquérant. Les démêlés de Napoléon avec la papauté avaient éloigné de lui la confiance des catholiques, et sa lutte contre l'Espagne avait montré que ses armes n'étaient pas invincibles. Ses ennemis reprenaient insensiblement courage ; la lassitude commençait à s'emparer de ses amis. Les changements qui s'opéraient dans l'opinion ne pouvaient échapper à M. de Chateaubriand, dont la haine doublait la perspicacité. Au départ de l'empereur pour la Russie, il s'écria : « *C'est Crassus chez les Parthes.* »

Cette prophétie ne fut que trop tôt accomplie.

Vers le milieu de l'année 1812, Napoléon franchis-

(1) *Mémoires d'outre-tombe,* tome III, pages 3 et 4.

sait le Niémen, avec six cent quatre-vingt mille trois cents fantassins, et cent soixante-seize mille huit cent cinquante chevaux ; au mois de décembre de la même année, un millier de fantassins réguliers, quelques canons et trente mille misérables couverts de plaies repassaient le fleuve. C'était tout ce qui restait de son immense armée. Derrière cette armée, le torrent des troupes ennemies et des nations ameutées déborda bientôt de toutes parts, et, malgré l'héroïque résistance des nôtres, l'Europe en armes parut sur nos frontières.

La noble terre de France tressaillit sous les pas de l'étranger ; elle enfanta de nouvelles recrues et aux grandes journées de l'Empire s'adjoignirent celles à jamais mémorables de Champaubert, Montmirail, Montereau. Vains efforts ! il fallut céder au nombre ; Paris capitula (30 mars).

Jamais moment ne fut plus solennel. Du fond de son exil, Louis XVIII faisait entendre sa voix et s'apprêtait à rentrer en France. Napoléon, entouré des débris encore puissants de ses armées, était à Fontainebleau. L'Europe stupéfaite de sa victoire hésitait : la nation ballottée en sens divers ne savait à qui se rallier.

A ce moment, M. de Chateaubriand, sortant de sa retraite, présenta aux peuples et aux rois un écrit destiné à produire, au point de vue politique, un effet semblable à celui produit, au point de vue religieux, par le *Génie du Christianisme*. Cet écrit est intitulé : *De Buonaparte et les Bourbons*.

« Non, s'écrie-t-il tout d'abord en façon d'exorde, non, je ne croirai jamais que j'écris sur le tombeau de la France. Il ne périra point, il ne sera point divisé ce royaume que Rome expirante enfanta au milieu de ses ruines comme un dernier essai de sa grandeur. »

Mais sous l'autorité de qui la France se rangera-t-elle ? Sera-ce sous celle des Bourbons, sera-ce sous celle de Bonaparte ?

Bonaparte !

Le terrible pamphlétaire le montre trahissant la révolution dont il était le fils, s'élevant par la trahison et le crime jusqu'au trône, et assujettissant la France au despotisme le plus abject. M. de Chateaubriand n'est plus ici le chantre pompeux d'*Atala*. Son style se dépouillant des fleurs dont il se parait jadis, s'aiguise comme un poignard. Chaque phrase, chaque mot brille comme la foudre et va s'imprimer en stigmates au front de l'oppresseur. La colère qui s'échappe de sa plume en laves ardentes, il veut l'allumer au cœur de tous les Français.

Qu'on se reporte à ces temps désastreux où toutes les familles étaient en deuil, et l'on pourra se faire une idée du frémissement qui dut s'emparer des cœurs lorsqu'on lut ces terribles paroles :

« La conscription faisait comme le couronnement des œuvres du despotisme. La Scandinavie, appelée par un historien la *fabrique du genre humain*, n'aurait pu fournir assez d'hommes à cette loi homicide. Les générations de la France était mises en coupe réglée comme les arbres d'une forêt ; chaque année quatre-vingt mille jeunes gens étaient abattus. Mais ce n'était là que la coupe régulière : souvent la conscription était doublée ou fortifiée par des levées extraordinaires ; souvent elle dévorait d'avance les futures victimes, comme un dissipateur emprunte sur le revenu à venir. On avait fini par prendre sans compter ; l'âge légal, les qualités requises pour mourir sur un champ de bataille n'étaient plus considérées, et l'inexorable loi montrait à cet égard une merveilleuse indulgence. On remontait vers l'enfance, on descendait vers la vieillesse ; le réformé, le remplacé étaient repris ; les maladies, les infirmités, les défauts du corps n'étaient plus une raison de salut. Des colonnes mobiles parcouraient nos provinces comme un pays ennemi pour enlever au peuple ses derniers enfants. Au défaut du frère absent, on prenait le frère présent ; le père répondait pour le fils, la femme pour le mari : la responsabilité s'étendait jusqu'aux parents les plus éloignés et jusqu'aux voisins ; un village devenait solidaire pour le conscrit qu'il avait vu naître. Des garnisaires s'établissaient chez le paysan, et le forçaient de vendre son lit pour les nourrir ; pour s'en délivrer, il fallait qu'il trouvât le conscrit caché dans les bois. L'absurde se mêlait à l'atroce : souvent on demandait des enfants à ceux qui étaient assez heureux pour n'avoir point de postérité. On employait des violences pour découvrir le porteur d'un nom qui n'existait que sur le contrôle des gendarmes, ou pour avoir un conscrit qui servait depuis cinq à six ans. Des femmes grosses ont été mises à la torture, afin qu'elles révélassent le lieu où se tenait caché le premier-né de leurs entrailles ; des pères ont apporté le cadavre de leur fils afin de prouver qu'ils ne pouvaient fournir ce fils vivant. » (1)

(1) *De Buonaparte et des Bourbons*, œuvres, tome IX, pages 193 et 194.

Et quel soin prend Bonaparte de ces enfants arrachés au bras de leurs mères et devenus en peu de temps des soldats héroïques ?

« Un homme blessé devient pour Buonaparte un fardeau ; tant mieux s'il meurt, on en est débarrassé. Des monceaux de soldats mutilés jetés pêle-mêle dans un coin, restent quelquefois des jours et des semaines sans être pansés ; il n'y a plus d'hôpitaux assez vastes pour contenir les malades d'une armée de sept à huit cent mille hommes, plus assez de chirurgiens pour les soigner. Nulle précaution prise pour eux par le bourreau des Français ; souvent point de pharmacie, point d'ambulance, quelquefois même point d'instruments pour couper les membres fracassés. Dans la campagne de Moscou, faute de charpie, on pansait les blessés avec du foin ; le foin manqua, ils moururent. On vit errer cinq cent mille guerriers, vainqueurs de l'Europe, la gloire de la France ; on les vit errer parmi les neiges et les déserts s'appuyant sur des branches de pin, car ils n'avaient plus la force de porter leurs armes, et couverts pour tout vêtement de la peau sanglante des chevaux qui avaient servi à leurs derniers repas. Des escadrons entiers, hommes et chevaux, étaient gelés pendant la nuit, et le matin, on voyait encore ces fantômes debout au milieu des frimas. » (1)

« Nous avons vu la Seine, poursuit-il avec une indignation croissante, chargée de barques, nos chemins encombrés de chariots remplis de blessés qui n'avaient pas même le premier appareil sur leurs plaies. Un de ces chars, que l'on suivait à la trace du

(1) *De Buonaparte et des Bourbons*, œuvres, tome IX, pages 197 et 198.

sang, se brisa sur le boulevard ; il en tomba des conscrits sans bras, sans jambes, percés de balles, de coups de lance, jetant des cris et priant les passants de les achever. Ces malheureux enlevés à leurs chaumières avant d'être parvenus à l'âge d'homme, menés avec leurs habits champêtres sur le champ de bataille, placés comme *chair à canon* dans les endroits les plus dangereux pour épuiser le feu de l'ennemi ; ces infortunés, dis-je, se prenaient à pleurer, et criaient en tombant frappés du boulet : *Ah! ma mère! ma mère!* cri déchirant qui accusait l'âge tendre de l'enfant arraché la veille à la paix domestique. Et pour qui tant de massacres, tant de douleurs ? Pour un abominable tyran, pour un étranger qui n'est si prodigue du sang français que parce qu'il n'a pas une goutte de ce sang dans les veines. » (1)

C'est exagéré sans doute, mais cela ne dépassait pas la passion politique du temps ; et ce n'était pas seulement les ennemis de l'empereur qui parlaient ainsi. Les généraux qu'il avait associés à ses entreprises, les ministres qu'il avait comblés de richesses et d'honneurs, les courtisans qui jadis faisaient parade dans ses antichambres, les publicistes qui s'étaient mis à ses gages, l'accusaient, à cette époque, avec tout autant de sévérité et d'amertume. Il n'en est pas moins juste de faire remarquer que Napoléon n'est peint ici que de profil. Avec une préméditation qu'explique le but auquel il tend, M. de Chateaubriand met en relief les côtés répréhensibles de cette grande figure, et laisse dans l'ombre tout ce

(1) *De Buonaparte et des Bourbons*, œuvres, tome IX, page 199.

qu'elle a de grandiose et de sympathique. Ainsi devait-il procéder pour abattre le colosse.

Le colosse abattu, qui le remplacera ? Les Bourbons.

Les Bourbons semblaient avoir disparu dans la tempête qui avait emporté Louis XVI, et la police de Bonaparte en avait écarté le souvenir avec tant de soin et de succès que beaucoup de Français ignoraient jusqu'à leur existence. Il convenait donc tout d'abord de les faire connaître. M. de Chateaubriand les présente un à un sous les plus aimables couleurs :

C'est d'abord la fille de Louis XVI et de Marie-Antoinette. « Cette jeune princesse, dit-il, que nous avons persécutée, que nous avons rendue orpheline, regrette, tous les jours, dans les palais étrangers, les prisons de la France. Elle pouvait recevoir la main d'un prince puissant et glorieux, mais elle préféra unir sa destinée à celle de son cousin, pauvre, exilé, proscrit, parce qu'il était Français, et qu'elle ne voulait point se séparer des malheurs de sa famille.

« Le monde entier admire ses vertus, les peuples de l'Europe la suivent quand elle paraît dans les promenades publiques, en la comblant de bénédictions. Quand elle quitta sa patrie, où elle avait été si malheureuse, elle jeta les yeux en arrière, et elle pleura ; »

C'est Monsieur, Comte d'Artois, d'un caractère si franc, si loyal, si français, « qui se distingue aujourd'hui par sa piété, sa douceur et sa beauté, comme il se faisait remarquer dans sa première jeunesse par son grand air et ses grâces royales ; »

C'est M. le duc d'Angoulême en qui « le pays

d'Henri IV a reconnu, avec des transports de joie, l'héritier des vertus du Béarnais ; »

C'est M. le duc de Berry, le plus brave chevalier qu'aient jamais salué nos armées ;

C'est M. le duc d'Orléans qui «prouve, par sa fidélité au sang de son roi, que son nom est toujours un des plus beaux de France ; »

« J'ai déjà parlé, ajoute l'écrivain, de trois générations de héros, M. le prince de Condé, M. le duc des Bourbons ; je laisse à Buonaparte à nommer le troisième. »

C'est enfin Louis XVIII : « Louis XVIII, qui doit régner le premier sur nous, est un prince connu par ses lumières, inaccessible aux préjugés, étranger à la vengeance. De tous les souverains qui peuvent gouverner à présent la France, c'est peut-être celui qui convient le mieux à notre position et à l'esprit du siècle ; comme de tous les hommes que nous pouvions choisir, Buonaparte était peut-être le moins propre à être roi. Les institutions des peuples sont les ouvrages du temps et de l'expérience : pour régner, il faut surtout de la raison et de l'uniformité. Un prince qui n'aurait dans la tête que deux ou trois idées communes, mais utiles, serait un souverain plus convenable à une nation qu'un aventurier extraordinaire, enfantant sans cesse de nouveaux plans, imaginant de nouvelles lois, ne croyant régner que quand il travaille à troubler les peuples, à changer, à détruire le soir ce qu'il a créé le matin. Non seulement Louis XVIII a ces idées fixes, cette modération, ce bon sens, si nécessaire à un monarque, mais c'est encore un prince ami des lettres, instruit et éloquent comme plusieurs de nos rois, d'un esprit vaste et éclairé, d'un caractère ferme et philosophique. »

« Choisissons, conclut-il, entre Buonaparte, qui revient à nous portant le code sanglant de la conscription, et Louis XVIII, qui s'avance pour fermer nos plaies, le testament de Louis XVI à la main. Il répètera à son sacre ces paroles écrites par son vertueux frère :

« Je pardonne de tout mon cœur à ceux qui se sont
« faits mes ennemis sans que je leur en eusse donné
« aucun sujet, et je prie Dieu de leur pardonner. » (1)

Se tournant alors vers les alliés, l'habile écrivain leur rappelle la mauvaise foi, dont en plusieurs circonstances l'empereur a fait preuve à leur égard, et, s'élevant aux plus hautes considérations, il insiste sur les dangers qu'il y aurait pour eux à sanctionner, par leur assentiment, ce qu'il appelle l'usurpation de Buonaparte. En terminant, il s'écrie :

« Français, amis, compagnons d'infortune, oublions nos querelles, nos haines, nos erreurs, pour sauver la patrie ; embrassons-nous sur les ruines de notre cher pays ; et qu'appelant à notre secours l'héritier de Henri IV et de Louis XIV, il vienne essuyer les pleurs de ses enfants, rendre le bonheur à sa famille, et jeter charitablement sur nos plaies le manteau de Saint-Louis, à moitié déchiré de nos propres mains. Songeons que tous les maux que nous éprouvons, la perte de nos biens, de nos armées, le malheur de l'invasion, le massacre de nos enfants, le trouble et la décomposition de toute la France, la perte de nos libertés sont l'ouvrage d'un seul homme, et que nous devrons tous

(1) *De Buonaparte et des Bourbons*, œuvres, tome IX, page 204

les biens contraires à un seul homme. Faisons donc entendre de toutes parts le cri qui peut nous sauver, le cri que nos pères faisaient retentir dans le malheur comme dans la victoire, et qui sera pour nous le signal de la paix et du bonheur : *Vive le roi !* » (1)

Vive le roi ! Ce cri, poussé jusqu'alors sur quelques points de la France, retentit bientôt d'un bout de l'empire à l'autre.

L'opinion stimulée par le puissant écrit de M. de Chateaubriand, s'affirma en faveur des Bourbons, avec une efficacité si prompte que, dès le 2 avril, Napoléon était déclaré déchu du trône, et que, dès le 3 mai, Louis XVIII faisait son entrée dans sa bonne ville de Paris, au milieu d'un enthousiasme indescriptible, et rendait un éclatant hommage à l'auteur de *Buonaparte et des Bourbons* en disant que, pour la cause de la royauté, sa brochure avait mieux valu qu'une armée de cent mille Vendéens.

L'allégresse ne fut pas de longue durée, et à peine Louis XVIII fut-il sur le trône que les embarras surgirent de toutes parts. Le roi avait octroyé à son peuple une charte par laquelle, tout en sauvegardant ses idées traditionnelles sur l'origine et la nature du pouvoir, il consacrait les principes de 1789. Inutile et dangereuse, suivant les royalistes purs, trop peu libérale selon les révolutionnaires, cette charte ne satisfit personne. Obsédé par les anciens serviteurs de la monarchie accourus à sa suite et par les impérialistes ralliés à sa cause, il lui fallut faire un choix pour l'attribution des charges : de là, des rivalités et des

(1) *De Buonaparte et des Bourbons*, œuvres, tome IX, page 212.

mécontentements qui éclatèrent avec violence. Grâce à la faiblesse du gouvernement, l'audace s'accrut bientôt au point que l'on vit un ancien conventionnel, Carnot, essayer, dans un *Mémoire* adressé *au roi*, de justifier le meurtre de Louis XVI.

Attentif à ce qui pouvait affermir ou ébranler le trône, qu'il avait tant contribué à relever, M. de Chateaubriand s'empressa de publier ses *Réflexions politiques* sur quelques brochures du jour.

S'adressant tout d'abord aux agitateurs qui évoquaient les plus sinistres souvenirs : « Par quelle imprudence, s'écrie-t-il, des hommes, qui devraient surtout se faire oublier, sont-ils les premiers à se mettre en avant, à écrire, à dresser des actes d'accusation, à semer la discorde, à attirer sur eux l'attention publique ? Qui pensait à eux ? Qui les accusait ? Qui leur parlait de la mort du roi ? Qui les priait de se justifier ? Que ne jouissaient-ils en paix de leurs honneurs ? Ils s'étaient vantés dans d'autres écrits d'avoir condamné Louis XVI à mort : eh bien ! personne ne voulait leur ravir cette gloire ! Ils disent qu'ils sont *proscrits* : est-il tombé un cheveu de leur tête ? Ont-ils perdu quelque chose de leurs biens, de leur liberté ? Pourquoi, fidèles aux souvenirs de nos temps de malheurs, continuent-ils à accuser leurs victimes ? Y a-t-il beaucoup de courage et de danger à braver aujourd'hui un Bourbon ? Faut-il porter dans son sein un cœur de bronze pour affronter leur bonté paternelle ? Est-il bien glorieux de rompre le silence que l'on gardait sous Bonaparte, pour venir dire de fières vérités à un monarque, qui, assis, après vingt-cinq ans de douleurs, sur le trône sanglant de son frère, ne répand autour de lui qu'une miséricorde presque céleste ? Qu'arrive-t-il ? C'est que le public est enfin obligé d'entrer dans des questions qu'il eut mieux valu ne pas agiter.

« Le colonel Harrisson, un des juges de Charles Ier, fut, après la restauration de Charles II, traduit devant un tribunal pour être jugé à son tour. Parmi les diverses raisons qu'il apporta pour sa défense, il fit valoir le silence que le peuple avait gardé jusqu'alors sur la mort de Charles Ier. Un des juges lui répondit : « J'ai ouï conter l'histoire d'un enfant « devenu muet de terreur en voyant assassiner son « père. L'enfant, qui avait perdu l'usage de la voix, « garda profondément gravés dans sa mémoire les « traits du meurtrier : quinze ans après, le recon-« naissant au milieu d'une foule, il retrouva tout à « coup la parole et s'écria : *Voilà celui qui a tué mon* « *père !* Harrisson, le peuple anglais a cessé d'être « muet ; il nous crie, en te regardant : *Voilà celui qui* « *a tué notre père !...* » (1).

Après avoir discuté et flétri les raisons odieuses ou ridicules mises en avant par les régicides pour justifier leur crime, M. de Chateaubriand les prenant eux-mêmes corps à corps, ajoute :

« Que veulent donc, au fond, les auteurs de ces déplorables apologies ? La République ? Ils sont guéris de cette chimère. Une monarchie limitée ? Ils l'ont. Si nous sondons la blessure, nous trouverons une conscience malade qui ne peut se tranquilliser ; une vanité en souffrance qui s'irrite de n'être plus appelée au conseil du Roi, et qui voudrait jouir auprès de lui

(1) *Réflexions politiques*, œuvres, tome IX, pages 222 et 223.

non de l'égalité, mais de la préférence ; enfin, un désespoir secret, né de l'obstacle insurmontable qui s'élève entre Louis XVIII et les juges de Louis XVI......

« Qu'ils jouissent en paix de ce qu'ils ont acquis ; qu'ils élèvent tranquillement leurs familles.

« Il n'est pas cependant si dur, lorsqu'on approche de la vieillesse, qu'on a passé l'âge de l'ambition, qu'on a connu les choses et les hommes, qu'on a vécu au milieu du sang, des troubles et des tempêtes, il n'est pas si dur d'avoir un moment pour se reconnaître avant d'aller où Louis XVI est allé.

« Louis XVI a fait le voyage non pas dans la plénitude de ses jours, non pas lentement, non pas environné de ses amis, non pas avec tous les secours et toutes les consolations, mais jeune encore, mais pressé, mais seul, mais nu : et cependant il l'a fait en paix. »

Les émigrés étaient surtout le point de mire des pamphlétaires. « Il faut, lisait-on dans l'un de leurs libelles, avoir été vendéen, chouan, cosaque, anglais, pour être bien accueilli à la cour ; et pourtant qu'a fait la noblesse, qu'a fait le clergé pour le roi ? »

Ecoutons la réponse :

« Ce qu'a fait la noblesse pour le roi ? Elle a versé son sang pour lui à Haguenau, à Weissembourg, à Quiberon ; elle a supporté pour lui la perte de ses biens. L'armée de Condé qui, sous trois héros, combattait à Berstheim, en criant *Vive le Roi !* ne le tuait pas à Paris.

« Ce qu'a fait le clergé ? Interrogez l'église des Carmes, les pontons de Rochefort, les déserts de Sinnamari, les forêts de la Bretagne et de la Vendée, toutes ces grottes, tous ces rochers où l'on célébrait les saints mystères en mémoire du roi martyr ; demandez-le à ces apôtres qui, déguisés sous l'habit du laïc, attendaient dans la foule les chars des procriptions pour bénir en passant nos victimes ; demandez-le à toute l'Europe, qui, avec le clergé français, suivit dans ses tribulations le fils aîné de l'Église, dernière pompe attachée à ce trône errant que la religion accompagnait encore lorsque le monde l'avait abandonné ! » (1)

Dans la seconde partie de son travail, l'auteur des *Réflexions* s'efforce de rallier à la charte les constitutionnels et les royalistes. Aux premiers il répète sur tous les tons : Prenez patience, le temps apportera les améliorations que vous désirez. Il essaie de prouver aux seconds que la charte n'est point une plante exotique venue d'Angleterre, ni un accident fortuit du moment : qu'elle est le résultat de nos mœurs présentes, un traité de paix signé entre les deux partis qui ont divisé la France, traité où chacun abandonne quelque chose de ses prétentions pour concourir à la gloire de la patrie.

« L'ancienne constitution de la monarchie, continue-t-il, était excellente pour le temps ; mais il faut dans la vie partir du point où l'on est arrivé. Un fait est un fait. Que le gouvernement détruit fût excellent ou mauvais, il est détruit ; que l'on ait avancé, que l'on ait reculé, il est certain que les hommes ne sont plus dans la place où ils se trouvaient il y a cent ans, bien moins encore où ils étaient il y a trois siècles. Il faut les prendre tels qu'ils sont, et non tels qu'ils ne sont pas, et tels qu'ils ne peuvent plus être ; un enfant n'est

(1) *Réflexions politiques*, œuvres, tome IX, pages 230 et 231.

pas un homme fait ; un homme fait n'est pas un vieillard.

« Quand nous voudrions tous que les choses fussent arrangées autrement qu'elles le sont, elle ne pourraient l'être. Déplorons à jamais la chute de l'ancien gouvernement, de cet admirable système dont la durée seule fait l'éloge ; mais enfin notre admiration, nos pleurs, nos regrets ne nous rendront pas Duguesclin, Lahire et Dunois. La vieille monarchie ne vit plus pour nous que dans l'histoire, comme l'oriflamme que l'on voyait encore toute poudreuse dans le trésor de Saint-Denis. Sous Henri IV, le brave Crillon pouvait toucher avec attendrissement et respect ce témoin de notre ancienne valeur ; mais il servait sous la cornette blanche triomphante aux plaines d'Ivry, et il ne demandait point qu'on allât prendre au milieu des tombeaux l'étendard des champs de Bouvines. » (1)

Rien de plus sensé que ces paroles, et pourtant elles plurent médiocrement à ceux à qui elles étaient adressées.

M. de Chateaubriand, négligé d'abord, venait d'être nommé ambassadeur en Suède. Il se disposait à partir, quand la France tressaillit : Napoléon, que l'Europe victorieuse avait relégué à l'île d'Elbe, venait de poser le pied sur le littoral. Ecoutons l'auteur des *Mémoires* :

« Une nuit entre le 25 et le 26 février, au sortir d'un bal dont la princesse Borghèse faisait les honneurs, il s'évade avec la victoire, longtemps sa complice et sa camarade ; il franchit une mer couverte de nos flottes,

(1) *Réflexions politiques*, œuvres, tome IX, page 257.

rencontre deux frégates, un vaisseau de 74 et le brick de guerre le *Zéphir* qui l'accoste et l'interroge ; il répond lui-même aux questions du capitaine ; la mer et les flots le saluent, et il poursuit sa course. Le tillac de l'*Inconstant*, son petit navire, lui sert de promenoir et de cabinet ; il dicte au milieu des vents et fait copier sur cette table agitée trois proclamations à l'armée et à la France; quelques felouques chargées de ses compagnons d'aventure portent, autour de sa barque amirale, pavillon blanc semé d'étoiles. Le 1er mars, à trois heures du matin, il aborde la côte de France entre Cannes et Antibes, dans le golfe Juan; il descend, parcourt la rive, cueille des violettes et bivouaque dans une plantation d'oliviers. La population stupéfaite se retire. Il manque Antibes et se jette dans les montagnes de Grasse, traverse Séranon, Barrême, Digne et Gap. A Sisteron, vingt hommes le peuvent arrêter, et il ne trouve personne. Il s'avance sans obstacle parmi ces habitants qui, quelques mois auparavant, avaient voulu l'égorger. Dans le vide qui se forme autour de son ombre gigantesque, s'il entre quelques soldats, ils sont invinciblement entraînés par l'attraction de ses aigles. Ses ennemis fascinés le cherchent et ne le voient pas ; il se cache dans sa gloire, comme le lion du Sahara se cache dans les rayons du soleil pour se dérober aux regards des chasseurs éblouis. Enveloppés dans une trombe ardente, les fantômes sanglants d'Arcole, de Marengo, d'Austerlitz, d'Iéna, de Friedland, d'Eylau, de la Moscowa, de Ludzen, de Bautzen, lui font un cortège avec un million de morts. Du sein de cette colonne de feu et de nuée sortent à l'entrée des villes quelques coups de trompette mêlés aux signaux du labarum tricolore, et les portes des villes tombent.

« Lorsque Napoléon passa le Niémen à la tête de quatre cent mille fantassins et de cent mille chevaux pour faire sauter le palais des czars à Moscou, il fut moins étonnant que lorsque, rompant son ban, jetant ses fers au visage des rois, il vint seul de Cannes à Paris coucher paisiblement aux Tuileries. » (1)

Pendant que Bonaparte se réinstallait à Paris, Louis XVIII, qui avait à son approche repris la route de l'exil, s'arrêtait à Gand.

M. de Chateaubriand, mandé près de l'infortuné monarque, s'empressa d'accourir, reçut le titre de ministre d'intérieur par *intérim*, et ne tarda pas à rendre en cette qualité de nouveaux et éminents services.

L'effondrement soudain de la Restauration avait ébranlé la confiance des cabinets dans la solidité de la dynastie des Bourbons. Plusieurs souverains inclinaient à la considérer comme repoussée par la nation, et comme constituant désormais un obstacle pour la paix de l'Europe.

Il était urgent de réagir contre ces préjugés et ces craintes. C'est ce que fit le grand écrivain par la publication d'un *Rapport au Roi*.

Dans ce document, M. de Chateaubriand proteste contre la révolution qui vient de s'accomplir ; il reconnaît avec sincérité les fautes commises par la Restauration ; puis, avec beaucoup d'habileté, il constate qu'aucun intérêt n'a été alarmé sous le gouvernement

(1) *Mémoires d'outre-tombe*, tome III, pages 417 et 418.

de Louis XVIII, et que la charte a été fidèlement respectée par le pouvoir. Invoquant alors le passé, en garantie de l'avenir, il trace un éloquent tableau des projets du roi. Il conclut par ces magnifiques paroles :

« Dieu a ses voies impénétrables. Il a voulu suspendre un moment le cours des bénédictions que votre Majesté répandait sur ses sujets. De ces Bourbons, qui avaient ramené le bonheur dans notre patrie désolée, il ne reste plus en France que les cendres de Louis XVI ! Elles règnent, sire, en votre absence ; elles vous rendront votre trône, comme vous leur avez rendu un tombeau. »

Quelques jours après avoir écrit ces lignes, l'auteur du *Génie* se promenait dans la campagne. Il avait emporté les *Commentaires de César*, et il cheminait lentement, plongé dans sa lecture. Il était déjà à plus d'une lieue de la ville, lorsqu'il crut ouïr un grondement sourd.

« Je m'arrêtai, raconte-t-il ; je regardai le ciel assez chargé de nuées, délibérant en moi-même si je continuerais d'aller en avant, ou si je me rapprocherais de Gand dans la crainte d'un orage ; je n'entendis plus que les cris d'une poule d'eau dans les joncs et le son d'une horloge de village. Je poursuivis ma route : je n'avais pas fait trente pas que le roulement recommença, tantôt bref, tantôt long et à intervalles inégaux ; quelquefois il n'était sensible que par une trépidation de l'air, laquelle se communiquait à la terre sur ces plaines immenses, tant il était éloigné. Ces détonations moins vastes, moins onduleuses, moins liées ensemble que celles de la foudre, firent naître dans mon esprit l'idée d'un combat. Je me trouvais devant un peuplier planté à l'angle d'un champ de houblon. Je traversai le chemin et je m'appuyai debout contre le tronc de l'arbre, le visage tourné du côté de Bruxelles. Un vent du sud s'étant levé m'apporta plus distinctement le bruit de l'artillerie. » (1)

Cette grande bataille encore sans nom, dont il écoutait, solitaire, les échos au pied d'un peuplier, et dont une horloge de village venait de sonner les funérailles inconnues, était la bataille de Waterloo.

Dans ce combat de géants, Napoléon lutta d'abord victorieusement, avec soixante-cinq mille hommes, contre quatre-vingt-dix mille Anglais, Belges, Hanovriens, et l'ennemi battait en retraite, lorsque les Prussiens échappés au général Grouchy, chargé de les surveiller, tombèrent sur nos soldats épuisés : une déroute effroyable commença dès lors. Blücher, continue l'auteur des *Mémoires*, « survient avec des troupes fraîches, et isole du reste de nos troupes déjà rompues les carrés de la garde impériale. Autour de cette phalange immortelle, le débordement des fuyards entraîne tout parmi des flots de poussière, de fumée ardente et de mitraille, dans des ténèbres sillonnées de fusées à la congrève, au milieu des rugissements de trois cents pièces d'artillerie et du galop précipité de vingt-cinq mille chevaux : c'était comme le sommaire de toutes les batailles de l'Empire. Deux fois les Français ont crié : Victoire ! deux fois leurs cris sont étouffés sous la pression des colonnes ennemies. Le feu de nos lignes s'éteint ; les cartouches sont épuisées ; quelques grenadiers blessés, au milieu de trente

---

(1) *Mémoires d'outre-tombe*, tome III, page 498.

mille morts, de cent mille boulets sanglants, refroidis et conglobés à leurs pieds, restent debout appuyés sur leur mousquet, baïonnette brisée, canon sans charge. Non loin d'eux, l'homme des batailles écoutait, l'œil fixe, le dernier coup de canon qu'il devait entendre de sa vie. » (1)

L'on fut obligé de presser l'empereur de se retirer, pour éviter de tomber entre les mains de l'ennemi. « Bonaparte, dit avec une éloquente précision notre historien, sort de ses pensées comme d'un rêve, s'emporte d'abord; puis tout à coup, au milieu de sa colère, il s'élance sur son cheval et fuit. »

La course de l'illustre fugitif ne devait s'arrêter qu'à Sainte-Hélène, où il allait expier son ambition, par un martyre de six années.

(1) *Mémoires d'outre-tombe*, tome III, pages 503 et 504.

CHAPITRE XXII.

Retour de Louis XVIII. — Fouché et le prince de Talleyrand deviennent ministres de S. M. T. C. — Retraite de M. de Chateaubriand. — Il préside le collège électoral du Loiret. — Son discours. — Des élections sort la *chambre introuvable*. — Antagonisme qui s'établit entre cette chambre et le ministre Decazes. — *De la Monarchie selon la charte*. — La chambre introuvable est dissoute et M. de Chateaubriand est rayé de la liste des ministres d'État. — Il vend ses livres et la Vallée aux loups. — Les royalistes se constituent en opposition. — Fondation du *Conservateur*. — M. de Chateabriand journaliste. — *Aux insulteurs anonymes*. — *Les royalistes accusés de trahison*. — *De la morale des intérêts et de celle des devoirs*. — Résultats de l'opposition royaliste. — Assassinat du duc de Berry. — M. Decazes donne sa démission.

1815-1820.

De nouveau les armées victorieuses envahirent la France. Notre malheureuse patrie, déchirée par les factions et foulée aux pieds par un million de soldats, se débattait sous les étreintes de l'agonie, quand Louis XVIII, qui était sorti de Gand, aussitôt après la bataille de Waterloo, fit entendre sa voix : « J'accours, disait-il à son peuple, pour ramener mes sujets égarés, pour adoucir les maux que j'avais voulu prévenir, pour me placer une seconde fois entre les armées alliées et les Français. »

Le vieux roi s'avança lentement et péniblement à travers les troupes ennemies et les populations consternées. Près de lui se tenaient quelques fidèles serviteurs, parmi lesquels celui dont la plume avait valu jadis une armée à la monarchie, l'illustre auteur de la brochure de *Buonaparte et des Bourbons*.

La révolution et la trahison, sous les traits du prêtre régicide Fouché, vinrent au devant du cortège royal jusqu'à Saint-Denis, pour revendiquer une part au gouvernement. Consulté quelques jours auparavant sur la question de savoir si Louis XVIII pourrait accepter les services de cet homme qu'on voulait lui imposer, M. de Chateaubriand avait fait entendre une noble protestation, et la manière dont elle avait été accueillie l'autorisait à croire qu'il en serait tenu compte. Il n'en fut rien. S'étant, en effet, rendu chez Sa Majesté pour lui faire sa cour, il fut introduit dans une chambre qui précédait celle du roi, et où il s'assit. « Tout à coup, lit-on dans les *Mémoires* comparables ici aux annales de Tacite ; tout à coup une porte s'ouvre, entre silencieusement le vice appuyé sur le bras du crime, M. de Talleyrand marchant soutenu par M. Fouché ; la vision infernale passe lentement devant moi, pénètre dans le cabinet du roi et disparaît. Fouché venait jurer foi et hommage à son Seigneur. Le féal régicide, à genoux, mit les mains qui firent tomber la tête de Louis XVI, entre les mains du frère du roi martyr : l'évêque apostat fut caution du serment. » (1)

(1) *Mémoires d'outre-tombe*, tome IV, page 25.

C'est sous les auspices de ces deux hommes, l'évêque apostat et le prêtre régicide, que fut inaugurée la seconde restauration. L'auteur du *Génie du Christianisme* n'avait évidemment point de place dans un ministère où siégeaient Fouché et Talleyrand. Il s'éloigna plein de dégoût, décidé à tout tenter pour arracher la monarchie aux mains auxquelles elle venait d'être confiée.

Nommé président du collège électoral du Loiret, il insista, dans le discours qu'il prononça, sur la nécessité d'éloigner les révolutionnaires de la députation. « Laisser à l'écart, disait-il, les artisans de nos troubles, c'est justice. La justice n'est point une réaction, l'oubli n'est point une vengeance ; il ne faut pas qu'un homme se croie puni parce qu'il n'est pas récompensé du mal qu'il a fait. »

Ces paroles retentirent jusqu'au fond des départements et furent écoutées ; des élections sortit une chambre qualifiée, à cause de son royalisme ardent, d'*introuvable*, et dont l'ombre seule suffit à mettre en fuite le ministère.

M. de Chateaubriand croyait toucher au triomphe ; il n'était qu'au commencement de la lutte.

Parmi les nouveaux ministres se trouvait, en effet, un ancien magistrat de l'empire, élevé à l'école de Fouché, et qui allait s'appliquer à mettre en pratique les principes de gouvernement de cet homme trop célèbre.

M. Decazes, c'était son nom, aimait à répéter qu'il fallait royaliser la nation et nationaliser le roi, mais, pour atteindre ce but, il pensait, comme son devancier, que mieux valait s'appuyer sur les hommes sortis de la révolution et de l'empire, que sur les royalistes.

Jeune encore et d'une physionomie agréable, doué d'une grande subtilité d'esprit et d'une merveilleuse souplesse de caractère, plein de ressources et de spontanéité, d'une conversation charmante et remplie d'à-propos, M. Decazes réussit bientôt à s'insinuer dans les bonnes grâces de Louis XVIII et finit par exercer sur ce monarque, enclin au favoritisme, une domination absolue. Fort alors de l'appui du roi, il entra résolûment en lutte avec la majorité de la chambre.

Celle-ci, il faut le reconnaître, n'était pas aussi éclairée que son dévouement était sincère et profond. La plupart de ses membres, fort bien intentionnés d'ailleurs, s'obstinaient à ne pas comprendre la situation nouvelle où se trouvait placée la royauté et méconnaissaient à plaisir l'esprit de la charte.

Effrayé de leur ignorance quelque peu volontaire, et plus encore des systèmes embrassés par le pouvoir, M. de Chateaubriand lança une importante brochure intitulée : *De la Monarchie selon la charte*.

Cet ouvrage n'est, à vrai dire, que le développement des *Réflexions politiques* et du *Discours aux électeurs du Loiret*. Il se compose de deux parties distinctes.

Dans la première, l'auteur explique d'abord le mécanisme du gouvernement constitué par la charte de 1814, et il le fait avec une netteté qui ne laisse rien à désirer. En haut se trouve le roi, dont l'autorité est limitée, mais inviolable. En bas, la nation représentée dans sa tradition et la mobilité de ses intérêts par deux chambres, l'une élective, l'autre héréditaire, et portant le nom collectif de parlement. Entre le roi et le parlement, des ministres responsables que seconde une administration nombreuse et variée.

Le fonctionnement de ces rouages semble également peu compliqué. Un dissentiment survient-il entre le parlement et le roi, celui-ci cède en changeant ses ministres ou dissout la chambre pour faire appel au pays lui-même. Ici toutefois se présentait une question que l'auteur de la *Monarchie selon la charte* ne se pose pas et dont l'importance n'aurait pas dû échapper à sa perspicacité. Le pays ayant répondu au roi et se trouvant en désaccord avec lui, qui devait l'emporter ? Etait-ce le roi ; était-ce le peuple ? De cette obscurité sortira, plus tard, une révolution.

Le mécanisme gouvernemental expliqué, M. de Chateaubriand revendique avec hardiesse ce qui, selon lui, peut le rendre plus parfait. Il réclame pour les pairs des privilèges, des honneurs et surtout la publicité des séances ; pour les députés, l'éligibilité à trente ans au lieu de quarante, la substitution du renouvellement intégral au renouvellement annuel par cinquième ; il veut, pour le cabinet, la responsabilité collective : enfin, il sollicite, avec l'abolition de la censure, alors exercée sur les journaux, la liberté de la presse, sous la garantie il est vrai, de cautionnements énormes, et d'une loi de répression terrible, *lex immanis*, ainsi qu'il la qualifie lui-même.

Comme on le voit, l'auteur de la *Monarchie selon la charte* pousse ses théories constitutionnelles jusqu'à leurs extrêmes limites ; mais, autant il est large sous le rapport des principes, autant il l'est peu sous le rapport des personnes.

Cette charte, dont il expose avec complaisance l'esprit et les avantages, il ne la voudrait voir appliquée que par des royalistes éprouvés, et la seconde partie de son travail n'est en résumé qu'une charge à fond de train sur les révolutionnaires et leur protecteur, M. Decazes.

Celui-ci était certainement dans l'exagération en excluant du gouvernement les royalistes purs ; mais l'éminent publiciste ne l'était-il pas en sens contraire en ne voulant se servir que d'eux. Après des temps si troublés, au milieu de circonstances si difficiles, n'eût-il pas été sage de travailler à la pacification des esprits et au ralliement de tous les Français autour du trône de l'auguste auteur de la charte?

Quoi qu'il en soit, l'ouvrage n'était pas encore imprimé que le favori avait, à force d'habileté et de persévérance, obtenu de Louis XVIII la dissolution de la chambre, dont M. de Chateaubriand célébrait les vertus. C'était une réponse anticipée aux attaques de l'auteur de la *Monarchie selon la charte.*

Ce dernier s'empressa d'ajouter, comme réplique à cette mesure, un *Post-Scriptum*, où, confrontant l'ordonnance qui venait de dissoudre la chambre, avec l'ordonnance qui l'avait nommée, il mettait en relief les contradictions du pouvoir. Allant plus loin, il supposait le roi trompé ou enchaîné par ses ministres, et il affectait de croire que le monarque souhaitait la réélection des députés qu'il venait de briser. « Français, s'écriait-il en terminant, si ma voix ne vous est point étrangère, si je vous fis quelquefois entendre les accents de la religion et de l'honneur, écoutez moi. Présentez-vous aux élections :

ne nommez que des hommes dont la vertu, la fidélité et les sentiments français vous soient connus. »

La guerre, on le voit, était engagée : elle allait prendre un caractère tout personnel.

Sachant de quelle puissance était la voix qui s'élevait contre son gouvernement et contre lui, M. Decazes voulut l'étouffer. A ce dessein, il fit saisir la *Monarchie selon la charte* et la dénonça au pouvoir judiciaire. Une ordonnance de non-lieu, rendue par le tribunal de première instance, remit bientôt le redoutable polémiste en possession de son ouvrage, qu'il s'empressa de livrer au public.

Traduit aussitôt et répandu dans toute la France et dans toute l'Europe, cet écrit produisit une profonde sensation. Les Anglais surtout, dont il retraçait et embellissait la constitution, le célébrèrent avec un véritable lyrisme, et en comparèrent, non sans quelque raison du reste, l'auteur à Burke et à Montesquieu, proclamant qu'il avait la précision savante du second, et l'éloquence émue du premier.

Irrité de ce succès, que sa persécution avait contribué à rendre plus éclatant, M. Decazes ne se tint pas pour battu : n'ayant pu se venger sur l'ouvrage de son adversaire, il se vengea sur son adversaire même. L'illustre publiciste avait, à son retour de Gand, reçu le titre de ministre d'État. Sur les instances du favori, cette place réputée inamovible, lui fut enlevée, ainsi que la pension qui y était attachée. « La main qui avait pris Fouché, dit-il avec amertume, me frappa. »

Privé de son traitement, le vieux serviteur de la légitimité se vit tout à coup réduit à un tel dénûment qu'il lui fallut, pour vivre, mettre à l'encan sa bibliothèque, et cela ne suffit pas. Bientôt il dut dire adieu à la *Vallée aux loups*, qu'il s'était plu à embellir, qui lui rappelait tant d'agréables souvenirs, et qui était le fruit de travaux où le nom des Bourbons était souvent célébré.

La dissolution de la chambre cependant devenait inutile si le ministère n'obtenait une majorité dans la nouvelle. Pour l'acquérir, aucun moyen ne fut négligé. Les élections s'opérèrent sous une pression formidable. Elles amenèrent à M. Decazes les hommes qu'il lui fallait, et il s'empressa de mettre à profit ce succès, en éloignant ses adversaires des diverses administrations.

Chassés de partout, les royalistes découragés tournèrent instinctivement leurs regards vers celui qu'ils s'étaient habitués à considérer comme leur guide; mais, que pouvait pour eux le grand athlète, relégué qu'il était à la chambre des pairs, dont les portes se trouvaient closes au public?

Au dehors des chambres, cependant, existait une tribune retentissante et d'où l'on pouvait se faire entendre jusqu'au fond des plus lointaines provinces : nous avons nommé la presse. Une idée soudaine s'empare de l'illustre écrivain et la France apprend bientôt la fondation d'un journal nouveau : *Le Conservateur*.

M. de Chateaubriand s'y installe comme dans une forteresse ; il appelle à lui les plus grandes familles de France et affuble en journalistes les Montmorency, les Lévis, et les Polignac. Les hommes les plus éclatants du parti royaliste, MM. de Villèle, de Corbière, de Vitrolles, de Castelbajac, etc. ; des jeunes hommes pleins d'espérance et d'ardeur, MM. de Lamartine, de Genoude, de Saint-Marcellin, Berryer fils ; des prêtres éminents, MM. Fayet et de Lamennais viennent d'eux-mêmes se ranger autour de lui ; et alors la lutte commence, lutte étrange, où les amis du roi marchaient contre des ministres qui avaient la confiance du roi. A partir de ce jour, le poëte, devenu journaliste, ne cesse de harceler l'ennemi.

Tantôt un mot de dédain lui suffit pour abattre ses adversaires. A propos d'une *correspondance privée*, dans laquelle, sous le voile de l'anonyme, la police de M. Decazes flétrissait les royalistes : « Calomniateurs anonymes, leur crie-t-il, ayez le courage de dire qui vous êtes; un peu de honte est bientôt passée ; ajoutez votre nom à vos articles, ce ne sera qu'un mot méprisable de plus. »

Tantôt son indignation s'exhale en accents pathétiques. Accusé de trahison, avec quelques-uns de ses amis, qui tous furent renvoyés absous : « Pendant quatre mois, dit-il, la *correspondance privée* n'a cessé de nous représenter comme des traîtres, et elle a trouvé des hommes assez stupides pour croire à de pareilles abominations. Que va-t-elle dire aujourd'hui ? Par quelle nouvelle imposture justifiera-t-elle son imposture ? Est-ce donc notre tête que l'on voulait ? car personne ne peut nous enlever l'honneur. La haine contre les royalistes s'est bien accrue : naguère on ne faisait encore que les amnistier pour avoir été fidèles : aujourd'hui aurait-on voulu leur faire subir la peine de ce crime ? Est-ce notre sang que désirent ces dénonciateurs, ennemis de la légitimité ? Mais quand avons-nous refusé de le verser pour notre roi ? Heureux, ô vous, mon cousin et mon frère, immolés en accomplissant vos devoirs ! Vous n'êtes point morts le cœur flétri, l'âme abreuvée de dégoût et d'amertume ! Heureux les royalistes qui ont payé de leur vie leur attachement à leur souverain ! Heureux, vous surtout, ô prince dont j'ai tant déploré la perte ! Quand vous tombâtes à Vincennes, quand vous fûtes précipité encore à demi-vivant dans la fosse creusée à vos pieds, quand on jeta des pierres sur votre poitrine pour étouffer votre dernier soupir, au moins vous ignorâtes le sort qui attendait vos compagnons d'armes ; vous quittâtes la terre sans avoir été témoin de leur misère et de leur douleur. Et que sais-je ? votre mort peut-être nous a épargné l'horreur de voir calomnier aussi le héros de Berstheim, le petit-fils du grand Condé ! » (1)

Parfois le grand publiciste s'élève à des hauteurs qui dépassent la sphère d'un journal, et plusieurs de ses articles ont la valeur de véritables traités philosophiques. Tel est celui sur la *Morale des intérêts opposée à celle des devoirs*. Cet article n'a pas vieilli et ne vieillira pas, parce que les idées qu'il renferme sont de tous les temps :

« Le ministère a inventé une morale nouvelle, la morale des intérêts : celle des devoirs est abandonnée aux imbéciles. Or, cette morale des intérêts, dont on veut faire la base de notre gouvernement, a plus corrompu le peuple dans l'espace de trois années, que la révolution dans un quart de siècle.

« Ce qui fait périr la morale chez les nations, et avec la morale les nations elles-mêmes, ce n'est pas la violence, mais la séduction : et par séduction j'entends

(1) *Mélanges politiques*, œuvres, tome XII, pages 235.

tout ce que toute fausse doctrine a de flatteur et de spécieux.

« Les hommes prennent souvent l'erreur pour la vérité, parce que chaque faculté du cœur ou de l'esprit a sa fausse image : la froideur ressemble à la vertu ; le raisonner, à la raison; le vide, à la profondeur; ainsi du reste.

« Le dix-huitième siècle fut un siècle destructeur ; nous fûmes tous séduits. Nous dénaturâmes la politique, nous nous égarâmes dans de coupables nouveautés en cherchant l'existence sociale dans la corruption de nos mœurs. La révolution vint nous réveiller ; en poussant le Français hors de son lit, elle le jeta dans la tombe. Toutefois, le règne de la terreur est peut-être, de toutes les époques de la révolution, celle qui fut la moins dangereuse à la morale, parce qu'aucune conscience n'était forcée : le crime paraissait dans sa franchise. Des orgies au milieu du sang, des scandales qui n'en étaient plus à force d'être horribles ; voilà tout. Les femmes du peuple venaient travailler à leurs ouvrages autour de la machine à meurtre comme à leurs foyers : les échafauds étaient les mœurs publiques et la mort le fond du gouvernement. Rien de plus net que la position de chacun: on ne parlait ni de *spécialité*, ni de positif, ni de *système d'intérêt*. Ce galimatias des petits esprits et des mauvaises consciences était inconnu. On disait à un homme : « Tu es royaliste, noble, riche: meurs; » et il mourait. Antonelle écrivait qu'on ne trouvait aucune charge contre de tels prisonniers, mais qu'il les avait condamnés comme aristocrates : monstrueuse franchise, qui nonobstant laissait subsister l'ordre moral : car ce n'est pas de tuer l'innocent comme innocent qui perd la société, c'est de le tuer comme coupable.

« En conséquence, ces temps affreux sont ceux des grands dévouements. Alors les femmes marchèrent héroïquement au supplice ; les pères se livrèrent pour les fils ; les fils pour les pères ; des secours inattendus s'introduisaient dans les prisons, et le prêtre que l'on cherchait consolait la victime auprès du bourreau qui ne le reconnaissait pas.

« La morale sous le Directoire eut plutôt à combattre la corruption des mœurs que celle des doctrines ; il y eut débordement. On fut jeté dans les plaisirs comme on avait été entassé dans les prisons ; on forçait le présent à avancer des joies sur l'avenir, dans la crainte de voir renaître le passé. Chacun, n'ayant pas encore eu le temps de se créer un intérieur, vivait dans la rue, sur les promenades, dans les salons publics. Familiarisé avec les échafauds, et déjà à moitié sorti du monde, on trouvait que cela ne valait pas la peine de rentrer chez soi. Il n'était question que d'arts, de bals, de modes ; on changeait de parures et de vêtements aussi facilement qu'on se serait dépouillé de la vie.

« Sous Buonaparte la séduction recommença, mais ce fut une séduction qui portait son remède avec elle : Buonaparte séduisait par un prestige de gloire, et tout ce qui est grand porte en soi un principe de législation. Il concevait qu'il était utile de laisser enseigner la doctrine de tous les peuples, la morale de tous les temps, la religion de toute éternité.

« Je ne serais pas étonné de m'entendre répondre : Fonder la société sur un *devoir*, c'est l'élever sur une fiction ; la placer dans un *intérêt*, c'est l'établir dans une réalité. Or, c'est précisément le *devoir* qui est un fait et l'*intérêt* une fiction. Le *devoir* qui prend source dans la divinité descend dans la famille, où il établit des relations réelles entre le père et les enfants ; de là, passant à la société et se partageant en deux branches, il règle dans l'ordre politique les rapports du roi et du sujet; il établit l'ordre moral, la chaîne des services et des protections, des bienfaits et de la reconnaissance.

« C'est donc un fait très-positif que le devoir, puisqu'il donne à la société humaine la seule existence durable qu'elle puisse avoir.

« L'intérêt, au contraire, est une fiction quand il est pris comme on le prend aujourd'hui, dans son sens physique et rigoureux, puisqu'il n'est plus le soir ce qu'il était le matin, puisqu'à chaque instant il change de nature, puisque fondé sur la fortune il en a la mobilité.

« Par la morale des intérêts chaque citoyen est en état d'hostilité avec les lois et le gouvernement, parce que dans la société, c'est toujours le grand nombre qui souffre. On ne se bat point pour des idées abstraites d'ordre, de paix, de patrie ; ou, si l'on se bat pour elles, c'est qu'on y attache des idées de *sacrifice* ; alors on sort de la morale des intérêts pour rentrer dans celle des devoirs, tant il est vrai que l'on ne peut trouver l'existence de la société hors de cette sainte limite !

« Qui remplit ses devoirs s'attire l'estime ; qui cède à ses intérêts est peu estimé. C'était bien du siècle de puiser un principe de gouvernement dans une source de mépris ! Elevez les hommes politiques à ne penser qu'à ce qui les touche, et vous verrez comment ils arrangeront l'Etat : vous n'aurez par là que des ministres corrompus et avides, semblables à ces esclaves mutilés qui gouvernaient le Bas-Empire et qui vendaient tout, se souvenant d'avoir eux-mêmes été vendus.

. « Remarquez ceci : les intérêts ne sont puissants que lors même qu'ils prospèrent ; le temps est-il rigoureux, ils s'affaiblissent. Les devoirs, au contraire, ne sont jamais si énergiques que quand il en coûte à les remplir. Le temps est-il bon, ils se relâchent. J'aime un principe de gouvernement qui grandit dans le malheur : cela ressemble beaucoup à la vertu.

« Quoi de plus absurde que de crier aux peuples : Ne soyez pas dévoués ! n'ayez pas d'enthousiasme ! ne songez qu'à vos intérêts ! C'est comme si on leur disait : Ne venez pas à notre secours, abandonnez-nous si tel est votre intérêt. Avec cette profonde politique, lorsque l'heure du dévouement arrivera, chacun fermera sa porte, se mettra à la fenêtre et regardera passer la monarchie. » (1)

Les résultats de la lutte entreprise dans le *Conservateur*, répondirent à l'attente de celui qui avait fondé ce journal. Peu à peu, en effet, les royalistes reprirent courage, et, comprenant que l'ancien ordre de choses ne pouvait revivre, ils s'attachèrent à la charte, en étudièrent l'esprit et se firent une arme des libertés publiques pour reprendre leurs places auprès de leur seigneur et maître : le roi. Deux ans à peine s'étaient passés, depuis qu'ils avaient levé l'étendard de l'opposition, et l'on pouvait déjà pressentir que le minis-

(1) *Mélanges politiques*, œuvres, tome X, page 239.

tère aboutirait à un abîme. M. Decazes s'appuyait sur les centres ; or plus l'on avançait et plus, sous l'action de la polémique, le centre droit se ralliait à l'extrême droite. De leur côté, les révolutionnaires, sans se laisser gagner par les concessions qui leur étaient faites, en profitaient avec habileté et devenaient, à chaque renouvellement partiel, plus exigeants et plus nombreux. Le vide se faisait donc autour du ministère, et celui-ci allait se trouver dans la nécessité ou de livrer la royauté à la révolution, ou d'avoir recours, pour la sauver, à ceux qu'il avait reniés, lorsqu'un coup de foudre vint hâter le dénouement.

L'espoir de la maison de Bourbon résidait dans Mgr le duc de Berry, deuxième fils du comte d'Artois, marié à Marie-Caroline de Sicile. Ce qu'était ce prince, M. de Chateaubriand l'a dit, avec une éloquence pleine de simplicité et d'émotion, dans une intéressante biographie connue sous le titre de *Mémoires sur la vie et sur la mort de S. A. R. Mgr le duc de Berry.* Lorsqu'on a lu cet opuscule où, à travers le récit de l'enfance du prince, de son éducation interrompue par nos discordes, de son émigration, de sa rentrée en France, mille traits heureux révèlent une générosité toute chevaleresque, il est facile de se faire une idée de l'amour dont Mgr le duc de Berry était l'objet ; or, le 13 février 1820, en sortant de l'Opéra, cet unique héritier de nos rois tombait poignardé par un fanatique nommé Louvel et, quelques moments après, expirait en demandant grâce pour l'*homme* qui l'avait frappé.

Une indicible émotion s'empara de Paris et de la France, et tous se demandèrent, avec effroi, par qui avait été armée la main du meurtrier.

« Ceux qui ont assassiné Mgr le duc de Berry, répondit M. de Chateaubriand, sont ceux qui, depuis quatre ans, établissent dans la monarchie des lois démocratiques, ceux qui ont banni la religion de ses lois; ceux qui ont cru devoir rappeler les meurtriers de Louis XVI ; ceux qui ont entendu agiter avec indifférence à la tribune la question du régicide; ceux qui ont laissé prêcher dans les journaux la souveraineté du peuple, l'insurrection et le meurtre, sans faire usage des lois dont ils étaient armés pour réprimer les délits de la presse ; ceux qui ont favorisé toutes les fausses doctrines ; ceux qui ont récompensé la trahison et puni la fidélité; ceux qui ont livré les emplois aux ennemis des Bourbons et aux créatures de Buonaparte; ceux qui, pressés par la clameur publique, ont promis de changer une loi funeste, et qui ont ensuite laissé trois mois s'écouler, comme pour donner le temps aux révolutionnaires de se reconnaître et d'aiguiser leurs poignards : voilà les véritables meurtriers de Mgr le duc de Berry. » (1)

Devant l'indignation qui se manifesta, M. Decazes fut contraint de se retirer. « Le pied lui a glissé dans le sang et il est tombé. » Telle est la parole cruelle par laquelle son adversaire salua sa chute.

Peu de jours après, la censure arriva. L'auteur de la *Monarchie selon la charte*, fidèle à ses principes sur la liberté de la presse, vota contre elle et le *Conservateur*, pour ne pas en être souillé, cessa de paraître.

(1) *Polémique*, œuvres, tome XIII, page 297.

CHAPITRE XXIII.

M. de Chateaubriand est nommé ambassadeur à Berlin. — Accueil qui lui est fait. — Ses dépêches. — Il obtient un congé et donne sa démission. — Constitution du ministère Villèle. — M. de Chateaubriand est envoyé en ambassade à Londres. — *Autrefois et aujourd'hui.* — Révolution en Espagne. — M. de Chateaubriand sollicite et obtient de représenter la France au congrès de Vérone. — Il est nommé ministre des affaires étrangères. — *Au conseil des ministres.* — M. de Chateaubriand justifie devant le parlement notre intervention en Espagne. — Embarras intérieurs. — Travaux et lettres diplomatiques. — Délivrance du roi Ferdinand. — Joie du ministre des affaires étrangères. — Félicitations qui lui arrivent de toutes parts. — Dissentiment avec M. de Villèle. — Brusque destitution de M. de Chateaubriand.

1820-1824.

Le parti royaliste ne se trouvait pas encore en mesure de prendre la direction des affaires, car il n'avait point de majorité : néanmoins une part dans la succession du ministère tombé lui était due, et elle lui fut donnée. MM. de Villèle et de Corbière, chefs de l'opposition monarchique à la chambre des députés, entrèrent au conseil, le premier comme ministre d'Etat sans portefeuille, le second avec le portefeuille de l'instruction publique. Quant à M. de Chateaubriand, Louis XVIII, qui lui gardait rancune de la chute de M. Decazes, lui fit offrir l'ambassade de Berlin. Ce n'était qu'un brillant exil. Aussi le grand polémiste accueillit-il cette nomination avec plus de dépit que de reconnaissance, se contentant de répondre, pour tout remercîment, qu'il était prêt à partir et qu'il irait chez le diable, dans le cas où les rois auraient quelque mission à remplir près de leur cousin.

Le 17 janvier, il était à Berlin, et il ouvrait le cours de ses dépêches.

Sous l'ancien régime, les dépêches diplomatiques traitaient moins des affaires que des anecdotes, relatives à des personnages de la société et de la cour : elles se réduisaient à un journal louangeur de Dangeau ou satirique de Tallemant. Il sembla au nouvel ambassadeur que sa correspondance devait être moins frivole, et il en dit la raison dans une lettre, adressée à M. Pasquier, le 13 février 1821. «Je ne vous ai point parlé, monsieur le baron, selon l'usage, des réceptions, des bals, des spectacles, etc ; je ne vous ai point fait de petits portraits et d'inutiles satires ; j'ai tâché de faire sortir la diplomatie du commérage. Le règne du commun reviendra lorsque le temps extraordinaire sera passé ; aujourd'hui, il ne faut peindre que ce qui doit vivre, et n'attaquer que ce qui menace. »

La cour et la ville cependant rivalisaient d'égards et d'admiration pour l'illustre écrivain, mais ces prévenances, tout en flattant son amour propre, ne satisfaisait pas son ambition, et les fêtes et les travaux diplomatiques étaient insuffisants à remplir ses journées. Du fond de son vaste hôtel, il surveillait les évènements qui se passaient en France, et prêtait l'oreille aux échos de la tribune et de la presse qui arrivaient jusqu'à lui. S'animant à ce bruit, comme le guerrier au bruit d'une fusillade lointaine, il brûlait du désir de rentrer dans la lice. Le parti qu'il avait guidé, pendant les deux années précédentes, ne lui semblait pas avoir été assez bien partagé après la victoire. Des défiances contre ce parti renaissaient dans le ministère ; les royalistes étaient négligés et lui-même était surveillé. Il ne tarda pas à demander un congé.

A son arrivée à Paris, il trouva MM. de Villèle et de Corbière aussi peu satisfaits de leur lot qu'il l'était du sien ; tous trois, d'un commun accord, donnèrent leur démission.

Peu après, des élections ayant eu lieu, la majorité passa aux royalistes purs, et le ministère se retira. Le parti de M. de Chateaubriand arrivait au pouvoir. L'on s'attendait à voir offrir à son ancien chef le ministère des affaires étrangères. Cette fois encore, l'attente fut trompée. Ce ministère fut donné à M. de Montmorency. M. de Villèle fut nommé aux finances et M. de Corbière à l'intérieur. L'ancien ambassadeur à Berlin avait cependant joué un rôle trop éclatant pour être laissé dans l'oubli. Que deviendra-t-il ? Laissons-lui la satisfaction de nous l'apprendre :

« Trente et un ans après m'être embarqué, simple sous-lieutenant, pour l'Amérique, je m'embarquai pour Londres, avec un passe-port conçu en ces

termes : « Laissez passer, disait ce passe-port, laissez
« passer sa seigneurie le vicomte de Chateaubriand,
« pair de France, ambassadeur du roi près Sa Majesté
« Britannique, etc. » Point de signalement ; ma grandeur devait faire connaître mon visage en tous lieux.

« Un bateau à vapeur, nolisé pour moi seul, me porte
de Calais à Douvres. En mettant le pied sur le sol
anglais, le 5 avril 1822, je fus salué par le canon du
fort. Un officier vient, de la part du commandant,
m'offrir une garde d'honneur.

« Descendu à *Shipwright-Inn*, le maître et les garçons
de l'auberge me reçoivent bras pendants et tête nue.

« Madame la mairesse m'invite à une soirée, au nom
des plus belles dames de la ville. M. Billing, attaché
à mon ambassade, m'attendait.

« Un dîner d'énormes poissons et de monstrueux
quartiers de bœuf restaure monsieur l'ambassadeur,
qui n'a point d'appétit et qui n'était pas du tout fatigué.
Le peuple, attroupé sous mes fenêtres, fait retentir
l'air de *huzzas*. L'officier revient et pose, malgré moi,
des sentinelles à ma porte. Le lendemain, après avoir
distribué force argent du roi mon maître, je me mets
en route pour Londres, au ronflement du canon, dans
une légère voiture, qu'emportent quatre beaux chevaux menés au grand trot par deux élégants jockeys.
Mes gens suivent dans d'autres carosses ; des courriers
à ma livrée accompagnent le cortège. Nous passons
Cantorbéry, attirant les yeux de John Bull et des
équipages qui nous croisent. A Black-Heath, bruyère
jadis hantée des voleurs, je trouve un village tout
neuf. Bientôt m'apparait l'immense calotte de fumée
qui couvre la cité de Londres.

« Plongée dans le gouffre de vapeur charbonnée, comme dans une des gueules du Tartare, traversant la ville entière dont je reconnais les rues, j'aborde l'hôtel de l'ambassade, *Portland-Place*. Le chargé d'affaires, M. le comte Georges de Caraman, les secrétaires d'ambassade, M. le vicomte de Marcellus, M. le baron E. Decazes, M. de Bourqueney, les attachés à l'ambassade, m'accueillent avec une noble politesse. Tous les huissiers, concierges, valets de chambre, valets de pied de l'hôtel, sont assemblés sur le trottoir. On me présente les cartes des ministres anglais et des ambassadeurs étrangers, déjà instruits de ma prochaine arrivée... » (1)

Au milieu des égards dont il était entouré, le brillant ambassadeur se reportait à l'époque où il entrait pour la première fois, pauvre et inconnu, dans cette ville de Londres, qui le revoyait riche et illustre. Ce contraste

« Chatouillant de son cœur l'orgueilleuse faiblesse »

doublait son bonheur.

Les jours qui suivirent ne firent qu'accroître son enchantement.

La haute aristocratie, les ministres, le roi lui-même tinrent à honneur de recevoir et de fêter en lui l'auteur de tant de nobles écrits, dont la renommée était et est demeurée universelle.

Les marques de considération dont on l'accablait ne lui faisaient pas perdre de vue, nous l'allons voir, les in-

(1) *Mémoires d'outre-tombe*, tome I, pages 331 et suivantes.

térêts de sa patrie, ni, osons le dire, ceux de sa propre ambition.

Pendant que les fêtes se succédaient à Londres, les *cortès d'Espagne* imposaient au roi Ferdinand VII, devenu leur prisonnier, une constitution calquée sur la constitution française de 1791 ; une réaction avait lieu, et les puissances européennes, inquiètes, prenaient la résolution de se réunir à Vérone, afin d'aviser aux moyens d'empêcher la révolution d'envahir leurs propres états.

Avec une sagacité, dont on doit lui savoir gré, M. de Chateaubriand vit tout aussitôt le parti que la France pouvait tirer des graves évènements qui agitaient la Péninsule. Exercer une action personnelle sur les rois de l'Europe avait, du reste, de quoi le séduire. Aussi, à peine cette idée d'un congrès fut-elle mise en avant qu'il n'eut plus qu'un désir, celui d'y représenter la France.

Il sollicita et obtint cet honneur.

Bien que ne venant qu'après M. de Montmorency, il fut le véritable inspirateur de la noble assemblée. Avec une ardeur infatigable et une prudence consommée, il réclama, pour la France, la mission d'étouffer la révolution espagnole et de rendre à la liberté le roi Ferdinand. Les grandes puissances, sauf l'Angleterre, donnèrent leur assentiment, et la Russie promit même son concours matériel, s'il devenait nécessaire.

A son retour à Paris, M. de Chateaubriand se vit offrir le portefeuille des affaires étrangères. C'était le mettre à même d'exécuter l'entreprise, dont il n'avait pris la responsabilité : il accepta.

Dans un livre qui est un chef-d'œuvre d'histoire

diplomatique, et où son talent d'écrivain se déploie avec une merveilleuse variété, il a ouvert toutes grandes les portes de son ministère : ce qui nous permet de le suivre dans les embarras et les occupatations de sa vie nouvelle.

Entrons tout d'abord, à sa suite, dans le conseil de Louis XVIII. Ce monarque, nous le savons déjà, avait peu de sympathie pour l'auteur du *Génie*. Celui-ci parvint pourtant à lui plaire plus qu'il n'aurait osé l'espérer, et de manière à faire peur de son crédit à ses collègues. « Sa Majesté, lit-on dans le *Congrès de Vérone,* s'endormait souvent au conseil, et elle avait bien raison ; si elle ne dormait pas, elle racontait des histoires ; elle avait un talent de mime admirable : cela n'amusait pas M. de Villèle qui voulait faire des affaires. M. de Corbière mettait sur la table ses coudes, sa boîte à tabac et son mouchoir bleu ; les autres ministres écoutaient silencieusement. Nous, nous ne pouvions nous empêcher de nous divertir des récits de S. M. ; le roi était visiblement charmé. Quand il s'aperçut de son succès, avant de commencer une histoire, il y cherchait une excuse, et disait avec sa petite voix claire : « Je vais faire rire M. de Chateaubriand;» et, en effet, nous étions, dans cette occasion, courtisan si naturel, que nous riions comme si nous en avions reçu l'ordre. » (1)

Des représentations cependant, ayant été faites à Madrid, reçurent une réponse menaçante. Cent mille hommes ayant à leur tête le duc d'Angoulême se préparèrent aussitôt à entrer en Espagne, et, dans son

(1) *Congrès de Vérone*, page 116.

discours d'ouverture (28 janvier 1823), le roi annonça à la France cette grave résolution.

Au ministre des affaires étrangères incombait le devoir de la justifier devant le parlement.

Lorsque, pour la première fois, il parut à la chambre des députés, un vif sentiment de curiosité se manifesta sur tous les bancs. Le chantre d'*Atala* succédait à la tribune, à un orateur spirituel et mordant, qui avait résumé, avec un talent remarquable, les objections mises en avant contre la guerre, et avait pris un malin plaisir à lancer, contre l'abus de l'imagination romanesque en diplomatie, des épigrammes dont personne n'ignorait l'adresse. M. Bignon — c'était son nom — reçut à l'instant cette courte réplique :

« Messieurs, j'écarterai d'abord les objections personnelles. Les intérêts de mon amour-propre ne doivent trouver aucune place ici. J'ai commencé ma carrière ministérielle, avec l'honorable préopinant, pendant les Cent-Jours. Nous avions tous les deux un portefeuille par *intérim*, moi à Gand, lui à Paris ; je faisais alors un *roman*, lui, s'occupait d'*histoire :* je m'en tiens encore au *roman*. »

Des applaudissements et des rires accueillirent cet exorde *ad hominem*.

Ouvrant alors son cahier, le ministre lut, au milieu de l'attention générale, un discours aussi solide qu'éloquent.

Dans leurs attaques improvisées, écrites ou imprimées, ses adversaires lui avaient souvent opposé l'Angleterre. Or, l'Angleterre, en entrant en guerre contre la France en 1793, avait donné la fameuse déclaration de White-Hall. L'habile orateur en cite les passages les plus caractéristiques, et il ajoute :

« Hé bien ! messieurs, que pensez-vous de cette déclaration ? L'Angleterre dit qu'elle agit de concert avec ses alliés, et on nous ferait un crime d'avoir des alliés ! l'Angleterre promet secours aux royalistes français, et on trouverait mauvais que nous protégeassions les royalistes espagnols ! l'Angleterre soutient qu'elle a le droit d'intervenir pour se sauver elle et l'Europe des maux qui désolent la France, et nous, il nous serait interdit de nous défendre contre la contagion espagnole ! l'Angleterre repousse le prétendu consentement du peuple français, elle impose à la France, pour obtenir la paix, la condition d'établir un gouvernement fondé sur les principes de la justice, et propre à entretenir avec les autres Etats des relations naturelles, et nous, nous serions obligés de reconnaître la prétendue souveraineté du peuple, la légalité d'une constitution établie par une révolte militaire, et nous n'aurions pas le droit de demander à l'Espagne, pour notre sûreté, des institutions légitimées par la liberté de Ferdinand !

« Il faut être juste pourtant, poursuit-il ; quand l'Angleterre publia cette fameuse déclaration, Marie-Antoinette et Louis XVI n'existaient plus ; je conviens que Marie-Joséphine n'est encore que captive ; et que l'on n'a encore fait couler que ses larmes ; Ferdinand n'est encore que prisonnier dans son palais, comme Louis XVI l'était dans le sien avant d'aller au Temple et de là à l'échafaud. Je ne veux point calomnier les Espagnols, mais je ne veux point les estimer plus que mes compatriotes. La France révolutionnaire enfanta une Convention ; pourquoi l'Espagne révolutionnaire ne produirait-elle pas la sienne ? Ce juge qui a condamné Don Carlos aux galères serait un digne membre de ce tribunal. La révolution espagnole n'a-t-elle pas pris la nôtre pour modèle ? ne la copie-t-elle pas servilement ? ne proclame-t-elle pas les mêmes principes ? n'a-t-elle pas déjà dépouillé les autels, assassiné les prêtres dans les prisons, élevé des instruments de supplice, prononcé des confiscations et des exils ?

« Nous qui avons eu cette terrible maladie, pouvons-nous en méconnaître les symptômes et n'avoir pas quelques alarmes pour les jours de Ferdinand ?

« Direz-vous qu'en avançant le moment de l'intervention, on rend la position de ce monarque plus périlleuse ; mais l'Angleterre sauva-t-elle Louis XVI en refusant de se déclarer ? L'intervention qui prévient le mal n'est-elle pas plus utile que celle qui le venge ?

« L'Espagne avait un agent diplomatique à Paris, lors de l'affreuse catastrophe ; et ses prières ne purent rien obtenir. Que faisait là ce témoin de famille ? Certes, il n'était pas nécessaire pour constater une mort connue de la terre et du ciel. Messieurs, c'est déjà trop dans le monde, que le procès de Charles Ier et celui de Louis XVI. Encore un assassinat juridique, et on établira, par l'autorité des précédents, une espèce de *droit* de crime, et un code de jurisprudence à l'égard des peuples contre les rois. » (1)

Des cris d'admiration et de colère, des acclamations à demi étouffées suivirent ces paroles.

---

(1) *Opinions et discours*, œuvres, tome X, pages 14 et suivantes.

L'orateur alors, passant aux autres objections, les réduit à néant par sa puissante argumentation.

« N'oublions jamais, dit-il en terminant, que si la guerre avec l'Espagne a, comme toute guerre, ses inconvénients et ses périls, elle aura eu pour nous un immense avantage. Elle nous aura créé une armée, elle nous aura fait remonter à notre rang militaire parmi les nations, elle aura décidé notre émancipation et rétabli notre indépendance. Il manquait peut-être encore quelque chose à la réconciliation complète des Français ; elle s'achèvera sous la tente : les compagnons d'armes sont bientôt amis, et tous les souvenirs se perdent dans la pensée d'une commune gloire.

« Le roi, ce roi si sage, si paternel, si pacifique, a parlé. Il a jugé que la sûreté de la France et la dignité de la couronne lui faisaient un devoir de recourir aux armes, après avoir épuisé les conseils. Le roi a voulu que cent mille soldats s'assemblassent sous les ordres du prince qui, au passage de la Drôme, s'est montré vaillant comme Henri IV. Le roi, avec une généreuse confiance, a remis la garde du drapeau blanc à des capitaines qui ont fait triompher d'autres couleurs : ils lui apprendront le chemin de la victoire ; il n'a jamais oublié celui de l'honneur. » (1)

A diverses reprises, M. de Chateaubriand dut reparaître à la tribune. Chaque fois qu'il y monta, il s'attira les sympathies des chambres par sa parole courtoise, loyale et patriotique.

En sortant du parlement, le ministre rentrait

(1) *Opinions et discours*, œuvres, tome X, pages 121 et 122.

dans son hôtel, où l'attendaient de nombreux visiteurs. Il n'avait pas d'audiences à heure fixe ; entrait qui voulait ; sa porte était toujours ouverte. Aussi, intrigants de toutes sortes se relayaient-ils chez lui. Il les accueillait tous avec affabilité, et ne fermait sa porte qu'à la fortune. « Un jour, raconte-t-il plaisamment, on nous annonça un homme de banque : sans façon et sans précaution oratoire, il nous déclara qu'il appartenait à des *maisons respectables* ; que, s'il était possible de lui communiquer des dépêches télégraphiques, mon Excellence pourrait profiter des succès, sans nuire le moins du monde aux fonds publics. Nous regardâmes cet homme avec ébahissement, puis nous le priâmes de sortir par la porte, si mieux n'aimait sortir par la fenêtre. Il ne se déferra point ; il nous regarda à son tour comme s'il eût regardé un Osage. Nous sonnâmes : l'homme impertubable s'en retourna avec son obligeant million. » (1)

A travers les audiences, les discours, les conseils, les dîners et les bals (car M. de Chateaubriand donnait aussi des fêtes), il lui fallait surveiller et poursuivre ses opérations d'Espagne. Quand en trouvait-il le temps ? Pendant la nuit, et la nuit souvent était trop courte ; maintes fois l'aurore le surprit, la plume à la main. On ne saurait s'en étonner, car, à l'opposé des secrétaires d'Etat, qui se contentent de faire rédiger leurs dépêches à des chefs de bureau, en minutant la marge, le laborieux ministre écrivait lui-même toute sa correspondance. Aussi, ses lettres portent-elles l'em-

(1) *Congrès de Vérone*, page 193.

preinte d'un caractère tout individuel et sont-elles pleines de vie. Mêlées à celles qu'il recevait des rois, des ministres, des généraux et des ambassadeurs, elles forment un ensemble du plus haut intérêt, en même temps qu'elles offrent, par leur ton sobre et simple, de véritables modèles du style diplomatique. Le patriotisme, du reste, les anime toutes, et leur sert de lien. Les labeurs qu'inspirait ce noble sentiment à l'infatigable ministre allaient recevoir leur récompense.

Grâce à son impulsion, la guerre avait été vigoureusement menée, et les *cortès*, poursuivies de poste en poste, étaient, au bout de quelques mois, acculées dans Cadix. Menacées d'un siège et abandonnées de leurs armées qui avaient successivement capitulé, elles durent enfin s'avouer vaincues, et rendre à la liberté le monarque qu'elles tenaient prisonnier. C'est le 1er octobre de l'année 1823 que s'accomplit ce grand évènement. Ce jour-là, Ferdinand, qui avait été tour à tour déclaré fou, déchu, captif dans une de ces scènes ignominieuses que l'on retrouve dans notre révolution, se retourna radieux. « Roi de ses geôliers, accompagné de la reine, des princes et des princesses de sa famille, il mit à la voile ses prames dorées, au bruit des salves d'artillerie de la place et de toute la côte : au milieu des nuages de fumée, on eût dit un vainqueur qui sort triomphant d'une grande bataille. Le ciel était magnifique. A onze heures et demie, Ferdinand aborda le port Sainte-Marie : il y fut reçu par Mgr le duc d'Angoulême. Le petit-fils de Louis XIV mit un genou en terre et présenta son épée à l'autre petit-fils du grand roi ; beau spectacle à l'extrémité de l'Europe, au bord de cette mer, la couche du soleil, *solisque cubilia Cades.* » (1)

Lorsque la dépêche qui annonçait cette nouvelle lui arriva, et qu'il entendit retentir les cent coups de canon qui la saluaient, M. de Chateaubriand faillit se trouver mal de joie ; « Non, certes, dit-il avec un orgueil tout patriotique, que nous attachassions un intérêt personnel à la rescousse d'un monarque haïssable, non que nous crussions tout fini, mais nous fûmes dans un véritable transport, à l'idée que la France pouvait renaître puissante et redoutable ; que nous avions contribué à la relever de dessous les pieds de ses ennemis, et à lui remettre l'épée à la main ; nous éprouvions un sentiment d'honneur égal à notre amour pour notre patrie. » (2)

A cette satisfaction intime vinrent s'ajouter, avec leurs félicitations, les marques de reconnaissance des rois et des ministres. L'Espagne lui envoya la Toison-d'Or ; le Portugal, l'ordre du Christ ; la Russie, l'ordre de Saint-André ; la Prusse, l'Aigle Noir ; la Sardaigne, l'Annonciade. Par ces distinctions, les cours étrangères récompensaient l'important service rendu, par la guerre d'Espagne, à la société monarchique. Se fussent-elles montrées aussi reconnaissantes, si le but essentiel, poursuivi par l'instigateur de cette guerre, leur avait été révélé ? Il est permis d'en douter.

Quoiqu'il en soit, les prévisions de M. de Chateaubriand, quant à la gloire nationale, furent justifiées. La France reprit son rang parmi les nations euro-

(1) *Congrès de Vérone*, page 289.
(2) *Ibid.*, page 290.

péennes. Là se bornèrent les conséquences de la brillante aventure tentée par l'éminent homme d'Etat. Peut-être eût-elle été plus féconde, s'il avait été donné à ce dernier d'en poursuivre les résultats. Malheureusement la disgrâce vint le frapper peu de temps après son triomphe.

Une sourde rivalité existait, depuis quelques mois, entre le ministre des affaires étrangères et le président du conseil. Elle finit par éclater. Voici à quelle occasion :

M. de Villèle ayant proposé de convertir cent quarante millions de rente 5 %, en cent douze millions à 3 %, M. de Chateaubriand, qui désapprouvait cette mesure, la combattit dans le conseil ; mais, son avis n'ayant pas prévalu, au lieu d'adresser sa démission au roi, comme il était peut-être correct de le faire, il laissa attaquer le projet par des journaux sur lesquels il exerçait une action patente, garda le silence, lors de la discussion parlementaire, et s'abstint de paraître à la chambre des pairs, le jour du vote. La loi fut rejetée, et le ministre des affaires étrangères, pour consoler son collègue de cet échec, lui dit : « Si vous vous retirez du ministère, nous sommes prêts à vous suivre. » C'était joindre la raillerie à ce que M. de Villèle regardait comme une trahison. Il répondit par un regard dont son interlocuteur eut bientôt la signification.

Le jour de la Pentecôte (6 juin 1824), le ministre des affaires étrangères se trouvait aux Tuileries, à dix heures et demie du matin, lorsqu'un pli lui fut remis. Il l'ouvrit et y trouva cette ordonnance :

« Louis, par la grâce de Dieu, etc ;
« Nous avons ordonné et ordonnons ce qui suit :

« Le sieur comte de Villèle, président de notre conseil des ministres et ministre secrétaire d'Etat au département des finances, est chargé par *intérim* du portefeuille des affaires étrangères, en remplacement du sieur vicomte de Chateaubriand. »

Deux lignes du président du conseil accompagnaient ce message :

Monsieur le Vicomte,

« J'obéis aux ordres du roi en transmettant de suite à votre Excellence une ordonnance que Sa Majesté vient de rendre.
« J'ai l'honneur, etc.

J. DE VILLÈLE.

Deux heures après, M. de Villèle recevait ce billet :

« Monsieur le Comte,

« J'ai quitté l'hôtel des affaires étrangères : le département est à vos ordres. »

CHATEAUBRIAND.

CHAPITRE XXIV.

M de Chateaubriand entre dans l'opposition. — Pour le désarmer on lui offre en vain une ambassade. — *Contre la censure.* — Mort de Louis XVIII. — *Le roi est mort; vive le roi!* — Reprise de la lutte. — La loi *vandale.* — Popularité de M. de Chateaubriand. — *Article sur la fête du roi.* — Retrait de la loi sur la police de la presse. — Désordres à Paris. — Revue et licenciement de la garde nationale. — *La question grecque et le ministère.* — Encore la censure. — *Défi.* — La chambre est dissoute. — Elections. — Chute du ministère Villèle.

1824-1828.

La destitution de M. de Chateaubriand et la brutalité avec laquelle elle lui avait été signifiée furent, en un clin d'œil, connues de tout Paris. Les protestations ne se firent pas attendre. Le soir même, en rentrant chez lui, l'illustre disgracié trouva sa maison entourée d'équipages nombreux et brillants. C'étaient ses amis et les ennemis de M. de Villèle qui venaient saluer en lui un martyr de la légitimité. M. de Chateaubriand, il convient de le dire, était un martyr d'une espèce toute nouvelle, et dont la résignation ne devait pas être le caractère distinctif. Chassé, il est vrai, « comme un laquais qui aurait pris la montre du roi sur sa cheminée, » il ressentit profondément cet affront, et, loin de le subir en silence, il n'eut plus qu'un désir : celui de la vengeance et d'une vengeance éclatante. Il ne se fit pas faute, du reste, de stimuler le zèle de ses amis.

Le lendemain, la presse, par l'un de ses organes les plus accrédités, s'associa, en termes violents, à sa colère. Après avoir annoncé et proclamé sa propre rupture avec le ministère, le *Journal des Débats* s'écriait : « Toutes les disgrâces ne sont pas des malheurs; l'opinion publique, juge suprême, nous apprendra dans quelle classe il faut placer celle de M. de Chateaubriand; elle nous apprendra aussi à qui l'ordonnance de ce jour aura été plus fatale du vainqueur ou du vaincu. »

Mille échos répétèrent, sur tous les points de la France, ces paroles menaçantes et firent comprendre à M. de Villèle quelle faute venait d'être commise. Afin de la réparer, autant qu'il le pouvait, le président du conseil fit offrir une ambassade au ministre déchu ; celui-ci la repoussa avec dédain et prépara ses armes. Bientôt étourdi des réclamations et des critiques dont il fut assailli, M. de Villèle, usant d'un droit que lui donnait la loi, rétablit la censure pour les journaux et les feuilles périodiques. C'est le moment que choisit, pour entrer en lice, le grand écrivain.

L'article 4 de la loi du 17 mars 1822 est ainsi conçu : « Si dans l'intervalle des sessions des chambres des circonstances *graves* rendaient momentanément insuffisantes les mesures de garanties et de répression établies, les lois du 31 mars 1820 et 26 juillet 1821 pourront être remises en vigueur, en vertu d'une ordonnance du roi, délibérée en conseil et contre-signée par trois ministres. »

« Je demande, écrivait alors le redoutable polémiste, si le cas prévu par la loi est arrivé. Des armées étrangères sont-elles à nos portes ? Quelque complot dans l'intérieur a-t-il éclaté ? La fortune publique est-elle ébranlée ? Le ciel a-t-il déchaîné quelques-uns de ses fléaux sur la France ! Le trône est-il menacé ? Un de nos princes chéris est-il tombé sous le fer d'un nouveau Louvel ? Non ! heureusement non !

« Qu'est-il donc advenu ? Que le ministère a fait des fautes ; qu'il a perdu la majorité dans la chambre des pairs ; qu'il a gâté la plupart des résultats de l'expédition d'Espagne ; qu'il s'est séparé des royalistes ; en un mot, qu'il paraît peu capable, et qu'on le lui dit.

« Voilà les *circonstances graves* qui l'obligent à nous ravir la liberté fondamentale des institutions que nous devons à la sagesse du roi !

« L'expédition d'Espagne a été commencée, poursuivie, achevée en présence de la liberté de la presse : une fausse nouvelle pouvait compromettre l'existence de Mgr le duc d'Angoulême et le salut de son armée ; elle pouvait occasionner la chute des fonds publics, exciter des troubles dans quelques départements, faire faire un mouvement aux puissances de l'Europe : ces circonstances n'étaient pas assez *graves* pour motiver la suppression de la liberté de la presse périodique. Mais on ose dire la vérité à des ministres : le Français, né moqueur, se permet quelquefois de rire de ses ministres : vite la censure, ou la France est perdue ? Quelle pitié ! » (1)

Et, s'appesantissant sur ces pensées, l'implacable

---

(1) *Mélanges politiques*, œuvres, tome X, page 172.

écrivain s'acharnait à déverser le ridicule et le mépris sur ces hommes qui, collés au pouvoir, disait-il, jouaient, pour y rester deux jours de plus, la longue destinée de la France contre leur avenir d'un moment.

Un triste évènement vint interrompre ces attaques, et donner à M. de Chateaubriand l'occasion de montrer que, s'il entreprenait de défendre les libertés publiques contre le ministère, il ne cessait point d'être le champion dévoué de la monarchie.

Louis XVIII, souffrant depuis longtemps, s'éteignit, le 16 septembre 1824, dans son fauteuil.

Lorsqu'il eut rendu le dernier soupir, le comte d'Artois, agenouillé tout en larmes près de lui, se releva ; les portes de la chambre où venait d'expirer son auguste frère s'ouvrirent, et l'on entendit par trois fois retentir le cri de la vieille France : *Messieurs, le roi est mort ; vive le roi !*

Le roi est mort ; vive le roi ! répéta une voix que tous reconnurent aussitôt et qui fit tressaillir l'Europe entière d'admiration ;

« Le roi est mort !... Jour d'épouvante où ce cri fut entendu, il y a trente ans, pour la dernière fois dans Paris ! Le roi est mort ! La monarchie va-t-elle se dissoudre ? La colère céleste s'est-elle déployée de nouveau sur la France ? Où fuir ? où se cacher devant la terreur et la tyrannie ? Pleurez, Français ! vous avez perdu le roi qui vous a sauvés, le roi qui a voulu la paix, le roi qui vous a faits libres ; mais ne tremblez point pour votre destinée ; le roi est mort, mais le roi est vivant. *Le roi est mort ; vive le roi !* C'est le cri de la vieille monarchie ; c'est aussi le cri de la monarchie nouvelle. » (1)

Jetant alors un regard sur le règne écoulé, le grand publiciste le caractérise avec une remarquable justesse.

« La partie active du règne de Louis XVIII, dit-il, a été courte, mais elle occupera une grande place dans l'histoire. On peut juger ce règne par une seule observation : Il ne se perd point dans l'éclat que Napoléon a laissé sur ses traces. On demande ce que c'est que Charles II après Cromwell ; Charles II, dont la restauration ne fut que celle des abus qui avait perdu sa famille : on ne demandera jamais ce que c'est que le sage qui a délivré la France des armées étrangères après l'ambitieux qui les avait attirées dans le cœur du royaume, on ne demandera jamais ce que c'est que l'auteur de la charte, le fondateur de la monarchie représentative ; ce que c'est que le souverain qui a élevé la liberté sur les débris de la révolution, après le soldat qui avait bâti le despotisme sur les mêmes ruines ; on ne demandera jamais ce que c'est que le roi qui a payé les dettes de l'État et fondé le système de crédit après les banqueroutes républicaines et impériales ; on ne demandera jamais ce que c'est que le monarque qui, trouvant une armée détruite, a recréé une armée ; le monarque qui, après des guerres glorieuses, mais longues et funestes, a mis fin en quelques mois, par un vaillant prince, à la prodigieuse expédition d'Espagne, tuant deux révolutions d'un seul coup, rétablissant deux rois sur leur trône, replaçant la

---

(1) *Le roi est mort ; vive le roi !* œuvres, tome IV, page 243.

France à son rang militaire en Europe, et couronnant son ouvrage en nous assurant l'indépendance au dehors, après nous avoir donné la liberté au dedans. .(1)

« Quand il arriva en France, il trouva le tombeau des rois désert et leur trône vide : restaurateur de toutes les légitimités, il a rendu, dans un partage fraternel, le premier à Louis XVI et le second à Charles X. » (2)

Charles X !... « Vous le connaissez ce Bourbon qui vint le premier après nos malheurs, digne héraut de la vieille France, se jeter entre vous et l'Europe, une branche de lis à la main !...

« Quel est celui d'entre nous qui ne lui confierait sa vie, sa fortune, son honneur ? Cet homme, que nous voudrions tous avoir pour ami, nous l'avons aujourd'hui pour roi. Ah ! tâchons de lui faire oublier les sacrifices de sa vie ! que la couronne pèse légèrement sur la tête blanchie de ce chevalier chrétien ! Pieux comme saint Louis, affable, compatissant et justicier comme Louis XII, courtois comme François Ier, franc comme Henri IV, qu'il soit heureux de tout le bonheur qui lui a manqué pendant de si longues années ! que le trône où tant de monarques ont rencontré des tempêtes soit pour lui un lieu de repos ! Nous sentons combien dans ce moment il lui est pénible de monter les degrés de ce trône pour y occuper la place d'un frère ; mais qu'il permette à de fidèles sujets qui respectent sa royale douleur, de chercher pourtant auprès de lui leur consolation et leurs plus chères espérances... (3)

(1) *Le roi est mort ; vive le roi !* œuvres, tome IV, pages 245 et 246.
(2)   Ibid. ;   Ibid. !   œuvres, tome IV, pages 246 et 247.
(3)   Ibid. ;   Ibid. !   œuvres, tome IV, page 248.

« Sujets dévoués, pressons-nous aux pieds de notre bien aimé souverain ; reconnaissons en lui le modèle de l'honneur, le principe vivant de nos lois, l'âme de notre société monarchique ; bénissons une hérédité tutélaire, et que la légitimité enfante sans douleurs son nouveau roi !

« Que nos soldats élèvent sur leurs drapeaux le père du duc d'Angoulême ? que l'Europe attentive, que les factions, s'il en existe encore, voient dans l'accord de tous les Français, dans l'union du peuple et de l'armée, le gage de notre force et de la paix du monde ! » (1)

Le nouveau roi justifia, par la générosité de son langage et la noblesse son attitude, les éloges qui lui étaient décernés. Les prisons ouvertes aux détenus politiques, la censure levée, quelques mots pleins d'à-propos, secondés par l'entrainant écrit du vieil athlète de la légitimité, déterminèrent, à cette époque, une explosion de royalisme comme on n'en avait pas vu depuis 1814.

Un rapprochement était à espérer, à cette occasion, entre le pouvoir et M. de Chateaubriand ; ce rapprochement n'eut pas lieu ; bientôt la lutte recommença plus terrible que jamais, et elle fut, de la part du ministre disgracié, une opposition quand même. Aucune loi présentée par M. de Villèle, aucune mesure prise par lui ne trouva grâce à ses yeux. Les lignes suivantes montreront, du reste, à quel ton d'amertume en était arrivée sa polémique.

« Si ceux qui administrent l'Etat semblent complètement ignorer le génie de la France dans les choses

---

(1) *Le roi est mort ; vive le roi !* œuvres, tome IV, page 248.

sérieuses, ils n'y sont pas moins étrangers dans ces choses de grâces et d'ornements qui se mêlent, pour l'embellir, à la vie des nations civilisées.

« Les largesses que le gouvernement légitime répand sur les arts surpassent les secours que leur accordait le gouvernement usurpateur ; mais comment sont-elles départies? Voués à l'oubli par nature et par goût, les dispensateurs de ces largesses paraissent avoir de l'antipathie pour la renommée ; leur obscurité est si invincible, qu'en approchant des lumières ils les font pâlir ; on dirait qu'ils versent l'argent sur les arts pour les éteindre, comme sur nos libertés pour les étouffer.

« Encore, si la machine étroite dans laquelle on met la France à la gêne ressemblaient à ces modèles achevés que l'on examine à la loupe dans le cabinet des amateurs, la délicatesse de cette curiosité pourrait intéresser un moment, mais point : c'est une petite chose mal faite. »

Les ministres sans cesse harcelés par la presse, dont la licence s'accroissait chaque jour, résolurent de présenter aux chambres un projet destiné à réprimer ses abus.

Ce projet est resté célèbre sous le nom de *loi de justice et d'amour*, qui lui fut maladroitement donné par le *Moniteur*.

A peine fut-il mis au jour que M. de Chateaubriand donna le signal de la résistance en le qualifiant de « loi vandale » ; en le proclamant aussi fatal aux lettres qu'aux libertés publiques, en opposition directe avec la charte, les mœurs et la civilisation; en déclarant qu'il violait toutes les lois de la propriété, anéantissait les industries de premier ordre, et jetterait sur le pavé une multitude d'ouvriers sans ouvrage et sans pain. « On sent, s'écriait-il en terminant que les partisans de ce projet anéantiraient l'imprimerie s'ils le pouvaient, qu'ils briseraient les presses, dresseraient des gibets et éleveraient des bûchers pour les écrivains ; ne pouvant rétablir le despotisme de l'homme, ils appellent de tous leurs vœux le despotisme de la loi. » (1)

Des acclamations bruyantes accueilirent cette amère critique, et toute la presse éclata contre le projet en cris d'indignation. La chambre des députés retentit de graves et sévères avertissements. L'académie, sortant de sa placidité habituelle, fit entendre, en faveur de ce que l'un de ses membres appelait la plus vitale de nos libertés, une protestation indignée. L'imprimerie, la librairie et les autres industries intéressées joignirent leurs réclamations à celles qui s'élevaient de toutes parts. M. de Chateaubriand savourait avec une âpre jouissance la réprobation dont était frappé le ministère, réprobation qui rejaillissait en popularité autour de son propre nom.

Toutefois l'entraînement de la lutte et l'ivresse du triomphe ne pouvaient l'empêcher de voir que les coups dont il accablait les ministres atteignaient plus loin et plus haut qu'il ne le souhaitait. Aussi plus ses attaques devenaient violentes, plus enflammées devenaient ses protestations en faveur de la monarchie. Entendons-le, à propos de la fête de Charles X :

(1) *De l'abolition de la censure*, œuvres, tome X, page 188.

« Encore une trêve du roi !

« Paix aujourd'hui aux ministres ! Gloire, honneur, longue félicité et longue vie à Charles X ! C'est la saint Charles !

« C'est à nous surtout, vieux compagnons d'exil de notre monarque, qu'il faut demander l'histoire de Charles X ! -

« Vous autres, Français, qui n'avez point été forcés de quitter votre patrie, vous qui n'avez reçu un Français de plus que pour vous soustraire au despotisme impérial et au joug de l'étranger, habitants de la grande et bonne ville, vous n'avez vu que le prince heureux. Quand vous vous pressiez autour de lui, le 12 avril 1814 ; quand vous touchiez en pleurant d'attendrissement ses mains sacrées, quand vous retrouviez sur un front ennobli par l'âge et le malheur toutes les grâces de la jeunesse, comme on voit la beauté à travers un voile, vous n'aperceviez que la vertu triomphante, et vous conduisiez le fils des rois à la couche royale de ses pères.

« Mais nous, nous l'avons vu dormir sur la terre, comme nous sans asile, comme nous proscrit et dépouillé. Eh bien, cette bonté qui vous charme était la même ; il portait le malheur comme il porte aujourd'hui la couronne, sans trouver le fardeau trop pesant, avec cette bénignité chrétienne qui tempérait l'éclat de son infortune, comme elle adoucit l'éclat de sa prospérité.

« Les bienfaits de Charles X s'accroissent de tous les bienfaits dont nous ont comblés ses aïeux : la fête d'un roi très chrétien est pour les Français la fête de la reconnaissance : livrons-nous donc aux transports de gratitude qu'elle doit nous inspirer. Ne laissons pénétrer dans notre âme rien qui puisse un moment rendre notre joie moins pure ! Malheur aux hommes...! Nous allions violer la trêve ! Vive le roi ! »

Le projet de loi sur la presse ayant été retiré, Paris illumina, des ouvriers parcoururent les rues en chantant, des banquets eurent lieu, des feux d'artifice furent tirés, des vitres furent brisées, quelques personnes furent blessées. L'opposition descendait dans le peuple, et la révolution approchait à grands pas.

Peu de jours après ces scènes de désordre, Charles X passa la garde nationale en revue. Sur le passage du roi retentirent les cris de : A bas les ministres ! à bas Villèle ! Le soir même, la garde nationale fut licenciée.

Ce licenciement est « l'acte d'un amour-propre en démence, » s'empressa d'écrire M. de Chateaubriand.

La clôture des chambres arriva ; la censure fut rétablie, et des bruits de coup d'Etat circulèrent :

« L'affectation que les parasites du pouvoir mettent à parler de soldats et d'armées, s'écria le terrible pamphlétaire, fait sourire un peuple militaire qui a vu la garde impériale autour d'Austerlitz et de Marengo, qui a vu les rois de l'Europe expier à la porte des Tuileries l'inhospitalité dont ils s'étaient rendus coupables envers le véritable maître de ce palais : c'est avec les arts et les libertés constitutionnelles qu'on pouvait faire oublier la gloire. Que nous donnent les antichartistes en place de celle-ci ? La censure et le ministère ; c'est bien peu.

« Hé quoi ! le plus pur sang de la France aurait coulé pendant trente années ; le trône aurait été brisé, nous aurions vu nos biens, nos amis, nos parents et jusqu'aux tombeaux de nos familles s'abîmer dans le gouffre révolutionnaire ; nous aurions combattu l'Europe conjurée, et tout cela pour conquérir la censure que nous avions en 1789 ? A force de malheurs et de victoires, quand, sur la poussière des générations immolées, nous sommes parvenus à relever le trône légitime, le résultat de tant d'efforts serait de confier à des êtres obscurs, dont le nom n'a pas dépassé le seuil de leur porte, la dictature de l'intelligence humaine ?

« Non ! il y a des choses impossibles. Vous établissez, dites-vous, la censure aux termes de la loi, pour *des circonstances graves*. C'est la censure qui fera naître ces circonstances ; elles renverseront le pouvoir ministériel : puissent-elles n'ébranler que lui ! » (1)

Toutes les circonstances, du reste, lui étaient bonnes : les questions extérieures, comme les questions intérieures, étaient exploitées par lui avec l'habileté de la haine.

Les Hellènes avaient levé l'étendard de la révolte. Saluant, dès 1825, ce soulèvement, il s'était écrié dans son magnifique langage :

« La Grèce sort héroïquement de ses cendres : pour assurer son triomphe, elle n'a besoin que d'un regard de bienveillance des princes chrétiens...

« La France, qui a laissé tant de souvenirs en Orient..., la France, fille aînée de la Grèce par le

---

(1) *Mélanges politiques*, œuvres, tome X, page 207.

courage, le génie et les arts, contemplerait avec joie la liberté de ce noble et malheureux pays et se croiserait pieusement pour elle... Si le monde savant comme le monde politique aspire à voir renaître la mère des arts et des lois, la religion demande aussi des autels dans la cité où saint Paul prêcha le Dieu inconnu...

« Quel honneur pour la restauration d'attacher son époque à celle de l'affranchissement de la patrie de tant de grands hommes ! Qu'il serait beau de voir les fils de saint Louis, à peine rétablis sur leur trône, devenir à la fois les libérateurs des rois et des peuples opprimés. » (1)

Cette généreuse protestation était déjà un reproche adressé au gouvernement. Si celui-ci, par prudence diplomatique, se taisait, il ne demeurait cependant pas inactif. Un traité conclu à Londres entre la France, l'Angleterre et la Russie, afin de mettre fin à la guerre impitoyable faite par les Musulmans à la Grèce, était son œuvre. Ce traité méritait quelque reconnaissance : eh bien, écoutons :

« On en est venu à cette résolution : mais quand ? Quand des flots de sang ont été versés, lorsque les Turcs sont rentrés dans les ruines d'Athènes, et que la torche de Mahomet, plantée dans les débris des monuments de Phidias, semble éclairer les dernières funérailles de la Grèce.

« La France, qui devait prendre l'initiative dans cette question; la France, qui aurait pu avoir dans ce moment vingt-cinq mille volontaires en Morée, a été placée, par

---

(1) *Note sur la Grèce*, passim.

la faiblesse de ses ministres, à la suite des autres puissances. Les peuples ont traîné les gouvernements à la remorque dans une affaire où la religion, l'humanité et les intérêts matériels bien entendus réclamaient l'intervention de ces gouvernements... »

Et, discutant le traité des puissances, lesquelles mettaient des conditions à leur intervention :

« Si vous regardez les Grecs comme des sujets rebelles, pourquoi vous occupez-vous d'eux? Si vous les considérez comme un peuple qui mérite d'être libre, quel droit avez-vous de fixer les conditions de sa liberté ou plutôt de son esclavage? Laissez-le mourir : la postérité lui rendra les derniers honneurs ; il n'a pas besoin que votre pitié de parade et votre admiration dérisoire viennent promener vos pavillons de deuil sur les mers qu'il illustra, et tirer des coups de canon à poudre sur sa tombe.

« Si, conclue-t-il, de tant de désastres on sauve quelques familles, on devra sans doute s'en réjouir ; mais qu'on ne vienne pas réclamer au nom d'une mesure incomplète et tardive, une popularité qu'on n'a pas méritée. » (1)

Le ministère, ébranlé par tant de secousses, et voyant la majorité sur le point de lui échapper dans la chambre basse, se résolut à renvoyer les députés et à se retremper dans les élections.

Une lutte formidable s'engagea. La presse, rendue à la liberté par la dissolution de la chambre, s'y jeta avec furie. Sous l'influence de M. de Chateaubriand, les oppositions de droite et de gauche s'unirent et ce

---

(1) *Mélanges politiques*, œuvres, tome X, page 267.

fut aux cris de : *Vive la charte ! à bas les ministres !* que les électeurs se présentèrent aux urnes.

L'opposition triompha et le ministère vaincu fut contraint de se retirer (4 janvier 1828). M. de Chateaubriand était vengé.

Il était vengé, mais la monarchie était compromise, et la révolution, fortifiée et enhardie par le succès, se disposait à de nouveaux combats. En voyant ces tristes résultats de sa polémique, le défenseur des Bourbons pouvait-il se réjouir d'avoir remporté la victoire ?

CHAPITRE XXV.

M de Chateaubriand publie une édition complète de ses œuvres. — Motifs de cette publication. — Apparition des *Aventures du dernier Abencérage*. — Analyse et extraits. — Arrivée à *Grenade*. — *Rencontre de doña Blanca*. — *Les Espagnols*. — Visite à *l'Alhambra*. — A Malaga. — *Don Carlos et Lautrec*. — Aben-Hamet se fait reconnaître pour le petit-fils de Boabdil. — Duel. — *Une mosquée changée en église*. — Dénouement. — Appréciation des *Aventures du dernier Abencérage*. — Accueil fait à ce roman.

1826-1828.

Les années que nous venons de traverser doivent être comptées parmi les plus laborieuses de M. de Chateaubriand. A cette époque de sa vie se rapporte, en effet, outre les innombrables écrits et discours par lesquels il combattit le ministère Villèle, la publication d'une édition complète de ses œuvres.

« Si j'avais été le maître de la fortune, a-t-il écrit, je n'aurais jamais publié le recueil de mes ouvrages. L'avenir (supposé que l'avenir entende parler de moi) eût fait ce qu'il aurait voulu. Plus d'un quart de siècle passé sur mes premiers écrits sans les avoir étouffés ne m'a pas fait présumer une immortalité que j'ambitionne peut-être moins qu'on ne pense. C'est donc contre mon penchant naturel, et aux dépens de ce repos, dernier besoin de l'homme, que je donne l'édition de mes œuvres. Peu importent au public les motifs de ma détermination, il suffit qu'il sache (ce qui est la vérité) que ces motifs sont honorables. » (1)

Ces motifs se résument en un seul : la gêne à laquelle était alors réduit l'ancien ministre de Louis XVIII. M. de Chateaubriand n'était point de ceux qui exploitent, au profit de leur intérêt, les fonctions publiques, et, de plus, fidèle aux traditions de sa famille, il était d'une générosité qui ne lui permettait pas de s'enrichir. « J'ai l'air un peu rude, disait-il un jour ; je tiens cela de mon père ; il faut que je donne et que je soulage comme ma mère. » Et il donnait, en effet, sans compter.

Des ouvrages inédits qu'il fit alors paraître, il en était un que l'on attendait avec une vive impatience : *Les aventures du dernier Abencérage*. Occupons-nous donc de ce roman ?

« Vingt-quatre ans s'étaient écoulés depuis la prise de Grenade. Dans ce court espace de temps, quatorze Abencérages avaient péri par l'influence d'un nouveau climat, par les accidents d'une vie errante, et surtout par le chagrin qui mine sourdement les forces de l'homme.

« Un seul rejeton était tout l'espoir de cette maison fameuse. Aben-Hamet (c'était son nom) réunissait en lui la beauté, la valeur, la courtoisie, la générosité de ses ancêtres, avec ce doux éclat et cette légère expression de tristesse que donne le malheur noblement sup-

---

(1) *Préface générale*, œuvres, tome XV, page 1.

porté. Il n'avait que vingt-deux ans lorsqu'il perdit son père ; il résolut alors de faire un pèlerinage au pays de ses aïeux, afin de satisfaire aux besoins de son cœur, et d'accomplir un dessein qu'il cacha soigneusement à sa mère. » (1)

Il s'embarque à l'Echelle de Tunis ; un vent favorable le conduit à Carthagène ; il descend du navire et prend aussitôt la route de Grenade.

« Cette ville est bâtie au pied de Sierra-Nevada, sur deux hautes collines que sépare une profonde vallée. Les maisons placées sur la pente des coteaux, dans l'enfoncement de la vallée, donnent à la ville l'air et la forme d'une grenade entr'ouverte, d'où lui est venu son nom. Deux rivières, le Xénil et le Douro, dont l'une roule des paillettes d'or, et l'autre, des sables d'argent, lavent le pied des collines, se réunissent en serpentant ensuite au milieu d'une plaine charmante, appelée la Véga. Cette plaine, qui domine Grenade, est couverte de vignes, de grenadiers, de figuiers, de mûriers, d'orangers ; elle est entourée par des montagnes d'une forme et d'une couleur admirables. » (2)

Un kan ouvert pour les Maures d'Afrique sur une des places de la ville reçut l'Abencérage.

Trop agité pour goûter le repos dans sa nouvelle demeure, et ne pouvant résister aux sentiments qui le tourmentaient, il sortit au milieu de la nuit pour errer dans les rues. Absorbé par sa rêverie, il s'égara, et, lorsque le jour survint, il se trouvait, loin du kan, dans un faubourg écarté.

(1) *Les aventures du dernier Abencérage*, œuvres, tome XV, page 100.
(2) *Les aventures du dernier Abencérage*, œuvres, tome XV, page 101.

Tout dormait ; aucun bruit ne troublait le silence des rues ; les portes et les fenêtres des maisons étaient fermées ; seulement le chant du coq proclamait dans l'habitation du pauvre le retour des peines et des travaux.

Après avoir erré longtemps sans pouvoir retrouver sa route, le jeune Maure entendit une porte s'ouvrir. Il vit sortir une jeune femme, vêtue à peu près comme ces reines gothiques sculptées sur les monuments de nos anciennes abbayes ; une duègne accompagnait cette femme, un page portait devant elle un livre d'église ; deux valets la suivaient à quelque distance : elle se rendait à la prière matinale, que les tintements d'une cloche annonçaient dans un monastère voisin.

A son embarras, elle comprit que l'Abencérage était égaré : « Seigneur, lui dit-elle, vous paraissez nouvellement arrivé à Grenade. — Je suis étranger dans cette ville, répondit-il. Perdu au milieu de ces palais, je n'ai pu retrouver le kan des Maures. — Suivez-moi, répliqua la jeune fille, je vais vous reconduire au kan des Maures. »

Elle marche légèrement devant lui, le mène jusqu'à la porte du kan, le lui montre de la main, passe derrière un palais et disparaît.

A quoi tient donc le repos de la vie ! La patrie n'occupe plus seule tout entière l'âme d'Aben-Hamet...

Dona Blanca descendait d'une famille qui tirait son origine du Cid de Bivar et était fille de don Rodrigue, duc de Santa-Fé. Aben-Hamet ne devait pas tarder à la revoir.

Un soir, il herborisait dans la vallée du Douro. N'étant plus ni assez infortuné, ni assez heureux pour

bien goûter le charme de la solitude, il parcourait avec
distraction et indifférence les campagnes enchantées,
au milieu desquelles il se trouvait. En marchant à l'aventure, il suivit une allée d'arbres qui circulaient
sur la pente d'un coteau. Une maison élégante environnée d'un bocage d'orangers, s'offrit à ses yeux : en
approchant du bocage, il entendit le son d'une voix et
d'une guitare. C'était dona Blanca, entourée de quelques jeunes filles. Sans embarras et avec une simplicité charmante, elle le présenta à don Rodrigue: « Mon
père, dit-elle, voilà le seigneur Maure dont je vous ai
parlé. Il m'a entendu chanter, il m'a reconnue ; il est
entré dans le jardin pour me remercier de lui avoir
enseigné sa route. »

Le duc de Santa-Fé reçut l'Abencérage avec la politesse grave et pourtant naïve des Espagnols.

« On ne remarque chez cette nation aucun de
ces airs serviles, aucun de ces tours de phrase qui
annoncent l'abjection des pensées et la dégradation de
l'âme. La langue du grand seigneur et du paysan est
la même, le salut le même ; les compliments, les habitudes, les usages sont les mêmes. Autant la confiance et la générosité de ce peuple envers les étrangers sont sans bornes, autant sa vengeance est terrible quand on le trahit. D'un courage héroïque, d'une
patience à toute épreuve, incapable de céder à la
mauvaise fortune, il faut qu'il la dompte ou qu'il en
soit écrasé. Il a peu de ce qu'on appelle esprit, mais
les passions exaltées lui tiennent lieu de cette lumière
qui vient de la finesse et de l'abondance des idées. Un
Espagnol qui passe le jour sans parler, qui n'a rien
vu, qui ne se soucie de rien voir, qui n'a rien lu, rien

étudié, rien comparé, trouvera dans la grandeur de ses résolutions les ressources nécessaires au moment de l'adversité. » (1)

C'était le jour de la naissance de don Rodrigue, et Blanca donnait à son père une *tertullia,* ou petite fête. Sur l'invitation du duc, Aben-Hamet y prit part. On retourna le soir à Grenade, et don Rodrigue, charmé des manières nobles et polies de son hôte, ne voulut pas se séparer de lui qu'il ne lui eût promis de venir souvent le revoir. Dès le lendemain, le Maure se trouvait au palais. On était alors dans les plus beaux jours de l'année : on lui proposa de visiter l'Alhambra. Aucune promenade ne pouvait lui être plus agréable ; il accepta. Lorsque l'on fut arrivé, les serviteurs frappèrent à une porte abandonnée, dont l'herbe cachait le seuil : la porte s'ouvrit, et laissa voir tout à coup les réduits secrets de l'*Alhambra.*

« Tous les charmes, tous les regrets de la patrie, saisirent le cœur du dernier Abencérage. Immobile et muet, il plongeait des regards étonnés dans cette habitation des génies ; il croyait être transporté à l'entrée d'un de ces palais dont on lit la description dans les contes arabes. De légères galeries, des canaux de marbre blanc bordés de citronniers et d'orangers en fleurs, des fontaines, des cours solitaires, s'offraient de toutes parts aux yeux d'Aben-Hamet, et, à travers les voûtes allongées des portiques, il apercevait d'autres labyrinthes et de nouveaux enchantements. L'azur du plus beau ciel se montrait entre des colonnes qui soutenaient une chaîne d'arceaux gothiques. Les murs,

---

(1) *Les aventures du dernier Abencerage,* œuvres, tome XV, page 106.

chargés d'arabesques, imitaient la vue de ces étoffes de l'Orient, que brode dans l'ennui du harem le caprice d'une femme esclave. Quelque chose de voluptueux, de religieux et de guerrier, semblait respirer dans ce magnifique édifice, retraite mystérieuse, où les rois maures oubliaient tous les devoirs de la vie. » (1)

Dona Blanca cependant en était venue insensiblement à partager l'amour qu'éprouvait pour elle Aben-Hamet, mais un double obstacle se dressait entre eux. Aben-Hamet était musulman ; elle était chrétienne. Qui l'emportera, du Coran ou de l'Evangile? Là est tout le nœud de ce petit roman.

La passion d'Aben-Hamet et de dona Blanca allait s'augmentant, lorsque le jeune Maure fut tout à coup rappelé à Tunis : sa mère, atteinte d'un mal sans remède, voulait embrasser son fils et le bénir avant d'abandonner la vie. Dona Blanca et l'Abencérage, désolés de se quitter, se lient par un serment, puis Aben-Hamet part ; les vents l'emportent aux bords africains : sa mère venait d'expirer. Il la pleure ; il embrasse son cercueil. Les mois s'écoulent : tantôt errant parmi les ruines de Carthage, tantôt assis sur le tombeau de St-Louis, il appelle le jour qui doit le ramener à Grenade. Ce jour se lève enfin. Aben-Hamet monte sur un vaisseau et fait tourner la proue vers Malaga. Dona Blanca, en compagnie de son père, l'y attendait :

« Un jour qu'elle errait sur les grèves, elle aperçut une longue barque dont la proue élevée, le mât penché et la voile latine annonçaient l'élégant génie des

---

(1) *Les aventures du dernier Abencérage*, œuvres, tome XV, page 109.

Maures. Elle court au port et voit bientôt entrer le vaisseau barbaresque qui faisait écumer l'onde sous la rapidité de sa course. Un Maure, couvert de superbes habits, se tenait debout sur la proue. Derrière lui, deux esclaves noirs arrêtaient par le frein un cheval arabe, dont les naseaux fumants et les crins épars, annonçaient à la fois son naturel ardent et la frayeur que lui inspirait le bruit des vagues. La barque arrive, abaisse ses voiles, touche au môle, présente le flanc : le Maure s'élance sur la rive, qui retentit du son de ses armes. Les esclaves font sortir le coursier tigré comme un léopard, qui hennit et bondit de joie en retrouvant la terre. D'autres esclaves descendent doucement une corbeille où reposait une gazelle couchée parmi des feuilles de palmiers. Ses jambes fines étaient attachées et ployées sous elles, de peur qu'elles ne se fussent brisées dans les mouvements du vaisseau ; elle portait un collier de grains d'aloës, et, sur une plaque d'or qui servait à rejoindre les deux bouts du collier, étaient gravés en arabe un nom et un talisman. » (1) Ce nom, on le devine, était celui de dona Blanca.

L'Abencérage passa de nouveau quelques mois à Grenade. Ses jours s'écoulèrent comme ceux de l'année précédente : mêmes promenades, mêmes regrets à la vue de la patrie, même attachement des deux jeunes gens à la religion de leurs pères. « Sois chrétien, disait Blanca. » « Sois musulmane, disait Aben-Hamet. »

Celui-ci repart pour l'Afrique et reparaît une troisième année, comme ces oiseaux voyageurs que le printemps ramène dans nos climats.

---

(1) *Les Aventures du dernier Abencérage*, œuvres, tome XV, page 113.

Lorsqu'il se présenta au palais de don Rodrigue, il fut introduit dans la salle où se tenait la fille du duc de Santa-Fé. Il la trouva en la compagnie de don Carlos, son frère, et d'un autre jeune homme, Thomas de Lautrec.

« Don Carlos avait tout le courage et toute la fierté de sa nation : terrible comme les conquérants du Nouveau-Monde, parmi lesquels il avait fait ses premières armes ; religieux comme les chevaliers espagnols, vainqueurs des Maures, il nourrissait dans son cœur contre eux la haine qu'il avait héritée du sang du Cid.

« Thomas de Lautrec, de l'illustre maison de Foix, où la beauté dans les femmes et la valeur dans les hommes passaient pour un don héréditaire, était frère cadet de la comtesse de Foix, et du brave et malheureux Odet de Foix, seigneur de Lautrec. A l'âge de dix-huit ans, Thomas avait été armé chevalier par Bayard, dans cette retraite qui coûta la vie du chevalier sans peur et sans reproche. Quelque temps après, Thomas fut percé de coups et fait prisonnier à Pavie, en défendant le roi chevalier qui perdit tout alors, *fors l'honneur*

« Don Carlos de Bivar, témoin de la vaillance de Lautrec avait fait prendre soin des blessures du jeune Français, et bientôt il s'établit entre eux une de ces amitiés héroïques, dont l'estime et la vertu sont les fondements. François 1er était retourné en France ; mais Charles-Quint retint les autres prisonniers. Lautrec avait eu l'honneur de partager la captivité de son roi, et de coucher à ses pieds dans la prison.

« Resté en Espagne après le départ du monarque, il avait été remis sur sa parole à don Carlos, qui venait de l'amener à Grenade, et qui songeait à lui faire épouser sa sœur. » (1)

Un cri involontaire s'échappa de la bouche de Blanca, lorsqu'elle aperçut Aben-Hamet. « Chevaliers, s'écria-t-elle, voici l'infidèle dont je vous ai tant parlé. » Don Carlos s'avança au-devant d'Aben-Hamet. « Seigneur Maure, dit-il, mon père et ma sœur m'ont appris votre nom ; on vous croit d'une race noble et brave ; vous-même, vous êtes distingué par votre courtoisie. Bientôt Charles-Quint, mon maître, doit porter la guerre à Tunis ; nous nous verrons, j'espère au champ d'honneur. »

Il ne tarde pas à deviner l'amour de sa sœur pour le Maure. Après le départ d'Aben-Hamet, il interroge dona Blanca, puis, hors de lui, il court chez l'Abencérage : « Maure, dit-il, renonce à ma sœur, ou accepte le combat. »

— « Es-tu chargé par ta sœur, répondit Aben-Ha-
« met, de me redemander les serments qu'elle m'a
« faits ?

— « Non, répliqua Don Carlos ; elle t'aime plus que
« jamais.

— « Ah ! digne frère de Blanca ! s'écria l'Abencérage
« en l'interrompant, je dois tenir tout mon bonheur de
« ton sang ! O fortuné Aben-Hamet ! ô heureux jour !
« je croyais Blanca infidèle pour ce chevalier français..

— « Et c'est là ton malheur, s'écria à son tour don
« Carlos hors de lui ; Lautrec est mon ami, sans toi il
« serait mon frère. Rends-moi raison des larmes que
« tu fais verser à ma famille....

(1) *Les aventures du dernier Abencérage*, œuvres, tome XV, page 115.

« Je le veux bien, répondit Aben-Hamet. »

Le combat a lieu : don Carlos, vaincu, verse des pleurs de rage, et crie à son ennemi : « Frappe, Mau-
« re, frappe ; don Carlos désarmé te défie, toi et toute
« ta race infidèle.

— « Tu pouvais me tuer, répond l'Abencérage, mais je n'ai jamais songé à te faire la moindre blessure : j'ai voulu seulement te prouver que j'étais digne d'être ton frère, et t'empêcher de me mépriser. »

Blanca et Lautrec surviennent ; une sorte de paix s'ensuit.

Aben-Hamet, plus agité que jamais, ne sait à quoi se résoudre. Un soir qu'il était plongé dans un abîme de réflexions, il entendit sonner la prière chrétienne qui annonce la fin du jour. Il lui vint en pensée d'entrer dans le temple du Dieu de Blanca, et de demander des conseils au Maître de la nature :

« Il sort, il arrive à la porte d'une ancienne mosquée convertie en église par les fidèles. Le cœur saisi de tristesse et de religion, il pénètre dans le temple qui fut autrefois celui de son Dieu et de sa patrie. La prière venait de finir ; il n'y avait plus personne dans l'église. Une sainte obscurité régnait à travers une multitude de colonnes qui ressemblaient aux troncs des arbres d'une forêt régulièrement plantée. L'architecture légère des Arabes s'était mariée à l'architecture gothique, et, sans rien perdre de son élégance, elle avait pris une gravité plus convenable aux méditations. Quelques lampes éclairaient à peine les enfoncements des voûtes ; mais, à la clarté de plusieurs cierges allumés, on voyait encore briller l'autel du sanctuaire : il étincelait d'or et de pierreries. Les Espagnols mettent toute leur gloire à se dépouiller de leurs richesses pour en parer les objets de leur culte, et l'image du Dieu vivant placée au milieu des voiles de dentelles, des couronnes de perles et des gerbes de rubis est adorée par un peuple à demi-nu.

« On ne remarquait aucun siège au milieu de la vaste enceinte : un pavé de marbre qui recouvrait des cercueils servait aux grands comme aux petits, pour se prosterner devant le Seigneur. Aben-Hamet s'avançait lentement dans les nefs désertes qui retentissaient du seul bruit de ses pas. Son esprit était partagé entre les souvenirs que cet ancien édifice de la religion des Maures retraçaient à sa mémoire, et les sentiments que la religion des chrétiens faisait naître dans son cœur. Il entrevit au pied d'une colonne une figure immobile, qu'il prit d'abord pour une statue sur un tombeau ; il s'en approche ; il distingue un jeune chevalier à genoux, le front respectueusement incliné et les deux bras croisés sur sa poitrine. Ce chevalier ne fit aucun mouvement au bruit des pas d'Aben-Hamet ; aucune distraction, aucun signe extérieur de vie ne troubla sa profonde prière. Son épée était couchée à terre devant lui, et son chapeau, chargé de plumes, était posé sur le marbre à ses côtés ; il avait l'air d'être fixé dans cette attitude par l'effet d'un enchantement. C'était Lautrec : « Ah ! dit l'Abencérage en lui-
« même, ce jeune et beau Français demande au ciel
« quelque faveur signalée ; ce guerrier, déjà célèbre
« par son courage répand ici son cœur devant le sou-
« verain du ciel, comme le plus humble et le plus obs-

« cur des hommes. Prions donc aussi le Dieu des che-
« valiers et de la gloire. » (1)

Il allait se précipiter sur le marbre, lorsqu'il aperçut, à la lueur d'une lampe, des caractères arabes et un verset du Coran, qui paraissaient sous un plâtre à demi tombé. Les remords rentrent dans son cœur, et il se hâte de quitter l'édifice où il a pensé devenir infidèle à sa religion et à sa patrie.

Le cimetière qui environnait cette ancienne mosquée était une espèce de jardin planté d'orangers, de cyprès, de palmiers, et arrosé par deux fontaines ; un cloître régnait à l'entour. Aben-Hamet, en passant sous un des portiques, aperçoit une femme prête à entrer dans l'église, et reconnaît en elle la fille du duc de Santa-Fé.

Dona Blanca l'adjure de changer enfin de religion...

C'en est fait : l'Abencérage est vaincu ; il va renoncer aux erreurs de son culte ; assez longtemps il a combattu...

Le jour même, il assiste à une soirée que donne Lautrec. Chacun des trois guerriers y fait entendre une romance nationale. Dans celle qu'il chante, don Carlos célèbre les exploits du Cid et laisse entrevoir qu'il est le petit-fils de ce héros qui, à la prise de Grenade, tua Boabdil et s'empara des biens de sa famille.

A cette révélation, Aben-Hamet d'abord pâlit, puis sa tête penche sur sa poitrine et bientôt les larmes coulent en abondance de ses yeux sur le poignard attaché à sa ceinture. Il se fait reconnaître pour le dernier des Abencérages, et, s'adressant à dona Blanca,

---

(1) *Les aventures du dernier Abencérage*, œuvres, tome XV, page 119.

il lui dit : « Le vieillard immolé par ton aïeul, en défendant ses foyers, était le père de mon père ; apprends encore un secret que je t'ai caché, ou plutôt que tu m'avais fait oublier. Lorsque je vins la première fois visiter cette triste patrie, j'avais surtout pour dessein de chercher quelque fils des Bivar qui pût me rendre compte du sang que ses pères avaient versé. »

« Sire chevalier, s'empressa de dire don Carlos, je vous tiens pour prud'homme et véritable fils de rois. Vous m'honorez par vos projets sur ma famille ; j'accepte le combat que vous étiez venu secrètement chercher. Si je suis vaincu, tous mes biens, autrefois tous les vôtres, vous seront fidèlement remis. Si vous renoncez au projet de combattre, acceptez à votre tour ce que je vous offre : soyez chrétien et recevez la main de ma sœur, que Lautrec a demandée pour vous. »

La tentation était grande ; mais elle n'était pas au-dessus des forces d'Aben-Hamet.

Transporté de douleur, il s'écrie : « Ah ! faut-il que je rencontre ici tant d'âmes sublimes, tant de caractères généreux, pour mieux sentir ce que je perds ! Que Blanca prononce ; qu'elle dise ce qu'il faut que je fasse pour être plus digne de son amour! »... — Retourne au désert ! dit Blanca, et elle s'évanouit.

Le Maure part et disparaît, l'Espagnole demeure inconsolable...

En même temps que les *Aventures du dernier Abencérage*, paraissaient *Les Natchez*, dont *Atala* et *René*, nous l'avons dit, ne sont que des épisodes. En parlant de cette épopée, M. de Chateaubriand disait : « Un jeune homme qui entasse pêle-mêle ses idées, ses inventions, ses études, ses lectures, doit produire le chaos ; mais aussi, dans ce chaos, il y a une certaine fécondité qui tient à la puissance de l'âge et qui diminue en avançant dans la vie.» Et, en effet, les *Natchez*, fruit de sa jeunesse, sont une sorte d'Iliade sauvage semblable, pour le désordre et la richesse, aux forêts vierges où elle a été enfantée. Bien différentes sont les *Aventures du dernier Abencérage*, qu'il a composées dans son âge mûr. La surabondance qui caractérise ses premières productions a disparu ; tout est mesuré et comme jeté dans un moule ; les descriptions de paysages et de monuments dont cet écrit abonde, pleines de vérité et de grâce, sont, on a pu le remarquer, d'une grande sobriété ; les portraits qu'on y rencontre sont frappés comme des médailles ; l'action, avec ses incidents variés, court rapide vers le but. M. de Chateaubriand est ici arrivé à la perfection à laquelle il pouvait atteindre.

Malgré ses brillantes qualités, ce petit chef-d'œuvre fut loin d'avoir le succès qu'avaient eu ses devanciers. La raison en est simple : il ne venait pas à son heure. Publié alors que la lutte gigantesque de l'Espagne contre Napoléon excitait l'enthousiasme de tous les cœurs susceptibles d'être touchés par les grands dévouements et les nobles sacrifices, il eût été accueilli avec de frénétiques applaudissements ; mais, en 1826, l'opinion avait changé et était revenue à l'empereur. Cette évolution rendait plus graves les dangers que courait la restauration au jour où, sous les coups redoublés de l'intraitable polémiste, succombait le ministère Villèle.

CHAPITRE XXVI.

M. de Chateaubriand contribue à former le ministère Martignac et part pour Rome en qualité d'ambassadeur. — Il est reçu par le pape Léon XII. — Occupations à Rome. — Une rencontre inattendue. — *Fouilles à Torre-Vergata.* — Mort de Léon XII. — *Discours de M. de Chateaubriand au conclave.* — Election de Pie VIII. — *Le Miserere à la chapelle Sixtine.* — Fête à la princesse Hélène. — Retour de M. de Chateaubriand à Paris. — Accueil que lui fait le roi. — Il va prendre les eaux aux Pyrénées. — Avénement du ministère Polignac. — M. de Chateaubriand donne sa démission et rentre dans l'opposition.

1828-1829.

M. de Villèle renversé, il appartenait à son vainqueur de prendre sa place, afin de prémunir la monarchie contre les dangers dans lesquels elle avait été entraînée. Ainsi le pensait M. de Chabrol qui, chargé par le roi de former un ministère, se hâta d'inscrire en tête de sa liste le nom de M. de Chateaubriand. Charles X, irrité des récentes attaques et effrayé des théories parlementaires de l'auteur de la *Monarchie selon la charte*, le raya tout d'abord avec colère. Sur les instances qui lui furent faites, le roi consentit néanmoins à ce qu'on lui offrît le portefeuille de l'instruction publique. « Je n'ai nulle envie d'être ministre, répondit avec fierté l'illustre écrivain, mais si le roi voulait absolument me rappeler au conseil, je n'y rentrerais que par le ministère des affaires étrangères, en réparation de l'affront que j'ai reçu. »

Ce ministère étant déjà donné, on le pressa d'accepter celui de la marine : il refusa, indiquant pour ce poste M. Hyde de Neuville. Celui-ci fut agréé, et Sa Majesté, en en informant M. de Chateaubriand, lui exprima le désir de le voir lui-même accepter une ambassade. « Si vous le voulez, lui fut-il dit, vous irez à Rome. » « Ce mot de Rome, a écrit l'auteur des *Mémoires*, eut sur moi un effet magique; j'éprouvai la tentation à laquelle les anachorètes étaient exposés dans le désert. Charles X, en prenant à la marine l'ami que je lui avais désigné, faisait les premières avances ; je ne pouvais plus me refuser à ce qu'il attendait de moi ; je consentis donc encore à m'éloigner. Du moins, cette fois, l'exil me plaisait : *Pontificum veneranda sedes, sacrum solium*. Je me sentis saisi du désir de fixer mes jours, de l'envie de disparaître (même par calcul de renommée) dans la ville des funérailles, au moment de mon triomphe politique. » (1)

Il arriva à Rome, vers le commencement du mois d'octobre, avec Mme de Chateaubriand, charmée d'être ambassadrice près de la puissance qu'elle estimait. le plus ici bas.

Le pape alors régnant était Léon XII. Il était né au château de Genga, en 1760, avait été nommé cardinal en 1816, et élu pape en 1823.

---

(1) *Mémoires d'outre-tombe*, tome IV, page 360.

Ecrivant ses impressions à une personne amie, l'ambassadeur disait : « Léon XII, prince d'une grande taille et d'un air à la fois serein et triste, est vêtu d'une simple soutane blanche ; il n'a aucun faste et se tient dans un cabinet pauvre, presque sans meubles. Il ne mange presque pas ; il vit avec son chat d'un peu de *polenta*. Il se sait très malade et se voit dépérir avec une résignation qui tient de la joie chrétienne ; il mettrait volontiers, comme Benoît XIV, son cercueil sous son lit...

« Arrivé à la porte des appartements du pape, continue-t-il, un abbé me conduit par des corridors noirs jusqu'au refuge ou au sanctuaire de Sa Sainteté. Elle ne se donne pas le temps de s'habiller, de peur de me faire attendre ; elle se lève, vient au devant de moi, ne me permet jamais de mettre un genou en terre pour baiser le bas de sa robe au lieu de sa mule et me conduit par la main jusqu'au siège placé à droite de son indigent fauteuil. Assis, nous causons..... Et de quoi parlons-nous ? De tout, des sujets les plus hauts et les plus graves. » (1)

Dans ces conversations avec le chef de l'église et dans les comptes-rendus qu'il en faisait à son gouvernement consistaient surtout les travaux diplomatiques de l'ambassadeur. Le reste de son temps se passait en visites, en réceptions, en fêtes et en promenades.

Il aimait à parcourir la campagne romaine, dont les plus petits sentiers lui étaient connus ; à faire le tour de la ville, à s'égarer dans les rues des faubourgs mêlées d'espaces vides, de jardins et d'enclos plantés

(1) *Mémoires d'outre-tombe*, tome IV, page 509.

d'arbres. Un jour qu'il errait ainsi à l'aventure, il fit une rencontre aussi agréable qu'imprévue.

Quelques semaines avant son émigration, il avait assisté au baptême de l'un de ses neveux, dont M. de Malesherbes avait été le parrain et qui avait reçu le nom de *Christian*. Deux ans après, le père, la mère et le parrain de cet enfant avaient péri sur l'échafaud, et M. de Chateaubriand, témoin du baptême, errait exilé.

L'orphelin, devenu grand, était entré dans la garde. Son oncle l'avait dès lors perdu de vue, et il était loin de sa pensée, lorsque, dans les premiers jours de son arrivée à Rome, l'ambassadeur se trouvait entre les bains de Titus et le Colisée. Là se présenta une pension de jeunes gens. Un maître à chapeau rabattu, à robe traînante et déchirée, ressemblant à un pauvre frère de la doctrine chrétienne, les conduisait. « Passant près de lui, dit l'auteur des *Mémoires*, je le regarde, je lui trouve un faux air de mon neveu Christian de Chateaubriand, mais je n'osais en croire mes yeux. Il me regarde à son tour, et, sans montrer aucune surprise, il me dit : « Mon oncle ! » Je me précipite tout ému et je le serre dans mes bras. D'un geste de la main, il arrête derrière lui son troupeau obéissant et silencieux. Christian était à la fois pâle et noirci, miné par la fièvre et brûlé par le soleil. Il m'apprit qu'il était chargé de la préfecture des études au collège des Jésuites, alors en vacances à Tivoli. Il avait presque oublié sa langue, il s'énonçait difficilement en français, ne parlant et n'enseignant qu'en italien. Je contemplai, les yeux pleins de larmes, ce fils de mon frère devenu étranger, vêtu d'une souquenille noire, poudreuse, maître d'école à Rome, et couvrant d'un feutre de cénobite son noble front qui portait si bien le casque. » (1)

Etant à Rome, l'auteur du *Génie* ne pouvait manquer de se reprendre au goût des arts. Aussi le voyons-nous, dès son arrivée, rechercher les peintres et les sculpteurs de renom, visiter les élèves de l'école française, applaudir à leurs œuvres, encourager leurs efforts et honorer leur jeune talent en lui confiant l'exécution d'un mausolée que, depuis longtemps, il s'était promis de faire élever au Poussin.

Les débris précieux que la campagne romaine recèle en son sein fournirent les matériaux de ce monument.

M. de Chateaubriand aimait les ruines, et l'une de ses occupations favorites, durant son séjour à Rome, fut d'en rendre le plus qu'il put à la lumière. *Torre-Vergata*, bien de moines situé non loin du tombeau de Néron, fut le lieu qu'il exploita. C'est là que, à la tête d'une douzaine d'hommes armés de bêches et de pioches, il se rendait presque chaque jour.

Lui-même mettait la main à l'œuvre, et sa joie était extrême, lorsque quelques fragments de marbre rare, ou quelques morceaux de statue apparaissaient à ses yeux. Ces débris n'étaient point d'ailleurs sans enseignement : ils reportaient sa pensée aux siècles passés ; son imagination lui représentait les passions et les intérêts qui avaient dû s'agiter autrefois dans ces lieux abandonnés, et de son cœur sortait cette parole que tous les siècles ont répété : « *Omnia vanitas.* » La mort allait lui rendre plus sensible encore cette vanité des choses et des hommes.

---

(1) *Mémoires d'outre-tombe*, tome V, page 157.

Le saint et grand pape dont les lumières et la modération le charmaient allait s'affaiblissant. On le trouva un jour composant son épitaphe et l'on voulut le détourner de ces tristes idées : « Mais non, répondit-il avec douceur, cela sera fini dans peu de jours, » et en effet, peu de jours après, il expirait.

M. de Chateaubriand pleura Léon XII, comme un fils pleure un père. Les devoirs de sa charge vinrent faire diversion à sa douleur. Il eut bientôt, en sa qualité d'ambassadeur, à complimenter la congrégation des cardinaux. Ses discours nous ont été conservés : ils sont dignes de l'auteur du *Génie* et de l'auditoire auguste devant lequel il parlait.

« Eminentissimes seigneurs, disait-il dans le second qu'il prononça, vous choisirez pour exercer le pouvoir des clefs un homme de Dieu et qui comprendra bien sa haute mission. Par son caractère universel qui n'a jamais eu de modèle ou d'exemple dans l'histoire, un conclave n'est pas le conseil d'un état particulier, mais celui d'une nation composée de nations les plus diverses et répandues sur la surface du globe. Vous êtes, Eminentissimes seigneurs, les augustes mandataires de l'immense famille chrétienne pour un moment orpheline. Des hommes qui ne vous ont jamais vus, qui ne vous verront jamais, qui ne savent pas vos noms, qui ne parlent pas votre langue, qui habitent loin de vous sous un autre soleil, au delà des mers, aux extrémités de la terre, se soumettront à vos décisions que rien en apparence ne les oblige à suivre, obéiront à vos lois qu'aucune force matérielle n'impose, accepteront de vous un père spirituel avec respect et gratitude : tels sont les prodiges de la conviction religieuse. Princes de l'église, il vous suffira de laisser tomber vos suffrages sur l'un d'entre vous pour donner à la communauté des fidèles un chef qui, puissant par la doctrine et l'autorité du passé, n'en connaisse pas moins les nouveaux besoins du présent et de l'avenir, un pontife d'une vie sainte, mêlant la douceur de la charité à la sincérité de la foi. Toutes les couronnes forment le même vœu, toutes ont un même besoin de modération et de paix : que ne doit-on pas attendre de cette heureuse harmonie ? que ne peut-on pas espérer, Eminentissimes seigneurs, de vos lumières et de vos vertus ? »

Le cardinal Castiglione répondit à ce discours, en donnant à l'ambassadeur « force louanges. »

Peu de jours après, ce cardinal ceignait la tiare, sous le nom de Pie VIII, et M. de Chateaubriand annonçait avec allégresse cette nouvelle à son gouvernement. Castiglione était un des papes qu'il avait mis sur sa liste et il était dévoué à la France ; n'était-ce pas un triomphe complet ? Les pieuses magnificences qui accompagnèrent le couronnement de Pie VIII, jetèrent l'auteur du *Génie* dans un véritable enthousiasme.

Mais, à Rome, chaque jour offre un nouveau et édifiant spectacle. La semaine sainte arriva. En allant entendre les beaux chants par lesquels l'église exhale sa douleur, le grand écrivain retrouva les accents de ses plus beaux jours :

« Je sors, écrivait-il alors ; je sors de la chapelle Sixtine, après avoir assisté à ténèbres et entendu chanter le *Miserere*. Le jour s'affaiblissait, les ombres envahissaient lentement les fresques de la chapelle et l'on n'apercevait plus que quelques grands traits du pinceau de Michel-Ange. Les cierges tour à tour éteints laissaient échapper de leur lumière étouffée une légère fumée blanche, image naturelle de la vie que l'Ecriture compare à *une petite vapeur*. Les cardinaux étaient à genoux, le nouveau pape prosterné au même autel où, quelques jours avant, j'avais vu son prédécesseur ; l'admirable prière de pénitence et de miséricorde qui avait succédé aux lamentations du prophète, s'élevait par intervalles dans le silence et la nuit.

« On se sentait accablé sous le grand mystère d'un Dieu mourant pour effacer les crimes des hommes. La catholique héritière sur ses sept collines était là avec tous ses souvenirs ; mais, au lieu de ces pontifes puissants, de ces cardinaux qui disputaient la préséance aux monarques, un pauvre vieux pape paralytique, sans famille et sans appui, des princes de l'église sans éclat, annonçaient la fin d'une puissance qui civilisa le monde moderne. Les chefs-d'œuvre des arts disparaissaient avec elle, s'effaçaient sur les murs et sur les voûtes du Vatican, palais à demi-abandonné. De curieux étrangers, séparés de l'unité de l'Eglise, assistaient en passant à la cérémonie et remplaçaient la communauté des fidèles. Une double tristesse s'emparait du cœur. Rome chrétienne en commémorant l'agonie de Jésus-Christ avait l'air de célébrer la sienne, de redire pour la nouvelle Jérusalem les paroles que Jérémie adressait à l'ancienne. C'est une belle chose que Rome pour tout oublier, mépriser tout et mourir. » (1)

---

(1) *Mémoires d'outre-tombe*, tome V, pages 117 et 118.

Mourir n'était pas alors le désir de l'ambassadeur, tout préoccupé qu'il était de préparer une fête en l'honneur de la princesse Hélène. C'est ici le lieu de le dire, l'illustre écrivain ne dédaignait aucune espèce de succès. Il avait jadis ébloui Londres et Paris par le luxe de ses réceptions : il rappela, dans cette circonstance, la magnificence du cardinal de Bernis.

Sa santé cependant, altérée par le climat de Rome, réclamait l'air de la patrie ; il demanda un congé qui lui fut accordé.

A peine rentré à Paris, il vit le roi, qui l'accueillit froidement, et qu'il trouva fort mal disposé à l'égard du ministère Martignac. Ce ministère n'avait été, à cause de son libéralisme, accepté par S. M. qu'avec répugnance. Plusieurs des actes qu'il avait inspirés, les ordonnances de 1828 entre autres, avaient alarmé la piété du roi. Et par qui Charles X songeait-il à le remplacer ? L'ambassadeur l'apprit, à la veille de son départ pour les eaux de Cotterets où sa santé le forçait de se rendre. « Si j'étais vous, lui dit alors un de ses amis, je ne bougerais pas d'ici que M. de Polignac ne fût, à ma place, installé ambassadeur à Rome. — Et pourquoi cela ? dit le grand écrivain. — Dans la crainte bien fondée, lui répondit-on, que si vous partez, vous ne trouviez le trône par terre à votre retour. » Etant connu l'état des esprits, mettre à la tête de la France un homme notoirement hostile à la charte, et rêvant la monarchie absolue, était, en effet, s'exposer à de grands malheurs. M. de Chateaubriand ne put croire à un pareil aveuglement de la part de la royauté : il partit.

Quelques jours plus tard (9 août 1829), le *Moniteur* lui annonçait la démission des ministres et la formation d'un cabinet dont M. de Polignac était le chef, et dont MM. de Bourmont et de la Bourdonnaye étaient les principaux membres. « Coblentz, Waterloo, 1815, disait le *Journal des Débats,* voilà les trois principes, les trois personnages du ministère..... Pressez, tordez ce ministère, il ne dégoutte que chagrins, malheurs et dangers. »

Les démissions arrivèrent aussitôt de toutes parts. M. de Chateaubriand se hâta d'envoyer la sienne, et se disposa à reprendre la plume redoutable qui avait, depuis le rétablissement des Bourbons, jeté bas deux ministères.

Il ne rentrait cependant pas dans l'opposition sans un certain trouble d'esprit. « Inquiet de l'opinion et de l'avenir, dit avec un grand bonheur d'expressions M. Villemain, il se rappelait que pour faire tomber M. de Villèle du poste où il était si bien ancré, bien des efforts et des secousses avaient été nécessaires, et que le défenseur de la place n'en avait pas été arraché sans quelque ébranlement du rempart. Aujourd'hui l'effort ne serait-il pas plus rude encore, la secousse plus grave, la victoire plus dangereuse et moins limitée. » C'est ce que laissait pressentir M. de Chateaubriand lui-même, à l'occasion de l'annonce de l'expédition d'Alger : « Cela me ravit sans me rassurer, s'écriait-il. Qui connaît les abîmes de la Providence ! Elle peut, du même coup, abattre le vainqueur à côté du vaincu, agrandir un royaume et renverser une dynastie. »

CHAPITRE XXVII.

Ouverture de la session de 1830. — Adresse. — La chambre est dissoute — Nouvelle chambre. — M. de Chateaubriand part pour Dieppe. — Il y apprend les ordonnances du 25 juillet et revient aussitôt à Paris. — Révolution de 1830. — Vains efforts de M. de Chateaubriand pour sauver la monarchie des Bourbons. — Il est porté en triomphe jusqu'à la chambre des pairs. — Admirable discours qu'il y prononce. — Le duc d'Orléans devient roi sous le nom de Louis-Philippe Ier. — Démission de M. de Chateaubriand.

1829-1830.

« Si de coupables manœuvres, dit le roi en ouvrant la session, suscitent à mon gouvernement des obstacles que je ne peux pas, que je ne veux pas prévoir, je trouverai la force de les surmonter. » — « Sire, répondit l'adresse votée par la chambre, la charte consacre, comme un droit, l'intervention du pays dans la délibération des intérêts publics. Cette intervention fait du concours permanent des vues de votre gouvernement avec les vœux du peuple la condition indispensable de la marche régulière des affaires publiques. Sire, notre loyauté, notre dévouement, nous condamnent à vous dire *que ce concours n'existe pas.* » C'était nettement demander le renvoi du ministère.

Le roi répliqua que sa résolution était immuable, c'est-à-dire, qu'il conserverait le ministère Polignac, et, comme conséquence de cette résolution, une ordonnance parut qui prononçait la dissolution de la chambre. Les élections eurent lieu. L'opposition revint avec une majorité écrasante. Qu'allait faire Charles X ? Tous se le demandaient avec anxiété ; M. de Chateaubriand, avec plus d'anxiété que personne.

Le 27 juillet 1830, l'illustre publiciste se trouvait à Dieppe dans un appartement dont les fenêtres donnaient sur la grève, et, oubliant un instant la politique, il considérait la mer avec ravissement, quand tout à coup entra l'un de ses amis, tenant le *Moniteur* à la main. Le journal officiel annonçait plusieurs ordonnances : la première supprimait la liberté de la presse ; la seconde changeait la loi électorale ; la troisième déclarait dissoute la chambre des députés qui venait d'être élue, et la quatrième fixait au mois de septembre la date des élections nouvelles.

Ces ordonnances constituaient un véritable coup d'État. Le parti de l'auteur de la *Monarchie selon la charte* fut aussitôt pris. Il fit apprêter une voiture et partit, décidé à écrire, à parler en faveur de la constitution qu'il considérait comme violée. Quand il arriva à la barrière du Trocadéro, il vit flotter le drapeau tricolore ; des coups de canons et des feux de mousqueterie mêlés au bourdonnement du tocsin parvinrent à ses oreilles. Pour gagner sa retraite de la rue d'Enfer, il dut enjamber plusieurs barricades. Il comprit dès lors que, venu pour défendre les libertés publiques, il allait devoir défendre la royauté. Mais que faire, au milieu du bouillonnement qui l'enveloppait de toutes parts ? A qui s'adresser ? Le roi était à Saint-Cloud. Il lui écrivit. La réponse fut qu'il eût à s'entendre avec le duc de Mortemart, nommé président du conseil.

Le 30 juillet, au matin, sur une convocation encore officielle, il se dirigea vers la chambre des pairs, espérant y rencontrer le noble duc. Il marchait absorbé par ses souvenirs et ses réflexions, lorsque, arrivé devant la colonnade du Louvre, il s'arrêta. Là, une fosse était creusée et un prêtre, en surplis et en étole, récitait des prières pour les morts qu'on y déposait. Le noble pair se découvrit et fit le signe de la croix. Tout à coup un cri part : « Vive le défenseur de la liberté de la presse ! » Il avait été reconnu. Aussitôt des jeunes gens le saisissent et, bon gré mal gré, le chargent triomphalement sur leurs épaules. « A bas les chapeaux ! crie-t-on sur son passage, vive la charte ! » « Oui, messieurs, vive la charte ! Mais vive le roi ! » « Vive M. de Chateaubriand ! répond-on ; vive le « premier consul ! » Ces cris divers, poussés par le peuple sur les ruines de la monarchie, retentissaient douloureusement au cœur du vieux serviteur de la légitimité, et la part qu'il avait prise au déchaînement des passions qui allaient emporter les Bourbons se présentant à lui, lui rendit plus amère qu'agréable la popularité dont il était l'objet. Quoiqu'il en soit, déposé par son cortège près du grand escalier du Luxembourg, il vit M. de Mortemart, qui lui apprit le retrait des ordonnances et le changement du ministère. Quelques pairs qui se trouvaient là (la plupart sous l'impression de la terreur) affirmaient qu'il y avait péril à soutenir Charles X.

« La question, s'écria M. de Chateaubriand, n'est pas de considérer s'il y a péril ou non, mais de garder les serments que nous avons prêtés à ce roi dont nous tenons nos dignités, et plusieurs d'entre nous leur fortune. Sa Majesté, en retirant les ordonnances et en changeant son ministère, a fait tout ce qu'elle a dû; faisons à notre tour ce que nous devons. Comment! dans tout le cours de notre vie, il se présente un seul jour où nous sommes obligés de descendre sur le champ de bataille, et nous n'accepterions pas le combat? Donnons à la France l'exemple de l'honneur et de la loyauté; empêchons-la de tomber dans des combinaisons anarchiques où sa paix, ses intérêts réels et ses libertés iraient se perdre : le péril s'évanouit quand on ose le regarder. » (1)

Personne ne répondit à ces nobles et intrépides paroles, et l'on se hâta de lever la séance. Il y avait dans cette assemblée comme une impatience de parjure. Au sortir du Luxembourg, il fut dit à M. de Chateaubriand que madame la duchesse et monsieur le duc d'Orléans seraient charmés de le voir au palais royal. Il s'y présenta. Les paroles qu'il entendit ne lui laissèrent plus la possibilité de se faire illusion sur l'issue des événements, et il vit clairement que l'escamotage du trône, en faveur de celui qui aurait dû en être le premier défenseur, était chose accomplie. Des offres de services lui ayant été faites, il y répondit avec une noblesse et une loyauté toutes chevaleresques ; puis il se retira, la mort dans l'âme, et dé-

(1) *Mémoires d'outre-tombe*, tome V, page 241.

cidé à accomplir loyalement jusqu'au bout son devoir de pair de France.

Au lendemain de l'assassinat du duc de Berry, M. de Chateaubriand avait terminé un éloquent article par ce vers de Racine :

> Si, du sang de nos rois, quelque goutte échappée....

Ses espérances et celles de la France s'étaient réalisées : monseigneur le duc de Bordeaux était né quelques mois après la mort de son père, et, en 1830, il était âgé de 10 ans.

Or, Charles X et le duc d'Angoulême, cédant à la révolution, venaient d'abdiquer en faveur de cet enfant, et le roi avait transmis, avec des instructions, cet acte d'abdication au duc d'Orléans, qu'il nommait régent. Ces précautions furent inutiles. Le 7 août, la chambre haute fut appelée à statuer sur la déclaration de la chambre des députés concernant la vacance du trône.

Le vieux défenseur de la légitimité demanda la parole. Lorsqu'il monta à la tribune, un silence profond se fit ; chaque pair se tourna de côté sur son fauteuil, et regarda la terre. Hormis quelques loyaux serviteurs résolus comme lui à se retirer, personne n'osa lever les yeux à la hauteur de la tribune. On prévoyait que la foudre allait en descendre.

« Une question préalable, dit en commençant l'orateur doit être traitée. Si le trône est vacant, nous sommes libres de choisir la forme de notre gouvernement. Avant d'offrir la couronne à un individu quelconque, il est bon de savoir dans quelle espèce d'ordre politique nous constituerons l'ordre social. »

Après avoir présenté quelques uns des inconvénients attachés à la formation d'une république ou d'une monarchie nouvelle, il ajoute :

« Si l'une et l'autre ont des périls, il restait un troisième parti, et ce parti valait bien la peine qu'on en eût dit quelques mots.

« D'affreux ministres ont souillé la couronne, et ils ont soutenu la violation de la loi par le meurtre ; ils se sont joués des serments faits au ciel, des lois jurées à la terre.

« Un grand crime a eu lieu ; il a produit l'énergique explosion d'un principe : devait-on, à cause de ce crime et du triomphe moral et politique qui en a été la suite, renverser l'ordre de choses établi ? Examinons :

« Charles X et son fils sont déchus ou ont abdiqué, comme il vous plaira de l'entendre ; mais le trône n'est pas vacant : après eux venait un enfant ; devait-on condamner son innocence ? Quel sang crie aujourd'hui contre lui ? Oseriez-vous dire que c'est celui de son père ? Cet orphelin, élevé aux écoles de la patrie dans l'amour du gouvernement constitutionnel et dans les idées de son siècle, aurait pu devenir un roi en rapport avec les besoins de l'avenir. C'est au gardien de sa tutelle que l'on aurait fait jurer la déclaration sur laquelle vous allez voter ; arrivé à sa majorité, le jeune monarque aurait renouvelé le serment. Le roi présent, le roi actuel aurait été monsieur le duc d'Orléans, régent du royaume, prince qui a vécu près du peuple, et qui sait que la monarchie ne peut être aujourd'hui qu'une monarchie de consentement et de raison. Cette combinaison naturelle m'eût semblé un grand moyen de conciliation et aurait peut-être sauvé à la France ces agitations qui sont la conséquence des violents changements d'un état.

« Dire que cet enfant, séparé de ses maîtres, n'aurait pas le temps d'oublier jusqu'à leurs noms avant de devenir homme ; dire qu'il demeurerait infatué de certains dogmes de naissance après une longue éducation populaire, après la terrible leçon qui a précipité deux rois en deux nuits, est-ce bien raisonnable ?

« Ce n'est ni par un dévouement sentimental, ni par un attendrissement de nourrice, transmis de maillot en maillot depuis le berceau de Henri IV jusqu'à celui du jeune Henri, que je plaide une cause où tout se tournerait de nouveau contre moi si elle triomphait. Je ne vise ni au roman ni à la chevalerie, ni au martyre ; je ne crois pas au droit divin de la royauté, et je crois à la puissance des révolutions et des faits.

« Je n'invoque pas même la charte, je prends mes idées plus haut ; je les tire de la sphère philosophique de l'époque où ma vie expire : je propose le duc de Bordeaux tout simplement comme une nécessité de meilleur aloi que celle dont on argumente. Je sais qu'en éloignant cet enfant, on veut établir le principe de la souveraineté du peuple : niaiserie de l'ancienne école, qui prouve que, sous le rapport politique, nos vieux démocrates n'ont pas fait plus de progrès que les vétérans de la royauté. Il n'y a de souveraineté absolue nulle part ; la liberté ne découle pas du droit politique, comme on le supposait au XVIIIe siècle ; elle vient du droit naturel, ce qui fait qu'elle existe dans toutes les formes de gouvernement, et qu'une monarchie peut être libre et beaucoup plus libre qu'une république ; mais ce n'est ni le temps ni le lieu de faire un cours de politique.

« Je me contenterai de remarquer que, lorsque le peuple a disposé des trônes, il a aussi disposé de sa liberté ; je ferai observer que le principe de l'hérédité monarchique, absurde au premier abord, a été reconnu par l'usage, préférable au principe de la monarchie élective. Les raisons en sont si évidentes, que je n'ai pas besoin de les développer. Vous choisissez un roi aujourd'hui : qui vous empêchera d'en choisir un autre demain. La loi, direz-vous. La loi ? et c'est vous qui la faites !

« Il est encore une manière plus simple de trancher la question, c'est de dire : Nous ne voulons plus de la branche aînée des Bourbons. Et pourquoi n'en voulez-vous plus ? Parce que nous sommes victorieux ; nous avons triomphé dans une cause juste et sainte, nous usons d'un droit de double conquête.

« Très bien ; vous proclamez la souveraineté de la force. Alors gardez soigneusement cette force ; car si dans quelques mois elle vous échappe, vous serez mal venus à vous plaindre. Telle est la nature humaine ! Les esprits les plus éclairés et les plus justes ne s'élèvent pas toujours au-dessus d'un succès. Ils étaient les premiers, ces esprits, à invoquer le droit contre la violence ; ils appuyaient ce droit de toute la supériorité de leur talent, et, au moment même où la vérité de ce qu'ils disaient est démontrée par l'abus le plus abominable de la force et par le renversement de cette force, les vainqueurs s'emparent de l'arme qu'ils ont brisée ! Dangereux tronçons, qui blesseront leur main sans les servir.

« J'ai transporté le combat sur le terrain de mes adversaires ; je ne suis point allé bivouaquer dans le passé sous le vieux drapeau des morts, drapeau qui n'est pas sans gloire, mais qui pend le long du bâton qui le porte, parce qu'aucun souffle de la vie ne le soulève. Quand je remuerais la poussière de trente-cinq Capets, je n'en tirerais pas un argument qu'on voulût seulement écouter. L'idolâtrie d'un nom est abolie : la monarchie n'est plus une religion : c'est une forme politique préférable dans ce moment à toute autre, parce qu'elle fait mieux entrer l'ordre dans la liberté.

« Inutile Cassandre, j'ai assez fatigué le trône et la patrie de mes avertissements dédaignés ; il ne me reste qu'à m'asseoir sur les débris d'un naufrage que j'ai tant de fois prédit. Je reconnais au malheur toutes les sortes de puissance, excepté celle de me délier de mes serments de fidélité. Je dois aussi rendre ma vie uniforme ; après tout ce que j'ai fait, dit et écrit pour les Bourbons, je serais le dernier des misérables si je les reniais au moment où, pour la troisième et dernière fois, ils s'acheminent vers l'exil. Je laisse la peur à ces généreux royalistes qui n'ont jamais sacrifié une obole ou une place à la royauté ; à ces champions de l'autel et du trône, qui naguère me traitaient de renégat, d'apostat et de révolutionnaire. Pieux libellistes, le renégat vous appelle ! Venez donc balbutier un mot avec lui pour l'infortuné maître qui vous combla de ses dons et que vous avez perdu ! Provocateurs de coups d'État, prédicateurs du pouvoir constituant, où êtes-vous ? Vous vous cachez dans la boue du fond de laquelle vous leviez vaillamment la tête pour calomnier les vrais serviteurs du roi ; votre silence d'aujourd'hui est digne de votre langage d'hier. Que tous ces preux, dont les exploits projetés ont fait chasser les descendants d'Henri IV à coup de fourche, tremblent maintenant accroupis sous la cocarde tricolore : c'est tout naturel. Les nobles couleurs dont ils se parent protègeront leur personne et ne couvriront pas leur lâcheté.

« Au surplus, en m'exprimant avec franchise à cette tribune, je ne crois pas du tout faire un acte d'héroïsme. Nous ne sommes plus dans ces temps où une opinion coûtait la vie ; y fussions-nous, je parlerais cent fois plus haut. Le meilleur bouclier est une poitrine qui ne craint pas de se montrer découverte à l'ennemi.

« Loin de moi, du reste, la pensée de jeter des semences de division dans la France, et c'est pourquoi j'ai refusé à mon discours l'accent des passions. Si j'avais la conviction intime qu'un enfant doit être laissé dans les rangs obscurs et heureux de la vie pour assurer le repos de trente-trois millions d'hommes, j'aurais regardé comme un crime toute parole en contradiction avec les besoins des temps : je n'ai pas cette conviction. Si j'avais le droit de disposer d'une couronne, je la mettrais volontiers aux pieds de M. le duc d'Orléans. Mais je ne vois de vacant qu'un tombeau à Saint-Denis et non un trône.

« Quelles que soient les destinées qui attendent M. le lieutenant général du royaume, je ne serai jamais son ennemi, s'il fait le bonheur de ma patrie.

Je ne demande à conserver que la liberté de ma conscience et le droit d'aller mourir partout où je trouverai indépendance et repos.

« Je vote contre le projet de déclaration... » (1)

Cette noble protestation, dont les mouvements oratoires rappellent les plus belles harangues de Démosthène, demeura stérile. Cent quatorze pairs étaient présents à la séance ; quatre-vingt-dix neuf approuvèrent la motion qui avait été faite en faveur du duc d'Orléans.

Deux jours plus tard (9 août), ce prince était proclamé roi de France, sous le nom de Louis-Philippe Ier, et la tourbe des apostats tombait à ses pieds.

Quant à M. de Chateaubriand, après avoir prononcé son discours, il était sorti de la salle, s'était rendu au vestiaire, avait mis bas son habit de pair, son épée, son chapeau à plumet ; il en avait détaché la cocarde blanche, l'avait mise dans la petite poche du côté gauche de la redingote noire qu'il avait revêtue et croisée sur son cœur ; puis, il avait abandonné, en secouant la poussière de ses pieds, « ce palais des trahisons » où il jura de ne rentrer de sa vie, et, tandis que les mains des solliciteurs s'allongeaient vers le nouveau pouvoir, il écrivait cette lettre, digne conclusion de son discours et de sa vie politique :

« Monsieur,

« Mon refus de prêter serment est du 7 août 1830, jour où je votai à la chambre des pairs contre la déclaration de la chambre des députés. Le 10 du même

---

(1) *Mémoires d'outre-tombe*, tome V, page 305 et suivantes.

mois, j'eus l'honneur d'écrire à M. le baron Pasquier que je renonçais à ma pension de pair comme à l'exercice de ma pairie. M. le président me répondit qu'il fallait m'adresser à M. le ministre des finances, ce que je fis en envoyant copie de mes deux lettres à M. le marquis de Sémonville. Ainsi je n'ai rien coûté à l'État depuis que j'ai cessé de le servir. Je ne jouissais, d'ailleurs, à l'époque de la révolution de juillet, d'aucune autre pension, ni à titre de ministre d'état, ni à titre d'ancien ministre à portefeuille, ni à titre d'ancien ambassadeur, bien que je fusse absolument sans fortune. Toutes les fois que j'ai été frappé, ou que je me suis dépouillé de mes emplois pour la cause des libertés publiques, les lettres seules se sont chargées de me nourrir.

« J'aurais bien désiré, monsieur, me débarrasser des 900 et quelques francs attachés à mon fauteuil académique ; mais on m'a assuré qu'on ne donnait point sa démission de membre de l'académie, et que si je ne faisais pas toucher la somme susdite, elle resterait toujours en mon nom et à mon compte dans le budget de l'Institut.

« Je supplie MM. les ministres de venir à mon secours, en me retirant cet argent qui m'est extrêmement désagréable : c'est la seule faveur que je sollicite et que j'accepterai du gouvernement.

« J'ai l'honneur d'être, monsieur, etc.

« Chateaubriand. »

CHAPITRE XXVIII.

M. de Chateaubriand, chassé de la politique, se réfugie dans l'étude. — Il publie ses *Études historiques*. — Hommage qu'il rend à nos vieux historiens. — Quel système il adopte pour son livre. — Analyse et extraits : Origine des nations modernes. — Persécution. — Le christianisme sur le trône des Césars. — *Concile de Nicée*. — Julien. — *Invasion des Barbares*. — Les Francs sous les deux premières races. — La féodalité. — *Les croisades*. — Commencement des guerres avec l'Angleterre. — *Le vœu du héron*. — *Le roi Jean à la bataille de Poitiers*. — *Louis XI*. — *Protestants et catholiques*. — Un long drame. — De Louis XIV à la révolution. — Appréciation des *Etudes historiques*.

1831.

Eloigné de la politique, M. de Chateaubriand se réfugia dans l'étude de l'histoire, retraite aussi noble que naturelle pour l'homme de talent qui sort des affaires publiques. L'histoire, du reste, avait toujours été pleine d'attraits pour lui. C'est par elle qu'il avait débuté dans la carrière des lettres. *Les Martyrs*, publiés à la fleur de son âge, offrent des pages nombreuses où l'historien a pris la place du romancier. C'est à l'histoire que, disant adieu à la poésie, il avait promis les années de son âge mûr. Les événements, en se mettant à la traverse de ses projets, n'avaient pu l'empêcher de composer, dans ses moments de loisir, plusieurs travaux qui attestent la fidélité de ses goûts. C'est ainsi que, pour citer seulement le plus important d'entre eux, il avait récemment donné les *Quatre Stuarts*, œuvre riche de détails, mais qui, par la sécheresse du style, contraste avec ses autres productions. Il reprit, après la révolution de 1830, un travail de longue haleine, qu'il publia bientôt sous le titre d'*Etudes historiques*.

Dans une intéressante préface, l'illustre auteur se plaît à rendre hommage aux savants qui ont dépouillé nos anciennes archives, et justice à ceux de nos historiens qui, les premiers, les ont mises en œuvre.

« Les jugements, dit-il avec enjouement, sont trop durs aujourd'hui à l'égard des écrivains qui ont travaillé à nos annales avant la révolution. Supposons que notre histoire générale fût à composer ; qu'il la fallût tirer des manuscrits ou même des documents imprimés ; qu'il en fallût débrouiller la chronologie, discuter les faits, établir les règnes ; je soutiens que, malgré notre science innée et tout notre savoir acquis, nous n'en mettrions pas trois volumes debout. Combien d'entre nous pourraient déchiffrer une ligne des chartes originales ; combien les pourraient lire, même à l'aide des *alphabets*, des spécimens et des *fac-simile* insérés dans la *Re diplomatica* de Mabillon et ailleurs. Nous sommes trop impatients d'étaler nos pensées ; nous dédaignons trop nos devanciers pour nous abaisser au modeste rôle de bouquineurs de cartulaires. Si nous lisions, nous aurions moins de temps pour écrire, et quel larcin fait à la postérité !...

« Nos vieux historiens se trompent, il est vrai, sur

la physionomie des siècles. Khlovigh, dans nos annales anté-révolutionnaires, ressemble à Louis XIV, et Louis XVI à Hugues Capet. On avait, dans la tête, le type d'une grave monarchie, toujours la même, marchant carrément avec trois ordres et un parlement en robe longue ; de là cette monotonie de récits, cette uniformité de mœurs qui rend la lecture de notre histoire générale insipide. Les historiens étaient alors des hommes de cabinet, qui n'avaient jamais vu et manié les affaires.

« Mais si nous apercevons les faits sous un autre jour, ne nous figurons pas que cela tienne à la seule force de notre intelligence. Nous venons après la monarchie tombée ; nous toisons à terre le colosse brisé, nous lui trouvons des proportions différentes de celles qu'il paraissait avoir, lorsqu'il était debout. Placés à un autre point de la perspective, nous prenons pour un progrès de l'esprit humain le simple résultat des événements, le dérangement ou la disparition des objets. Le voyageur qui foule aux pieds les ruines de Thèbes est-il l'Egyptien qui demeurait sous une des cent portes de la cité de Pharaon ? » (1)

Ayant à opter entre les deux principaux systèmes de l'école moderne, M. de Chateaubriand ne pouvait hésiter. L'histoire *fataliste*, qui substitue l'histoire de l'espèce à celle de l'individu, se borne à raconter les faits généraux et demeure impassible devant le vice et la vertu, devait lui être antipathique, tandis que l'histoire *descriptive*, qui raconte au long les événements, peint les mœurs, se plaît dans les détails, et,

---

(1) *Etudes ou discours historiques*, œuvres, tome VIII, pages 19 et 20.

sans vain étalage de réflexions et de moralités, sait faire sortir la leçon de ses récits et de ses portraits convenait à son caractère et à son talent. Aussi est-ce à ce dernier système qu'il s'arrête pour les *Etudes,* dont nous allons donner l'analyse.

Au sein de l'immense empire que trois escadres et cent soixante-quinze mille hommes suffisent à garder, apparait l'étable de Béthléem. Après avoir prêché son évangile, Jésus expire sur la croix ; Tibère alors était à Caprée. Les deux mondes représentés par l'Homme-Dieu et l'infâme empereur ne tardent pas à se rencontrer dans la même arène. Menant de front l'histoire des bourreaux qui se succèdent sur le trône des Césars et celle des victimes que recèlent les catacombes, l'auteur nous fait assister aux phases diverses de la lutte grandiose qui s'engage entre eux. Durant trois siècles, le sang coule à flots dans toutes les provinces et, pendant ce temps, les barbares, cheminant silencieusement dans les bois, viennent prendre poste sur toutes les frontières.

Pour tracer ce tableau, où apparaissent les trois éléments qui composeront les nations modernes, le savant écrivain n'a rien négligé. Historiens, poëtes, grammairiens, orateurs, légistes, ont été mis à profit, et c'est avec un art merveilleux que sont assorties les couleurs empruntées à leurs œuvres.

Une ère nouvelle commence : le christianisme victorieux s'assied sur la pourpre, mais la lutte continue : à peine Constantin a-t-il pris les rênes du gouvernement qu'Arius divise l'Eglise.

Avec lui paraissent les grands évêques nourris aux écoles d'Antioche, d'Alexandrie et d'Athènes, lesquels renouvelant la philosophie, l'éloquence et les lettres, poussent l'esprit humain hors des vieilles règles, et le font sortir des routines où il avait si longtemps marché sous la domination des anciens génies et d'une religion tombée. Leurs discours et leurs actions attirent l'attention des gouvernements, et leurs conciles deviennent les véritables conseils du souverain qui se passionne pour des vérités ou des erreurs que souvent il ne comprend pas.

Si l'on veut savoir quelle importance et quel aspect avaient ces assemblées, où se débattaient les intérêts du ciel et de la terre, qu'on lise le récit que fait du concile de Nicée le grand écrivain :

« Et d'abord quels étaient les membres de cette convention universelle réunie pour reconnaître le monarque éternel et son éternelle cité? Des héros du martyre, de doctes génies, ou des hommes encore plus savants par l'ignorance du cœur et la simplicité de la vertu. Spyridion, évêque de Trimithonte, gardait les moutons et avait le don des miracles; Jacques, évêque de Nisibe, vivait sur les hautes montagnes, passait l'hiver dans une caverne, se nourrissait de fruits sauvages, portait une tunique de poils de chèvre et prédisait l'avenir. Parmi ces trois cent dix-huit évêques, accompagnés de prêtres, de diacres et d'acolytes, on remarquait des vétérans mutilés à la dernière persécution : Paphnuce, de la haute Thébaïde et disciple de saint Antoine, avait l'œil droit crevé et le jarret gauche coupé; Paul de Néocésarée, les deux mains brûlées; Léonce de Césarée, Thomas de Cyzique, Marin de Troade, Eutychus de Smyrne, s'efforçaient de cacher leurs blessures, sans en réclamer la gloire.

Tous ces soldats d'une immense et même armée ne s'étaient jamais vus ; ils avaient combattu sans se connaître, sous tous les points du ciel, dans l'action générale, pour la même foi.

« Entre les hérésiarques se distinguaient Eusèbe de Nicomédie, Théognis de Nicée, Maris de Chalcédoine et Arius lui-même, appelé à rendre compte de sa doctrine devant Athanase, qui n'était alors qu'un simple diacre attaché à Alexandre, évêque d'Alexandrie.

« Des philosophes païens étaient accourus à ce grand assaut de l'intelligence. Un vieillard laïque, ignorant et confesseur, attaqua l'un de ces philosophes fastueux, et lui dit tout le christianisme en peu de mots : « Philosophe, au nom de Jésus-Christ, écoute :
« Il n'y a qu'un Dieu qui a tout fait par son Verbe,
« tout affermi par son Esprit. Ce Verbe est le fils de
« Dieu ; il a pris pitié de notre vie grossière, il a voulu
« naître d'une femme, visiter les hommes et mourir
« pour eux. Il reviendra nous juger selon nos œuvres. »

« Constantin ouvrit en personne le concile le 19 juin, l'an 325. Il était vêtu d'une pourpre ornée de pierreries : il parut sans gardes et seulement accompagné de quelques chrétiens. Il ne s'assit sur un petit trône d'or au fond de la salle, qu'après avoir ordonné aux Pères, qui s'étaient levés à son entrée, de reprendre leurs sièges. Il prononça une harangue en latin, sa langue naturelle et celle de l'empire ; on l'expliquait en grec. Le concile condamna la doctrine d'Arius malgré une vive opposition, promulgua vingt canons de discipline, et termina sa séance, le vingt-cinquième d'août de cette même année 325.

« Transportez-vous en pensée dans l'ancien monde

pour vous faire une idée de ce qu'il dut éprouver, lorsqu'au milieu des hymnes obscènes, enfantines ou absurdes à Vénus, à Bacchus, à Mercure, à Cybèle, il entendit des voix graves chantant au pied d'un autel nouveau : « O Dieu, nous te louons ! O Seigneur, nous « te confessons ! O Père éternel, toute la terre te ré- « vère ! » La prière latine composée pour les soldats n'était pas moins explicite que l'hymne de saint Ambroise et de saint Augustin.

« L'esprit humain se dégagea de ses langes : la haute civilisation, la civilisation intellectuelle, sortie du concile de Nicée, n'est plus retombée au-dessous de ce point de lumière. Le simple catéchisme de nos enfants renferme une philosophie plus savante et plus sublime que celle de Plâton. L'unité d'un Dieu est devenue une croyance populaire : de cette seule vérité reconnue date une révolution radicale dans la législation européenne, longtemps faussée par le polythéisme, qui posait un mensonge pour fondement de l'édifice social. » (1)

Il y eut néanmoins une réaction ; Julien parut. Incarnation du paganisme philosophique, « ce cynique à manteau de pourpre qui portait le vieux monde dans sa tête et l'empire dans sa besace » entreprit de restaurer le paganisme, et d'abattre la croix. Il fut lui-même renversé, et le paganisme descendit avec lui dans la tombe.

Rome cependant allait subir le châtiment de sa dépravation et de ses crimes. Cette ville corrompue,

---

(1) *Études ou discours historiques*, œuvres, tome VIII, page 163 et suivantes.

n'apercevant à ses frontières que des solitudes, croyait n'avoir rien à craindre, et nonobstant, dans ces camps vides le Tout-Puissant avait rassemblé l'armée des nations. Les voici ! « Bien que pressés comme les flots de la mer, les barbares se précipitent au pas de course. Un instinct miraculeux les conduit. S'ils manquent de guides, les bêtes des forêts leur en servent. Ils ont entendu quelque chose d'en haut qui les appelle du Septentrion et du Midi, du Couchant et de l'Aurore. Qui sont-ils ? Dieu seul sait leur véritable nom. Aussi inconnus que les déserts dont ils sortent, ils ignorent d'où ils viennent, mais ils savent où ils vont. Ils marchent au Capitole convoqués qu'ils se disent à la destruction de l'empire romain, comme à un banquet. »

Les Romains, chassés de leurs foyers, se réfugient en Afrique et en Asie. Mais, dans ces provinces éloignées, ils rencontrent d'autres barbares, et sont rejetés des frontières au centre. La terre devient un parc où ils sont traqués dans un cercle de chasseurs.

La désolation et la ruine s'étendent sur toute la surface de l'empire...

« Quand, dit notre historien, la poussière qui s'élevait sous les pieds de tant d'armées, qui sortait de l'écroulement de tant de monuments, fut tombée ; quand les tourbillons de fumée qui s'échappaient de tant de villes en flammes furent dissipés ; quand la mort eut fait taire les gémissements de tant de victimes ; quand le bruit de la chute du colosse romain eut cessé, alors on aperçut une croix, et, au pied de cette croix, un monde nouveau. Quelques prêtres, l'évangile à la main, assis sur des ruines, ressuscitaient la société au milieu des tombeaux, comme Jésus-Christ rendit la vie aux enfants de ceux qui avaient cru en lui. » (1)

Parmi les peuples devenus les disciples de l'Église, il en est un qui apparaît tout aussitôt comme prédestiné : nous avons nommé le peuple Franc. Entre les fonts baptismaux de Clovis et l'échafaud de Louis XVI se place son histoire, et la même religion se tient debout aux deux barrières qui marquent les extrémités de cette longue arène. « Fier Sicambre, incline le col, « adore ce que tu as brûlé, brûle ce que tu as adoré, dit le prêtre qui administrait à Clovis le baptême d'eau. » « Fils de Saint-Louis, montez au ciel, dit le prêtre qui assistait Louis XVI au baptême de sang. » C'est cette histoire magnifique qu'entreprend de raconter M. de Chateaubriand.

Devant nous passent d'abord les rois des deux premières races, que domine d'une taille de géant Charlemagne, l'un des monarques les plus accomplis que la terre ait portés.

Des partages multipliés de ses successeurs sort la féodalité, et alors paraît le moyen-âge dans l'énergie de sa jeunesse, « l'âme toute religieuse, le corps tout barbare, l'esprit aussi vigoureux que le bras. » Son courage et sa foi se manifestent surtout par les croisades, qui inspirent à l'auteur des *Etudes* cette page éloquente :

« Les flots des barbares s'étaient calmés dans le bassin de la France où Dieu les avait versés, et où la main de Karle le Martel et celle de son fils les avaient

---

(1) *Études ou discours historiques*, œuvres, tome VIII, page 341.

contenus ; mais, après deux siècles de stagnation, gonflés par des générations nouvelles, ils se débordèrent. Les croisades furent comme un souvenir ou comme une prolongation de cette invasion générale qui avait ravagé le monde ; elles furent en outre des guerres de représailles. Les Sarrasins avaient menacé l'Europe de leur joug, trois siècles avant que l'Europe eût pris les armes contre eux : leur migration, sortant de l'Arabie, conquit la Syrie et l'Egypte, s'avança le long de l'Afrique d'Orient en Occident jusqu'au détroit de Gades, passa ce détroit, inonda l'Espagne, surmonta les Pyrénées, et ne s'arrêta qu'au milieu des Gaules, contre l'épée de Karle le Martel.

« Trop occupées alors, les populations chrétiennes remirent à un autre temps la vengeance ; mais, quand ce temps fut venu, elles s'ébranlèrent à leur tour, se portèrent d'Occident en Orient par l'Europe, traversèrent le Bosphore, allèrent attaquer les enfants du prophète au lieu même d'où ils étaient partis. Je ne sache pas de plus grand spectacle que ces invasions des peuples de l'Asie et des peuples de l'Europe marchant en sens opposé, les uns sous l'étendard de Mahomet, les autres sous l'étendard du Christ, autour de cette mer qu'avait bordée la civilisation grecque et romaine. Les Portugais et les Espagnols ont seuls reproduit ces merveilles, lorsque les premiers à travers les mers de l'Orient, les seconds à travers les mers de l'Occident retrouvaient un monde perdu et découvraient un monde nouveau.

« Des mœurs pleines de splendeur et de naïveté, des crimes et des vertus, des croyances ardentes, des faits historiques, des souvenirs merveilleux, d'immenses résultats matériels et moraux, scientifiques et politiques, voilà ce que présentent les croisades. Les rudes et simples expressions des chroniqueurs relèvent l'éclat des actions ; les ermites sont les historiens des chevaliers ; des moines racontent, avec l'humilité de la religion et la simplicité du langage, l'orgueil de la conquête et la grandeur des exploits guerriers, ces pèlerinages commencés avec le bourdon et continués avec l'épée. On doit aux croisades la recomposition des armées nationales, décomposées par les petits cantonnements militaires de la féodalité : tant de cheftains éparpillés sur le sol, et étrangers les uns aux autres, apprirent à se connaître à la tête de leurs vassaux ; les serfs recommencèrent le peuple français dans les camps, comme les bourgeois dans les villes. La chrétienté parut aussi pour la première fois sous la forme d'une immense nation agissant par l'impulsion d'un seul chef. Et qu'allait-elle conquérir ? Un tombeau. » (1)

A partir des Valois, l'historien, qui avait fait entrer dans son vaste plan l'histoire du monde moderne, resserre son cadre et se borne strictement à la France. Son travail, déjà fort aride depuis la fin de l'empire romain, n'offre plus guère qu'un simple sommaire coupé par des récits auxquels a été mise la dernière main. Ces fragments, par leur perfection, font presque regretter que l'illustre écrivain ait, aux dépens des *Études*, consacré tant de temps à la politique. Tous sont dignes d'être cités, mais il faut nous borner.

(1) *Analyse raisonnée de l'histoire de France*, œuvres, tome VII, page 38.

Ecoutons seulement avec quel charme M. de Chateaubriand nous raconte l'origine de nos premières dissensions avec l'Angleterre :

« Au commencement de l'automne de l'année 1338, et, comme dit le poëte historien, *lorsque l'été va à desclin, que l'oiseau gai a perdu la voix, que les vignes sèchent, que meurent les roses, que les arbres se despouillent, que les chemins se jonchent de feuilles, Esdouard estoit à Londres en son palais, environné de ducs, de comtes, de pages, de dames, de jeunes filles et de jeunes hommes.* Robert d'Artois, retiré en Angleterre, était allé à la chasse, parce qu'il se souvenait *du très gentil pays de France dont il estoit banni.* Il portait un petit faucon qu'il avait nourri, et *tant vola le faucon par rivières, qu'il prit un héron.* Robert retourne à Londres, fait rôtir le héron, le met entre deux plats d'argent, s'introduit dans la salle du festin du roi, suivi de *deux maistres de vielle,* d'un *quistrencus* (joueur de guitare) et *de deux pucelles, filles de deux marquis ; elles chantoient accompagnées du son des vielles et de la guitare.* Robert s'écrie : *Ouvrez les rangs, laissez passer les preux. Le héron est le plus couard des oiseaux ; il a peur de son ombre. Je donnerai le héron à celui d'entre vous qui est le plus poltron ; à mon avis, c'est Esdouard deshérité du noble pays de la France, dont il estoit l'héritier légitime ; mais le cœur lui a failli, et, pour sa lascheté, il mourra privé de son royaume.* Edouard rougit de colère et de *mal talent,* le cœur lui frémit ; il jure par le Dieu du paradis et par sa douce mère, qu'avant que six mois soient passés il défiera le roi de Saint-Denis.

« Robert *jeta un rire, et dit tout en basset : A présent*

j'ai mon avis (désir), et par mon héron commencera grant guerre. » (1)

Grant guerre, en effet, car elle devait durer cent vingt-six ans. Ses diverses péripéties fournissent à l'écrivain ses meilleures pages. Rien de plus animé, entre autres, que la bataille de Crécy, sous Philippe VI, et celle de Poitiers, où le roi Jean fut fait prisonnier. Mettant à profit les chroniques du temps et en fondant le texte dans sa narration, l'historien fait revivre, avec une vérité saisissante, les armées du moyen-âge, aussi brillantes que variées. « Les cors de chasse et les trompettes sonnent haut et clair, les menestriers jouent de leurs instruments, les seigneurs déploient leurs bannières ; les chevaliers montent à cheval ; on voit courir les chevaucheurs, les poursuivants, les hérauts d'armes, les pages, les varlets avec la casaque, le blason et la devise de leurs maîtres. Partout brillent de belles cuirasses, riches armoiries, lames, écus, heaumes et pennons ; on entend au milieu des fanfares, de la voix des chefs, des hennissements des chevaux, retentir les cris d'armes des différents seigneurs : *Montmorency* au *premier chrétien, Chatillon* au *noble duc, Montjoie* au *blanc épervier, Montjoie Bourgogne, Bourbon Notre-Dame,* et surtout *Montjoie Saint-Denis.* On aperçoit des vassaux tête nue, sous la bannière de leurs paroisses, et portant des colobes et des tabards, (espèce de chemise sans manches et de manteau court) ; des barons en chaperon, en robes longues et fourrées marchant sous les couleurs de leurs dames ; une infanterie en pélicon ou jaquette, armée d'arcs, d'arbalètes,

---

(1) *Histoire de France,* œuvres, tome VII, page 102.

de bâtons ferrés et de fauchards ; une cavalerie couverte de fer et portant le bassinet et la lance ; des évêques en cottes de mailles et en mitre ; des aumôniers, des confesseurs, des croix, des images de saints, de nouvelles et d'anciennes machines de guerre... »

L'action s'engage, les armées s'ébranlent, des défis sont adressés, et l'historien, par la magie de ses récits, grave d'une manière ineffaçable dans nos souvenirs, les scènes diverses qu'il nous raconte. Comment, pour citer un exemple, pourrait-on oublier le roi Jean, lorsqu'on a lu cette page ?

« Déjà les plus braves avaient été tués ; le bruit diminuait sur le champ de bataille, les rangs s'éclaircissaient à vue d'œil ; les chevaliers tombaient les uns après les autres, comme une forêt dont on coupe les grands arbres.

« Charny, haussant l'oriflamme, luttait encore contre une foule d'ennemis qui la lui voulaient arracher.

« Jean, la tête nue (son casque était tombé dans le mouvement du combat), blessé au visage, présentait son front sanglant à l'ennemi. Incapable de craindre pour lui-même, il s'attendrit sur son jeune fils, déjà blessé en parant les coups qu'on portait à son père. Il voulut éloigner l'enfant royal, et le confia à quelques seigneurs : mais Philippe échappa aux mains de ses gardes et revint auprès de Jean, malgré ses ordres. N'ayant pas assez de force pour frapper, il veillait aux jours du monarque, en lui criant : « Mon père, prenez garde ! à droite, à gauche, derrière vous, » à mesure qu'il voyait approcher un ennemi.

« Les cris avaient cessé. Charny, étendu aux pieds du roi, serrait dans ses bras raidis par la mort l'oriflamme qu'il n'avait pas abandonnée ; il n'y avait plus que les fleurs de lis debout sur le champ de bataille : la France tout entière n'était plus que dans son roi. Jean, tenant sa hache des deux mains, défendant sa patrie, son fils, sa couronne et l'oriflamme, immolait quiconque osait l'approcher. Il n'avait autour de lui que quelques chevaliers abattus et percés de coups, qui se ranimaient dans la poussière à la voix de leur souverain, faisaient un dernier effort et retombaient pour ne plus se relever. Mille ennemis essayaient de saisir le roi vivant et lui disaient : «Sire, rendez-vous!» Jean, épuisé de fatigue et perdant son sang, n'écoutait rien et voulait mourir. Un chevalier fend la foule, écarte les soldats, s'approche respectueusement du roi, et lui parlant en Français : « Sire, au nom de Dieu, rendez-vous ! » Le roi, frappé de cette voix, baisse sa hache, et dit : « A qui me rendrais-je ? à qui ? Où est « mon cousin le prince de Galles ? Si je le voyais, je par- « lerais. » — Il n'est pas ici, répondit le chevalier, mais rendez-vous à moi, je vous menerai vers lui. — Qui estes-vous ? repart le roi. « Sire, je suis Denis de Mor- « bec, chevalier d'Artois, je sers le roi d'Angleterre, « parce que j'ai esté obligé de quitter mon pays pour « avoir tué un homme. » Jean ôta son gant de la main droite, et le jeta au chevalier en lui disant : « Je me « rends à vous. »

« Du moins, le roi de France ne remit son épée qu'à un Français. » (1)

Après la bataille de Poitiers, l'historien nous conduit à travers les ravages des Compagnies, les horreurs

---

(1) *Histoire de France*, œuvres, tome VII, page 157.

de la Jacquerie, les insurrections populaires, les massacres et les assassinats produits par les rivalités des maisons de Bourgogne et d'Orléans, jusqu'à ce personnage unique dans l'histoire qui ne semble point appartenir à la série des rois français : « Tyran justicier aux mœurs basses, chéri et méprisé de la populace, faisant décapiter le connétable et emprisonner les pies et les geais instruits à dire par les parisiens: « *Larron, va dehors ; va, Perrette ;* » esprit matois, opérant de grandes choses avec de petites gens ; transformant ses valets en hérauts d'armes ; ses barbiers en ministres, le grand prévôt en *compère,* et deux bourreaux, dont l'un était gai et l'autre triste, en compagnons ; regagnant par la dextérité ce qu'il perdait par son caractère, réparant comme roi les fautes qui lui échappaient comme homme ; brave chevalier à vingt ans, et pusillanime vieillard ; expirant entouré de gibets, de cages de fer, de chausse-trappes, de broches, de chaînes appelées les *fillettes du roi,* d'ermites, d'empiriques, d'astrologues ; mourant après avoir créé l'administration, les manufactures, les chemins, les postes ; après avoir rendu permanents les offices de judicature, fortifié le royaume par sa politique et ses armes, et vu descendre au tombeau ses rivaux et ses ennemis, Edouard d'Angleterre, Galéas de Milan, Jean d'Aragon, Charles de Bourgogne, et jusqu'à l'héritière de ce duc ; tant il y avait quelque chose de fatal attaché à la personne d'un prince qui, par *gentille industrie,* empoisonna son frère, le duc de Guienne, *lorsqu'il y pensait le moins;* priant la Vierge, sa bonne dame, sa *petite maîtresse,* sa *grande amie,* de lui obtenir son pardon. »

Louis XI disparaît, l'Europe féodale tombe ; Constantinople est prise ; les lettres renaissent ; l'imprimerie est inventée ; l'Amérique au moment d'être découverte ; la réformation n'est pas loin. Dans l'étude que M. de Chateaubriand consacre à cette dernière on remarque le rapprochement suivant :

« La communion réformée n'a jamais été aussi populaire que le culte catholique ; de race princière et patricienne, elle ne sympathise pas avec la foule. Equitable et moral, le protestantisme est exact dans ses devoirs, mais sa bonté tient plus de la raison que de la tendresse ; il vêtit celui qui est nu, mais il ne le réchauffe pas dans son sein ; il ouvre des asiles à la misère, mais il ne vit pas et ne pleure pas avec elle dans ses réduits les plus abjects ; il soulage l'infortune, mais il n'y compatit pas. Le moine et le curé sont les compagnons du pauvre : pauvres comme lui, ils ont pour compagnons les entrailles de Jésus-Christ ; les haillons, la paille, les plaies, les cachots ne leur inspirent ni dégoût, ni répugnance ; la charité en a parfumé l'indigence et le malheur. Le prêtre catholique est le successeur des douze hommes du peuple qui prêchèrent Jésus-Christ ressuscité ; il bénit le corps du mendiant expiré, comme la dépouille sacrée d'un être aimé de Dieu et ressuscité à l'éternelle vie. Le pasteur protestant abandonne le nécessiteux sur son lit de mort ; pour lui les tombeaux ne sont point une religion, car il ne croit pas à ces lieux expiatoires où les prières d'un ami vont délivrer une âme souffrante : dans ce monde, il ne se précipite point au milieu du feu, de la peste ; il garde, pour sa famille particulière, ces soins affectueux que le prêtre de Rome prodigue à la grande famille humaine. » (1)

A la réforme succède le long drame que composent les règnes de François II, de Charles IX, de Henri III et celui de Henri IV, jusqu'à la reddition de Paris, drame qui se déroule ici avec tout l'intérêt des pièces les mieux conduites.

Il n'y a qu'une seule chose et qu'un seul homme dans le règne de Louis XIII : c'est Richelieu. Il apparaît comme la monarchie absolue personnifiée, venant mettre à mort la vieille monarchie aristocratique.

Ce génie du despotisme s'évanouit et laisse en sa place Louis XIV, chargé de ses pleins pouvoirs.

Derrière le tombeau de ce monarque, on n'aperçoit plus que deux monuments de la monarchie absolue : « l'oreiller des débauches de Louis XV et le billot de Louis XVI. »

On ne peut se le dissimuler, l'auteur arrive à la fin de sa tâche, qu'il a, du reste, abrégée le plus qu'il a pu, avec une satisfaction visible. Faut-il s'en étonner ? Quand une société se compose et se décompose, qu'il y va de l'existence de chacun et de tous, quand on n'est pas sûr de l'avenir d'une heure, comment s'attacher à l'histoire du passé ? « Il s'agit bien de Néron, de Constantin, de Julien, des apôtres, des martyrs, des pères de l'Eglise, des Goths, des Vandales, des Francks, de Clovis, de Charlemagne, de Hugues Capet et de Henri IV ! Il s'agit bien du nau-

---

(1) *Analyse raisonnée de l'histoire de France*, œuvres, tome VII, page 197.

frage de l'ancien monde, lorsque nous nous trouvons engagés dans le naufrage du monde moderne ! » « Je ne voudrais pas, pour ce qui me reste à vivre, dit l'auteur des *Études*, recommencer les dix-huit mois qui viennent de s'écouler. On n'aura jamais une idée de la violence que je me suis faite ; j'ai été forcé d'abstraire mon esprit, dix, douze, ou quinze heures par jour, de ce qui se passait autour de moi, pour me livrer puérilement à la composition d'un ouvrage dont personne ne parcourra une ligne. »

Et cependant il eut des lecteurs. C'est que, malgré ses immenses et nombreuses lacunes, le manque fréquent de liaison entre ses diverses parties, plusieurs inexactitudes flagrantes, un certain nombre de jugements fort contestables, des crudités de langage parfois repoussantes, son ouvrage est loin d'être sans valeur et sans intérêt. On y trouve une érudition réelle, une grande justesse d'appréciation, une finesse d'aperçus remarquable, et surtout un talent de conteur ravissant. M. de Chateaubriand excelle à dramatiser et à varier ses récits ; sa narration est partout pleine de vie ; les scènes qu'il peint, on dirait qu'il les a vues ; les portraits qu'il offre à notre curiosité, il les a pris sur le vif. En remontant aux sources, il s'est pour ainsi dire, rendu contemporain de tous les âges : là est son principal mérite ; de là découle l'influence qu'il a exercée sur les historiens de notre temps.

CHAPITRE XXIX.

M. de Chateaubriand part pour la Suisse. — Il est rappelé en France. — Réserve où il se tient. — Sa fidélité aux Bourbons. — *Madame, votre fils est mon roi !* — Vie solitaire. — Visites à l'Abbaye-au-Bois. — Lectures des *Mémoires d'outre-tombe*. — Appréciation de cet ouvrage. — Derniers travaux : *Essai sur la littérature anglaise ; Traduction de Milton ; Vie de Rancé*. — Vieillesse. — Mort de de'Mme de Chateaubriand. — Révolution de 1848. — Mort de M. de Chateaubriand. — Ses funérailles.

1831-1848.

Las et découragé, M. de Chateaubriand, pour se distraire, eut recours aux voyages ; il partit pour la Suisse, et bientôt le bruit courut dans Paris qu'il songeait à s'expatrier pour toujours.

Un chansonnier célèbre, se faisant l'interprète des amis du grand écrivain, lui adressa ce poétique appel :

> « Chateaubriand, pourquoi fuir ta patrie,
> Fuir notre amour, notre encens et nos soins ?
> N'entends-tu pas la France qui s'écrie :
> Mon beau ciel pleure une étoile de moins.
>
> Où donc est-il ? se dit la tendre mère.
> Battu des vents que Dieu seul sait changer,
> Pauvre aujourd'hui comme le vieil Homère,
> Il frappe, hélas ! au seuil de l'étranger.

Proscrit jadis, la naissante Amérique
Nous le rendit après nos longs discors,
Riche de gloire, et, Colomb poétique,
D'un nouveau monde étalant les trésors.

Le pèlerin de Grèce et d'Ionie,
Chantant plus tard le cirque et l'Alhambra,
Nous revit tous dévots à son génie,
Devant le Dieu que sa voix célébra.

De son pays qui lui doit tant de lyres,
Lorsque la sienne en pleurant s'exila,
Il s'enquérait au débris des empires
Si des Français n'avaient point passé là. »

L'étoile reparut sur le beau ciel de France ; M. de Chateaubriand revint à Paris.

On voulut, à son retour, le faire entrer dans diverses intrigues, dont le but était le rétablissement de la monarchie proscrite. Trop éclairé pour ne pas comprendre que la catastrophe de 1830 avait creusé, entre les Bourbons de la branche aînée et la France, un abîme qui ne pouvait être comblé en quelques jours, il garda la plus grande réserve ; mais, s'il s'abstint de toute manœuvre cachée qui, selon lui, ne pouvait aboutir qu'à des mécomptes, il ne laissa échapper aucune occasion de témoigner à la famille déchue son attachement et ses regrets. C'est ainsi qu'il publia bientôt un éloquent écrit contre une proposition faite à la chambre par les députés Baude et de Briqueville, et qui ne tendait à rien moins qu'au bannissement perpétuel de Charles X et de sa famille. Peu de temps après, son nom ayant été mêlé aux pièces d'un procès entrepris contre M. Berryer, il fut conduit et retenu captif chez le préfet de police. Interrogé, suivant l'usage, sur ses nom, prénoms, âge et demeure, il refusa net de répondre et déclara qu'il ne signerait quoi que ce fût, par la raison toute simple qu'il ne reconnaissait pas l'autorité politique du gouvernement de Louis-Philippe, lequel n'avait pour lui ni l'ancien droit héréditaire, ni l'élection du peuple, puisque la France n'avait point été consultée et qu'aucun congrès national n'avait été réuni. Rendu à la liberté par une ordonnance de non-lieu, il rentra chez lui aux cris de : *Vive Chateaubriand !* En 1833, Madame la duchesse de Berry fut arrêtée, pendant qu'elle cherchait à soulever la Bretagne et la Vendée. Le vaillant écrivain ne craignit point de prendre publiquement sa défense, et il termina sa brochure par ce cri qui retentit, par toute la France, comme un coup de tonnerre : « *Madame votre fils est mon roi !* » Traduit devant le jury, il fut renvoyé absous.

Au lendemain de ce procès, il partit pour Prague, envoyé vers Charles X par la mère de son jeune roi. En retrouvant sur la terre étrangère, dans un château dénudé, le monarque chéri qu'il avait vu naguère au milieu des splendeurs de la cour de France, le vieux serviteur des Bourbons ne put retenir ses larmes. Après s'être acquitté de la mission dont il était chargé, il reprit tristement le chemin de la patrie.

Rentré à Paris, il s'installa dans un appartement modeste de la rue du Bac, et mena une vie plus solitaire que jamais. Chaque jour cependant, à la même heure, il sortait pour une visite, toujours la même.

C'était là son unique distraction. Et où allait-il ainsi ?

« A une des extrémités de Paris, dit un écrivain du temps, dans une des rues larges et peu populeuses qui servent d'avenues aux grandes villes, on trouve un monument d'une architecture simple et sévère. La cour d'entrée est fermée par une grille, et sur cette grille s'élève une croix. Pieuse et mondaine à la fois, cette maison est une retraite où des âmes pures, sans renoncer aux relations sociales qui élèvent l'esprit, viennent chercher les plaisirs de la solitude qui calment les maux de la vie. La paix monastique règne dans les cours, dans les escaliers, dans les corridors ; mais, sous les saintes voûtes de ce lieu, se cachent aussi d'élégants réduits, qui s'ouvrent par intervalle aux bruits du monde. Cette habitation se nomme l'Abbaye-au-Bois. »

Or, dans un des angles de cet édifice, se trouvait alors un salon dont la renommée était européenne et qui, à ce titre, mérite d'être peint :

« Tout y était simple, mais noble et élégant. Un tableau de Gérard représentant Corinne au cap Misène couvrait tout un des murs : en face, la cheminée avec une glace, des girandoles et des fleurs ; et, sur une table, le dessin d'un bas-relief d'Eudore et de Cymodocée. Des deux autres murs, l'un était percé de deux fenêtres qui laissaient voir les tranquilles jardins de l'abbaye, l'autre disparaissait presque tout entier sous des rayons chargés de livres. Des meubles élégants étaient épars çà et là avec un gracieux désordre. »

Dans ce salon avaient passé toutes les illustrations du commencement du siècle, et, à l'époque où nous sommes, Paris y envoyait, presque chaque jour, ce qu'il comptait de plus distingué par la naissance ou l'esprit. Sur les trois heures, la porte s'ouvrait. Apparaissait un vieillard, dont le front était plein de majesté, les yeux brillants de finesse, et les lèvres souriantes. Il portait à la main, comme un pèlerin et un soldat, un paquet enveloppé dans un mouchoir de soie... Ce noble vieillard, c'était l'auteur du *Génie :* le paquet du pèlerin, c'étaient les *Mémoires d'outre-tombe*.

Cet ouvrage où M. de Chateaubriand, voyageur, écrivain et homme d'État, se raconte lui-même, avait été commencé à la Vallée-aux-Loups en 1811, et, depuis lors, il était devenu, le compagnon de toutes ses journées et l'avait fidèlement suivi dans les endroits divers où les circonstances l'avaient conduit. C'est en composant quelques pages de ce livre de prédilection qu'étant ministre ou ambassadeur, il se reposait des affaires ; c'est à ce travail favori qu'il consacrait ses loisirs, au temps de ses luttes contre le ministère Decazes et le ministère Villèle ; c'est à lui qu'il demandait aujourd'hui l'oubli de ses déceptions politiques.

Afin de pressentir l'opinion, l'illustre écrivain en lisait, chaque jour, quelques pages aux hommes d'élite qui fréquentaient le salon de Mme Récamier. Ceux qui l'entendirent proclamèrent que jamais son génie n'avait montré plus de vigueur et de souplesse, plus de naturel et de grâce, et les nombreux extraits que nous avons donnés confirment ce verdict ; mais, ce jugement serait incomplet, si nous n'ajoutions qu'avoir admiré, dans cet ouvrage si varié, ici le charme du chroniqueur ou les hautes vues de l'historien, là le coloris du peintre ou l'inspiration du poète, plus loin le coup d'œil du philosophe ou la sagacité du politique, l'on se heurte à des appréciations fausses, à des idées réprouvées par la religion, à des tableaux qui offensent la morale, à des expressions qui blessent le bon goût et que surtout l'on rencontre dans l'auteur une infatuation de soi-même qui fatigue et refroidit à son égard.

M. de Chateaubriand avait dépassé sa soixante-cinquième année. Par ses innombrables travaux, il avait bien mérité de prendre enfin quelque repos. C'était son désir ; mais sa pauvreté ne le lui permit pas, et il lui fallut bientôt reprendre la plume, afin de faire face aux exigences de sa position.

Le premier ouvrage qu'il donna au public est intitulé : *Essai sur l'histoire de la littérature anglaise*.

Il ne faut point y chercher une histoire complète et méthodique des lettres en Angleterre. Ce n'est, à vrai dire, qu'un entretien où, à propos de la littérature anglaise, M. de Chateaubriand s'occupe un peu de tout, du présent, du passé, de l'avenir :

« Je vais çà et là, dit-il lui-même; quand je rencontre le moyen-âge, j'en parle ; quand je me heurte contre la réformation, je m'y arrête ; quand je trouve la révolution anglaise, elle me remet la nôtre en mémoire, et j'en cite les hommes et les faits. Si un royaliste anglais est jeté en prison, je songe au logis que j'occupais à la préfecture de police. Les poètes anglais me conduisent aux poètes français ; lord Byron me rappelle mon exil en Angleterre, mes promenades à la colline d'Harrow et mes voyages à Venise ; ainsi du reste. » Ce livre, en un mot, se compose de mélanges où l'on parle de toutes choses, où l'on rencontre tous les tons, où l'auteur passe de la critique élevée et familière à des considérations historiques, à des récits, à des portraits, à des souvenirs généraux ou personnels.

De cette mosaïque se détachent deux sérieuses et intéressantes études, l'une sur Shakespeare et l'autre sur Milton. Ces illustres étrangers sont jugés par l'auteur des *Martyrs* avec une grande supériorité d'esprit et un courage qui n'est pas sans mérite. Sans ménagement aucun, il met en relief, lui le père du romantisme, leurs défauts méconnus ou cachés par les romantiques du temps. Il ne voyait pas sans tristesse ses disciples s'engager dans des excès et une anarchie déplorables, et il était heureux de profiter de l'occasion qui lui était offerte de les rappeler aux saines traditions.

« Pleine et entière justice, n'hésite-t-il pas à proclamer, étant rendue à des suavités de pinceau et d'harmonie, je dois dire que les ouvrages de l'école romantique gagnent beaucoup à être cités par extraits. Quelques pages fécondes sont précédées de beaucoup de feuillets arides. Lire Shakespeare jusqu'au bout sans passer une ligne, c'est remplir un pieux mais pénible devoir envers la gloire et la mort : des chants entiers du Dante sont une chronique rimée, dont la diction ne rachète pas toujours l'ennui. Le mérite des siècles classiques est d'une nature contraire ; il consiste dans la perfection de l'ensemble et la juste proportion des parties.

« Persuadons-nous, ajoute-t-il, qu'écrire est un

art ; que cet art a des genres ; que chaque genre a des règles. Les genres et les règles ne sont point arbitraires ; ils sont nés de la nature même ; l'art a seulement séparé ce que la nature a confondu ; il a choisi les plus beaux traits, sans s'écarter de la ressemblance du modèle. La perfection ne détruit point la vérité. Racine, dans toute l'excellence de son art, est plus naturel que Shakespeare, comme l'Apollon, dans toute sa divinité, a plus les formes humaines qu'un colosse égyptien.

« Soutenir qu'il n'y a pas d'art, qu'il n'y a point d'idéal, qu'il ne faut pas choisir, qu'il faut tout peindre ; que le laid est aussi beau que le beau ; c'est tout simplement un jeu d'esprit dans ceux-ci, une dépravation de goût dans ceux-là, un sophisme de la paresse dans les uns, de l'impuissance dans les autres.

« Le génie enfante ; le goût conserve. Le goût est le bon sens du génie. Ce toucher sûr, par qui la lyre ne rend que le son qu'elle doit rendre, est encore plus rare que la faculté qui crée. L'esprit et le génie, diversement répartis, enfouis, latents, inconnus, passent souvent parmi nous sans déballer, comme dit Montesquieu ; ils existent en même proportion dans tous les âges ; mais, dans le cours de ces âges, il n'y a que certaines nations, chez ces nations qu'un certain moment où le goût se montre dans sa pureté ; avant ce moment, après ce moment, tout pêche par défaut ou par excès. Voilà pourquoi les ouvrages accomplis sont si rares ; car il faut qu'ils soient produits aux heureux jours de l'union du goût et du génie. Or cette grande rencontre, comme celle de quelques astres, semble n'arriver qu'après la révolution de plusieurs siècles, et ne durer qu'un instant. » (1)

L'*Essai* fut suivi d'une traduction du *Paradis perdu de Milton*, à laquelle il sert d'introduction.

Dans ce travail, l'illustre écrivain n'est souvent qu'un interprète bizarre et forcé du grand poète anglais. « Par la plus trompeuse des imitations, dit un maître de la critique, il substitue à la hardiesse inspirée le mot à mot systématique et cette lave corinthienne encore toute brûlante, qui, dans les vers de Milton, roule sous un ruisseau de flammes, les trésors confondus de l'art antique, n'est plus qu'un amas de scories inégales et glacées. Çà et là seulement la main du poète a reparu, et quelques accidents heureux se détachent comme ces jeux admirables de la nature et du hasard qui se rencontrent parfois sous des ruines. »

Rien de plus juste et de plus élégamment dit. Toutefois la fidélité littérale à laquelle M. de Chateaubriand s'est astreint, avec une exactitude poussée à l'excès, n'est pas sans avantages. Par ce système, il a rendu sensibles certaines beautés qui disparaissent complètement sous la prose ou les vers de ses devanciers.

Ajoutons encore, à sa décharge, que sa traduction est un acte de dévotion à l'égard du chantre du *Paradis perdu*. S'il s'est, en effet, asservi à son texte au point de ne reculer ni devant les barbarismes, ni devant les tournures les plus étranges, il ne l'a fait qu'afin de rendre plus transparent le voile à travers lequel apparaît toujours un auteur que l'on traduit.

---

(1) *Essai sur la littérature anglaise*, œuvres, tome XIII, *passim*.

La vieillesse cependant arrivait, et accroissait la tristesse naturelle, dont le célèbre écrivain avait été tourmenté toute sa vie.

L'abbé Seguin, son directeur, voulant l'arracher à cette mélancolie funeste et fixer son imagination par un travail capable d'élever son âme vers Dieu, lui demanda d'écrire la vie de Rancé.

Par son âge, les vicissitudes de son existence, la nature de son talent et une certaine analogie de caractère avec l'illustre réformateur de la Trappe, l'auteur de *René* était à même de bien remplir cette tâche. On éprouve néanmoins une grande déception en lisant son livre, qui n'est, à vrai dire, qu'une causerie dont Rancé est l'occasion. D'interminables digressions viennent interrompre à chaque instant le récit, et la grande figure que l'on voudrait voir ressortir s'éclipse sans cesse devant des personnages secondaires, dont plusieurs ne devraient occuper ici aucune place.

Rancé lui-même n'apparait pas suffisamment sous le jour qui lui convient. C'est surtout le pénitent, le réformateur qu'il fallait montrer en lui. Or, M. de Chateaubriand, après s'être attardé et complu aux années orageuses de son héros, semble ne le suivre qu'à regret dans la paix du cloître.

Les côtés romanesques de son sujet, il est facile de s'en apercevoir, l'ont seuls séduits, et son style même s'en ressent ; il rappelle plutôt la légèreté du romancier que la gravité de l'historien.

En résumé, ce livre n'est digne ni de celui qui en est l'objet ni de celui qui en est l'auteur.

La *Vie de Rancé* fut la dernière œuvre du grand

écrivain. « En déposant la plume comme cet athlète de l'antiquité déposait le ceste et renonçait à son art, il songea de plus en plus à se préparer à cette grande œuvre du trépas chrétien qu'il avait chanté dans sa jeunesse. » La plus belle couronne d'un vieillard, disait-il autrefois, ce sont ses cheveux blancs et les souvenirs d'une vie honorable. Ces souvenirs ne lui manquèrent point; car, il est juste de le reconnaître, s'il y eût dans sa longue vie des faiblesses et des inégalités, elles se perdent dans l'éclat des services qu'il a rendus à la religion et à la patrie.

Tout, du reste, l'avertissait que la fin approchait. Ses membres, qui s'étaient raidis peu à peu sous le froid de la vieillesse, non seulement ne lui permettaient plus de sortir de chez lui, mais lui rendaient tout mouvement impossible : son fauteuil était devenu son seul séjour. Une consolation lui restait, celle de correspondre avec ses amis; elle lui fut enlevée : la goutte lui fit tomber la plume des mains. A mesure que le corps s'affaiblissait, ses facultés perdaient de leur force. Sa mémoire autrefois si fidèle, lui faisait sentir ses trahisons ; son imagination tombant en enfance, si l'on peut s'exprimer ainsi, prenait des tons faux et heurtés. Il se sentait mourir ; mais son énergie ne faiblissait pas, et il assistait à cette décomposition de lui-même avec une résignation héroïque.

L'isolement se faisait autour de lui. Le temps lui avait successivement enlevé la plupart de ses parents et de ses amis.

De tous ceux qu'il avait connus avant le commencement du siècle, sa noble épouse seule lui restait.

Cette femme vertueuse et forte, que nous avons,

depuis l'empire, presque entièrement perdue de vue, avait su donner à sa vie un but éminemment chrétien. Frappée, au commencement de la restauration, de l'extrême pauvreté de nobles dames et d'ecclésiastiques que la révolution avait dépouillés de tout, elle avait conçu le projet de venir à leur aide, et sollicité, à cette fin, le concours de personnes haut placées, parmi lesquelles Mme la duchesse d'Angoulême. L'archevêque de Paris avait béni son projet; une petite maison avait été achetée, confiée aux filles de Saint-Vincent-de-Paul, et avait reçu le nom de la dauphine. L'infirmerie Marie-Thérèse, ainsi fondée, était devenue la grande préoccupation de Mme de Chateaubriand. Pendant que son illustre époux écrivait, parlait, assistait au congrès, allait en ambassade pour défendre les intérêts du roi son maître, elle jetait à tous les vents les appels de sa charité, courait plaider auprès des riches la cause de ses infirmes, établissait même, à leur profit, une fabrique de chocolat, et employait son éloquence au placement de ses produits. Chaque jour, elle visitait sa famille adoptive et lui consacrait la plus grande partie de son temps.

Un matin, elle s'endormit, après son déjeuner qu'elle avait pris selon son ordinaire et sans symptome d'indisposition. Son sommeil se prolongeant, sa femme de chambre, inquiète, fit appeler le médecin, qui déclara que c'était l'agonie (9 février 1848). Mme de Chateaubriand ne fut point surprise par la mort : pressentant sans doute sa fin prochaine, elle avait fait, peu de jours auparavant, une confession générale, et avait mis ordre à ses affaires, comme à la veille d'un départ. Elle fut inhumée dans la chapelle même de l'infirmerie qu'elle avait fondée. « Je dois, a écrit M. de Chateaubriand, une tendre et éternelle reconnaissance à ma femme, dont l'attachement a été aussi touchant que profond et sincère ; elle a rendu ma vie plus grave, plus noble, plus honorable, en m'inspirant toujours le respect, sinon toujours la force des devoirs... Pourrais-je opposer mes qualités telles quelles à ses vertus... Qu'est-ce que mes travaux auprès des œuvres de cette chrétienne. »

Cette séparation fut cruelle au grand écrivain.

Portant la main à son cœur, il dit : « Je me sens atteint là ; ce n'est plus l'affaire que de quelques jours. »

Il vécut assez longtemps encore cependant pour voir la fin du régime abhorré, dont il n'avait cessé d'annoncer la ruine. Dans un moment de colère, le peuple balaya la monarchie de juillet.

Les jours qui suivirent furent des jours d'angoisse pour toutes les âmes vraiment françaises. M. de Chateaubriand suivit avec anxiété la marche des événements. Lorsqu'en juin l'insurrection se leva terrible et qu'une lutte furieuse s'engageant entre l'ordre et l'anarchie, le canon tonnait lugubre comme le glas de la patrie, le noble vieillard, l'oreille tendue, écoutait. Tout à coup, des larmes tombèrent de ses yeux, et on entendit sortir de sa bouche ces paroles écrites par lui dans d'autres temps de calamité : « Non, je ne croirai jamais que j'écris sur le tombeau de la France. »

La mort était proche. L'auteur du *Génie* reçut, avec une foi profonde les secours qu'offre, à ce moment difficile, la religion dont il avait été l'éloquent apologiste. Lorsque le Dieu des forts fut déposé, pour la dernière fois, sur ses lèvres mourantes, un éclat extraordinaire illumina ses yeux. Peu après, un crucifix à la main, le grand homme descendit dans l'éternité (4 juillet 1848).

La France oublia ses dangers pour pleurer sa mort. Des membres du clergé, des représentants du peuple, des hommes de lettres, suivis d'une foule immense vinrent, au jour de ses funérailles, se ranger autour de son cercueil.

L'illustre écrivain avait fixé le lieu de sa sépulture dans sa ville natale.

Sa dépouille mortelle traversa la France et arriva à Saint-Malo, le 19 juillet.

La mer couverte de bateaux, les récifs chargés de spectateurs, les bannières flottant sur la grève, le canon qui tonnait au loin, en rappelant le génie du peintre incomparable que l'on conduisait à sa dernière demeure, transformèrent en une sorte d'apothéose la pompe funèbre déployée en son honneur. Il fut, au milieu du silence religieux de plus de cinquante mille assistants, transporté par quelques marins à l'extrémité du Grand-Bé.

Un tombeau creusé dans le granit et dominé par une croix l'y reçut.

C'est là qu'il repose loin des vains bruits, dont son âme était déjà fatiguée, avant d'arriver au terme de sa longue course. La marée, en montant, vient expirer à ses pieds ; mais elle ne le dépasse jamais « pas plus que le flot des âges ne couvrira sa gloire. »

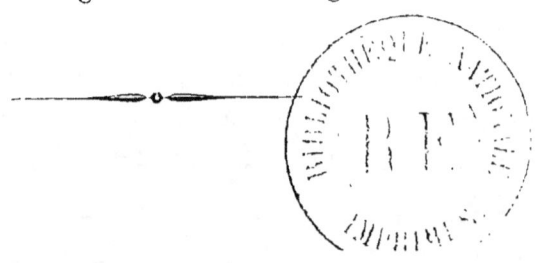

TABLE DES MATIÈRES

Pages.

CHAPITRE PREMIER. — Famille et naissance de M. de Chateaubriand. — Le vœu de sa nourrice. — François-René est abandonné à lui-même. — Son caractère rêveur. — Il va à l'école avec sa sœur Lucile. — *Ses récréations*. — Il entre au collège de Dol. — Son caractère achève de se révéler. — *Première communion*. — François-René quitte le collège de Dol pour celui de Rennes. — A Brest et à Dinan. — Il se fixe à Combourg. — 1768-1784 1

CHAPITRE II. — *Combourg*. — Solitude qui régnait en ce château. — *Une journée à Combourg*. — Désœuvrement et ses suites. — Lucile. — Révélations de la Muse. — *Premières poésies*. — Travaux de Lucile. — *L'Innocence*. — Ouvrages en commun. — La folle du logis. — Tergiversations. — François-René à Saint-Malo. — Son rappel à Combourg. — Dernières paroles que lui adresse son père. — 1784-1786 13

CHAPITRE III. — A Cambrai. — Mort de M. le comte de Chateaubriand. — Sa famille se réunit à Combourg. — Le jeune chevalier est appelé à Versailles. — Sa présentation à la cour. — *Journée des carrosses*. —

Voyage en Bretagne. — M. de Chateaubriand se fixe à Paris. — Il fréquente les gens de lettres. — Ce qu'il pense de la littérature du XVIIIme Siècle. — Commencements de la révolution. — *La Constituante*. — *Mirabeau*. — M. de Chateaubriand forme le projet de passer en Amérique. — 1786-1791 25

CHAPITRE IV. — Départ. — Traversée. — Visite à Washington. — Déception. — Projet d'épopée. — *Rencontre imprévue*. — M. de Chateaubriand au désert. — Clair de lune. — Le poëte à la *cataracte de Niagara*. — Une nuit dans les forêts. — Nouvelles de France. — Retour. — Février 1791-Décembre 1792 40

CHAPITRE V. — Progrès de la révolution. — Départ pour Coblentz. — *A Trèves*. — *L'armée des émigrés*. — Siège de Thionville et retraite. — Licenciement de l'armée de Condé. — *Le poëte mourant*. — M. de Chateaubriand est recueilli par les gens du prince de Ligne. — D'Ostende à Jersey. — Chez M. de Bedée. — M. de Chateaubriand passe en Angleterre. — 1792-1793 . . 55

CHAPITRE VI. — L'émigration en Angleterre. — Maladie de M. de Chateaubriand. — Il entreprend l'*Essai sur les révolutions*. — Extrême pauvreté. — L'homme aux ressources. — Vie en province. — Nouvelles de France. — Retour à Londres et publication de l'*Essai*. — Aperçu et appréciation de cet ouvrage. — Avantages qu'il procure à son auteur et société dans laquelle il l'introduit. — Mort de Madame de Chateaubriand. — Conversion de l'auteur de l'*Essai*. — M. de Chateaubriand commence le *Génie du Christianisme*. — Son retour en France. — 1793-1800 65

CHAPITRE VII. — Aspect de la France en 1800. —

TABLE DES MATIÈRES. 415

Pages.

M. de Chateaubriand est reçu à Paris par M. de Fontanes et M. Joubert. — Ses premiers travaux. — Publication d'*Atala*. — Analyse et extraits. — *Délivrance du prisonnier*. — *L'orage*. — *Une messe au désert*. — *Convoi*. — Succès d'*Atala*. — Appréciation de ce poëme. — M. de Chateaubriand achève le *Génie du Christianisme*. — 1800-1801 78

CHAPITRE VIII. — Apparition du *Génie du Christianisme*. — Circonstances favorables. — Plan. — Analyse et extraits de la première partie. — *Il est un Dieu*. — *Le chant du rossignol*. — *Le nid de bouvreuil*. — *La prière du soir sur l'Océan*. — 1802 92

CHAPITRE IX. — *Le Génie du Christianisme* : Seconde et troisième parties. — Influence du Christianisme sur la poésie. — M. de Chateaubriand considéré comme critique. — *Virgile et Racine*. — Influence du Christianisme sur les arts, la philosophie et la littérature. — *Bossuet, historien et orateur*. — 1802 101

CHAPITRE X. — *Le Génie du Christianisme* : Objet de la IVme partie. — *Les Rogations*. — *St-Denis*. — *Les pèlerins d'autrefois*. — *Ruses des Jésuites au Paraguay*. — *Prière finale*. — Accueil fait au *Génie*. — Appréciation de cet ouvrage. — Son influence — 1802 . . 114

CHAPITRE XI. — *René*. — But de M. de Chateaubriand en insérant cet épisode dans le *Génie du Christianisme*. — Analyse et extraits. — *Les couvents d'Europe*. — René en Grèce et en Italie. — *Mélancolie*. — *Adieu au vieux monde*. — Accueil fait à *René*. — Influence de ce roman. — 1802 127

CHAPITRE XII. — M. de Chateaubriand, après la publi-

Pages.

cation du *Génie du Christianisme.* — M. de Fontanes travaille à la fortune de son ami. — L'auteur du *Génie* est présenté au premier consul. — Il est nommé secrétaire d'ambassade. — De Paris à Rome. — Audience du Souverain Pontife. — Démêlés avec le cardinal Fesch. — Colère de Napoléon. — Intervention de M. de Fontanes. — M. de Chateaubriand est nommé ministre de la République française dans le Valais. — Lettres sur l'Italie. — *Aspect désolé de la campagne romaine.* — Retour de M. de Chateaubriand en France. — Assassinat juridique du duc d'Enghien. — M. de Chateaubriand donne sa démission. — 1802-1804   137

CHAPITRE XIII. — Bonaparte est proclamé empereur. — Isolement de M. de Chateaubriand. — Mme de Chateaubriand. — Lucile à Paris. — Voyage en Auvergne. — *Combien j'ai douce souvenance.* — Sur le mont Blanc. — M. et Mme de Chateaubriand chez M. Joubert. — Mort de Lucile. — Douleur de M. de Chateaubriand. — *Retour à Paris.* — Mars 1804. — Juillet 1806 . . .   150

CHAPITRE XIV. — M. de Chateaubriand part pour l'Orient. — Motifs de son départ. — Courte appréciation de l'*Itinéraire de Paris à Jérusalem.* — La *Méditerranée.* — M. de Chateaubriand aborde en Grèce. — Manière dont il voyage en ce pays. — *Les ruines de Sparte.* — Oppression des Grecs sous les Turcs. — *Athènes vue du Parthénon.* — Aimable rêve du voyageur. — *Au cap Sunium.* — M. de Chateaubriand quitte la Grèce. — Il traverse l'Archipel. — *A Smyrne.* — *Une caravane au repos.* — *Déception.* — *Alexandre.* — *Constantinople.* — 1806   163

CHAPITRE XV. — Séjour de M. de Chateaubriand à Constantinople. — Il s'embarque sur un bâtiment qui portait des pèlerins grecs en Syrie. — Rhodes. — En vue du Carmel. — Débarquement à Jaffa. — De Jaffa à Saint-Jérémie. — En avant, marche ! — De Saint-Jérémie à Jérusalem. — *Aspect de cette ville.* — *Les Religieux au Saint-Sépulcre.* — *Le peuple Juif.* — Excursion à la *mer Morte.* — Retour à Jérusalem. — Une lacune dans l'*Itinéraire.* — M. de Chateaubriand est armé chevalier de l'ordre du Saint-Sépulcre. — Départ pour Jaffa. — Il s'embarque pour Alexandrie. — En Egypte. — D'Alexandrie à Tunis. — M. de Chateaubriand aux ruines de Carthage. — Retour en France. — 1806-1807 184

CHAPITRE XVI. — Une lettre de Mme de Chateaubriand. — M. de Chateaubriand chez M. Joubert. — Retour à Paris. — Il devient propriétaire du *Mercure*, et publie un article foudroyant contre l'empereur. — Suppression du *Mercure.* — M. de Chateaubriand découragé songe à partir aux États-Unis. — Il en est dissuadé par M. de Fontanes. — Il achète la Vallée-aux-Loups. — Maladie. — 1807-1809 200

CHAPITRE XVII. — Apparition des *Martyrs.* — Origine et but de ce poëme. — Démodocus, prêtre du temple d'Homère. — Education qu'il donne à sa fille Cymodocée. — Il la consacre aux Muses. — *Rencontre de Cymodocée et d'Eudore.* — Démodocus chez Lasthénès. — *Mœurs chrétiennes.* — *Arrivée de Cyrille, évêque de Lacédémone.* — *Repas du soir.* — Songe de Cyrille. — Prière du saint évêque. — 1809 209

CHAPITRE XVIII. — *Les Martyrs* (suite). — Récit d'Eudore. — Origine de la famille de Lasthénès. — Eudore à Rome. — *Son séjour à Naples.* — Il est banni de la cour et envoyé à l'armée de Constance. —

Bataille contre les Francs. — Eudore prisonnier de Mérovée. — Il recouvre la liberté. — Il est nommé commandant de l'Armorique. — Épisode de Velléda. — Conversion d'Eudore. — 1809 223

CHAPITRE XIX. — Les *Martyrs* (suite). — Commencement de la persécution. — Eudore part pour Rome et Cymodocée s'embarque pour la Palestine. — *L'ange des mers favorise leur navigation*. — Eudore est choisi pour défendre les chrétiens. — Il est jeté en prison. — Cymodocée et Démodocus à Rome. — *Le repas libre*. — *Mort d'Hiéroclès*. — L'ange de l'Espérance descend vers la fille d'Homère. — *Chant de Cymodocée*. — Dorothée enlève celle-ci de sa prison et la conduit chez Démodocus. — *L'amphithéâtre de Vespasien*. — *Martyre des deux époux*. — *Triomphe de la religion chrétienne*. — Accueil fait aux *Martyrs*. — Appréciation de ce poëme — 1809 242

CHAPITRE XX. — Napoléon cherche à se rapprocher de M. de Chateaubriand. — Les prix décennaux. — L'intention de l'empereur n'est pas comprise par l'académie. — Pensum imposé au docte corps. — M. de Chateaubriand est nommé à l'Institut en remplacement de M. M.-J. Chénier. — Le discours qu'il doit prononcer est soumis à une commission et à Napoléon. — Extraits de ce discours : *Exorde ; mission de l'homme de lettres ; Delille, Chénier, la révolution et la liberté ; péroraison*. — Colère de l'empereur. — M. de Chateaubriand se retire à la Vallée-aux-Loups. — 1809-1812. 264

CHAPITRE XXI. — *Napoléon à l'apogée de sa gloire*. — Signes de décadence. — Paroles de M. de Chateaubriand au départ de l'empereur pour la Russie. —

TABLE DES MATIÈRES. 419

Pages.

Retraite de Moscou, campagne de France et capitulation de Paris. — M. de Chateaubriand publie une brochure intitulée : De *Buonaparte et des Bourbons*. — Rentrée de Louis XVIII. — *Mémoire* de Carnot et *Réflexions politiques* de M. de Chateaubriand. — Ce dernier est nommé ambassadeur en Suède. — *Retour de l'île d'Elbe*. — M. de Chateaubriand ministre de Louis XVIII à Gand. — *Bataille de Waterloo*. — 1812-1815 . . . 275

CHAPITRE XXII. — Retour de Louis XVIII. — Fouché et le prince de Talleyrand deviennent ministres de S. M. T. C. — Retraite de M. de Chateaubriand. — Il préside le collège électoral du Loiret. — Son discours. — Des élections sort la *chambre introuvable*. — Antagonisme qui s'établit entre cette chambre et le ministre Decazes. — *De la Monarchie selon la charte*. — La chambre introuvable est dissoute et M. de Chateaubriand est rayé de la liste des ministres d'Etat. — Il vend ses livres et la Vallée-aux-Loups. — Les royalistes se constituent en opposition. — Fondation du *Conservateur*. — M. de Chateaubriand journaliste. — *Aux insulteurs anonymes*. — *Les royalistes accusés de trahison*. — *De la morale des intérêts et de celle des devoirs*. — Résultats de l'opposition royaliste. — Assassinat du duc de Berry. — M. Decazes donne sa démission. — 1815-1820 296

CHAPITRE XXIII. — M. de Chateaubriand est nommé ambassadeur à Berlin. — Accueil qui lui est fait. — Ses dépêches. — Il obtient un congé et donne sa démission. — Constitution du ministère Villèle. — M. de Chateaubriand est envoyé en ambassade à Londres. — *Autrefois et aujourd'hui*. — Révolution en Espagne. — M. de Chateaubriand sollicite et obtient de représenter la France au congrès de Vérone. — Il est nommé ministre des affaires étrangères. — *Au conseil des ministres.* — M. de Chateaubriand justifie devant le parlement notre intervention en Espagne. — Embarras intérieurs. — Travaux et lettres diplomatiques. — Délivrance du roi Ferdinand. — Joie du ministre des affaires étrangères. — Félicitations qui lui arrivent de toutes parts. — Dissentiment avec M. de Villèle. — Brusque destitution de M. de Chateaubriand. — 1820-1824 312

CHAPITRE XXIV. — M. de Chateaubriand entre dans l'opposition. — Pour le désarmer on lui offre en vain une ambassade. — *Contre la censure.* — Mort de Louis XVIII. — *Le roi est mort, vive le roi !* — Reprise de la lutte. — La loi *vandale.* — Popularité de M. de Chateaubriand. — *Article sur la fête du roi.* — Retrait de la loi sur la police de la presse. — Désordres à Paris. — Revue et licenciement de la garde nationale. — *La question grecque et le ministère.* — Encore la censure. — *Défi.* — La chambre est dissoute. — Elections. — Chute du ministère Villèle. — 1824-1828 328

CHAPITRE XXV. — M. de Chateaubriand publie une édition complète de ses œuvres. — Motifs de cette publication. — Apparition des *Aventures du dernier Abencérage.* — Analyse et extraits. — Arrivée à *Grenade.* — *Rencontre de dona Blanca.* — *Les Espagnols.* — Visite à l'*Alhambra.* — A Malaga. — *Don Carlos et Lautrec.* — Aben-Hamet se fait reconnaître pour le petit-fils de Boabdil. — Duel. — *Une mosquée changée en église.* — Dénouement. — Appréciation des *Aventures du dernier Abencérage.* — Accueil fait à ce roman. — 1826-1828 343

TABLE DES MATIÈRES. 421

Pages.

CHAPITRE XXVI. — M. de Chateaubriand contribue à former le ministère Martignac et part pour Rome en qualité d'ambassadeur. — Il est reçu par le pape Léon XII. — Occupations à Rome. — Une rencontre inattendue. — *Fouilles à Torre-Vergata.* — Mort de Léon XII. — *Discours de M. de Chateaubriand au conclave.* — Election de Pie VIII. — *Le Miserere à la chapelle Sixtine.* — Fête à la princesse Hélène. — Retour de M. de Chateaubriand à Paris. — Accueil que lui fait le roi. — Il va prendre les eaux aux Pyrénées. — Avénement du ministère Polignac. — M. de Chateaubriand donne sa démission et entre dans l'opposition. — 1828-1829 358

CHAPITRE XXVII. — Ouverture de la session de 1830. — Adresse. — La chambre est dissoute. — Nouvelle chambre. — M. de Chateaubriand part pour Dieppe. — Il y apprend les ordonnances du 25 juillet et revient aussitôt à Paris. — Révolution de 1830. — Vains efforts de M. de Chateaubriand pour sauver la monarchie des Bourbons. — Il est porté en triomphe jusqu'à la chambre des pairs. — Admirable discours qu'il y prononce. — Le duc d'Orléans devient roi sous le nom de Louis-Philippe Ier. — Démission de M. de Chateaubriand. — 1829-1830 368

CHAPITRE XXVIII. — M. de Chateaubriand, chassé de la politique, se réfugie dans l'étude. — Il publie ses *Etudes historiques.* — Hommage qu'il rend à nos vieux historiens. — Quel système il adopte pour son livre. — Analyse et extraits : Origine des nations modernes. — Persécution. — Le christianisme sur le trône des Césars. — *Concile de Nicée.* — Julien. — *Invasion des Barbares.* — Les Francs sous les deux premières races. —

TABLE DES MATIÈRES.

Pages.

La féodalité. — *Les croisades.* — Commencement des guerres avec l'Angleterre. — *Le vœu du héron.* — *Le roi Jean à la bataille de Poitiers.* — Louis XI. — Protestants et catholiques. — Un long drame. — De Louis XIV à la révolution. — Appréciation des *Etudes historiques.* — 1831. 380

CHAPITRE XXIX. — M. de Chateaubriand part pour la Suisse. — Il est rappelé en France. — Réserve où il se tient. — Sa fidélité aux Bourbons. — *Madame, votre fils est mon roi !* — Vie solitaire. — Visites à l'Abbaye-au-Bois. — Lectures des *Mémoires d'outre-tombe.* — Appréciation de cet ouvrage. — Derniers travaux : *Essai sur la littérature anglaise; Traduction de Milton; Vie de Rancé.* — Vieillesse. — Mort de Mme de Chateaubriand. — Révolution de 1848. — Mort de M. de Chateaubriand. — Ses funérailles. — 1834-1848. . . 399

Arras, Imp. et Lith. Gustave MARÉCHAL, rue St-Maurice 76.

ERRATA.

Page 33, *au lieu de* : de Delille, *lisez :* Delille.
Page 52, *au lieu de* : s'énivrer, *lisez* : s'enivrer.
Page 74, *au lieu de* : en bonne honneur, *lisez* : en bonne humeur.
Page 93, *au lieu de* : — Un souffle... main, *lisez :* « un souffle... main »
Page 115, *au lieu de* : qu'elle richesse, *lisez* : quelle richesse.
Page 119, *au lieu de* : l'a prise, *lisez* : l'a pris.
Page 135, *au lieu de* : ou frère, *lisez* : au frère.
Page 164, *au lieu de* : une étalage, *lisez* : un étalage.
Page 190, *au lieu de* : renfermés, *lisez* : renfermées.
Page 198, *au lieu de* : d'un lumière, *lisez* : d'une lumière.
Page 227, *au lieu de* : plutôt, *lisez* : plus tôt.
Page 228, *au lieu de* : rassemblés, *lisez* : rassemblé.
Page 237, *au lieu de* : à ces côtés, *lisez* : à ses côtés.
Page 238, *au lieu de* : britanique, *lisez* : britannique.
Page 238, *au lieu de* : couronnés, *lisez* : couronnées.
Page 278, *au lieu de* : était mises, *lisez* : étaient mises.

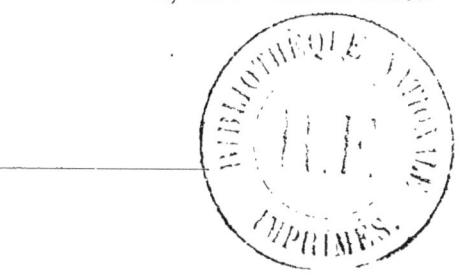

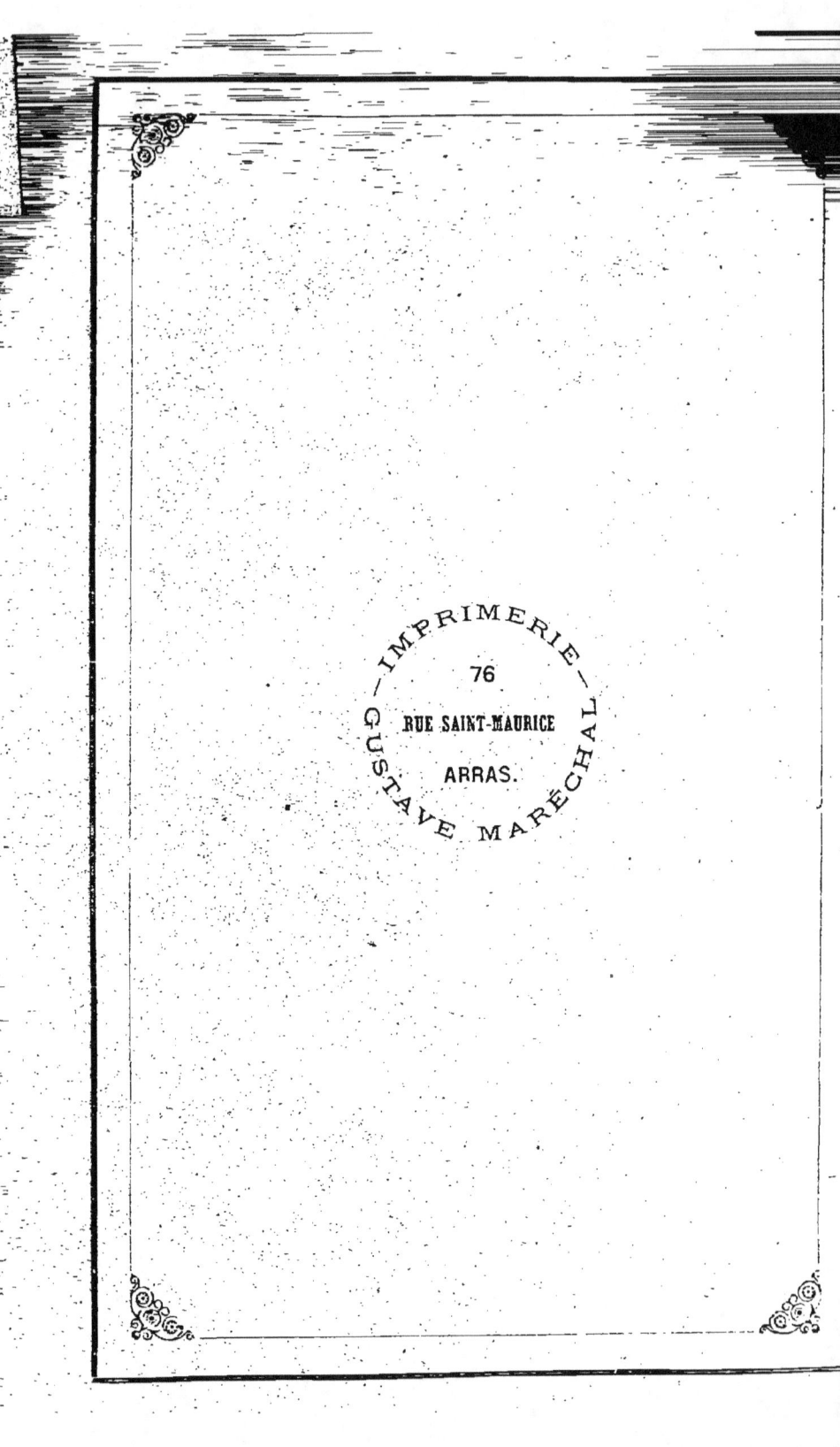

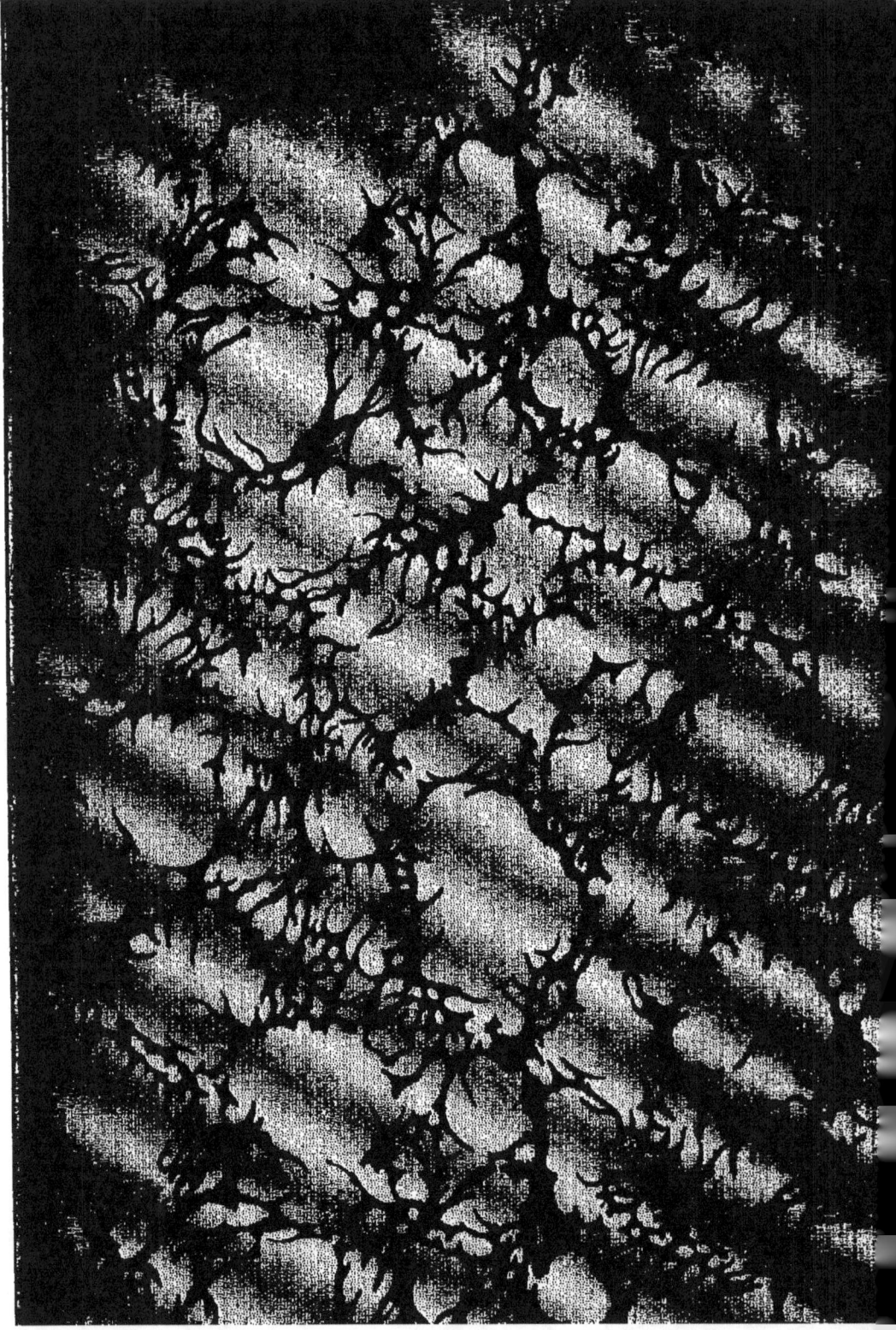

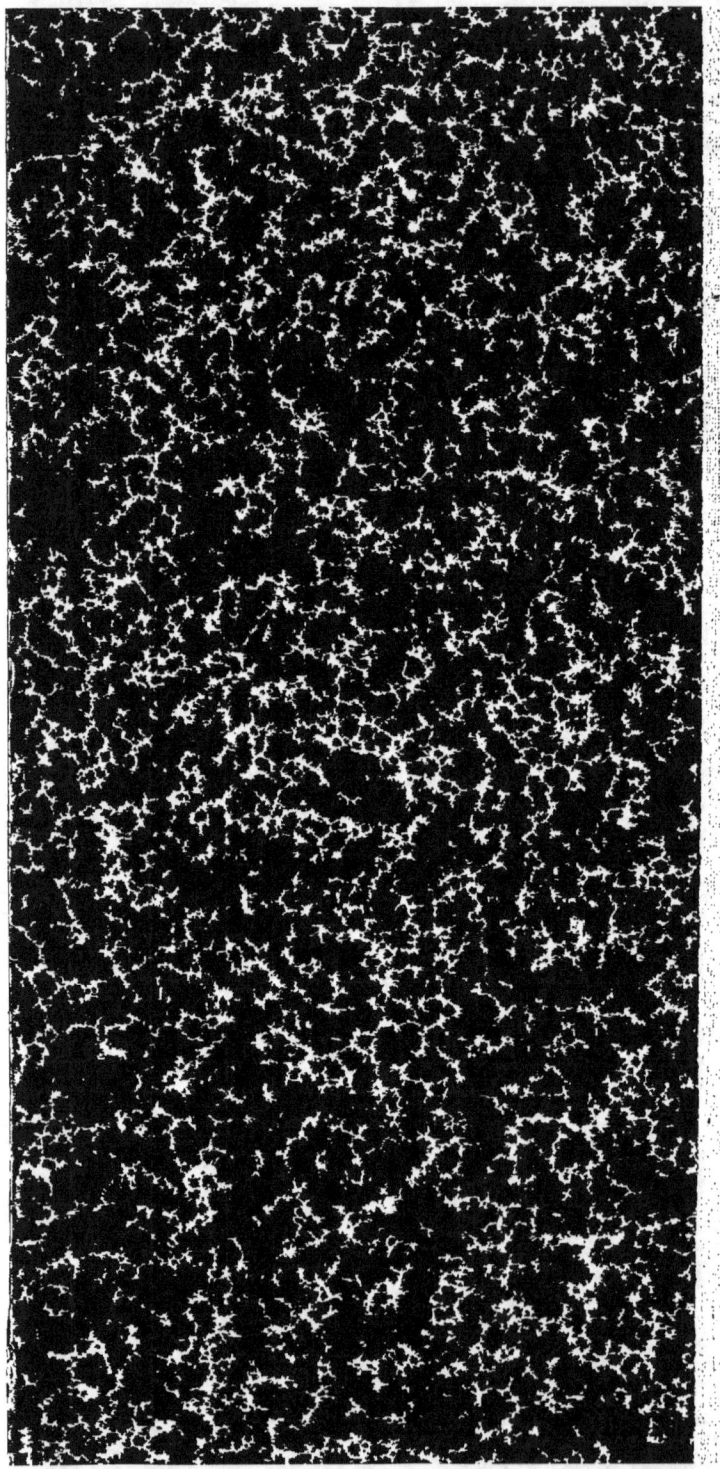

www.ingramcontent.com/pod-product-compliance
Lightning Source LLC
Chambersburg PA
CBHW070605230426
43670CB00010B/1414